U0556689

2009-2012
中国文联文艺维权手册与案例选编

中国文联权益保护部编著

2012年度中国文联文艺出版报刊精品工程
本书著作权由中国文联权益保护部享有

中国文联出版社
http://www.clapnet.cn

图书在版编目（CIP）数据

中国文联文艺维权手册与案例选编：2009-2012 / 中国文联权益保护部编著. - 北京：中国文联出版社，2014.1
ISBN 978-7-5059-8536-0

Ⅰ.①中… Ⅱ.①中… Ⅲ.①文艺 - 知识产权保护 - 中国 - 手册
②文艺 - 知识产权保护 - 案例 - 汇编 - 中国
Ⅳ.①D923.4

中国版本图书馆CIP数据核字(2014)第016218号

中国文联文艺维权手册与案例选编（2009-2012）

编　　著：	中国文联权益保护部		
出 版 人：	朱　庆		
终 审 人：	奚耀华	复 审 人：	柴文良
责任编辑：	王柏松	责任校对：	师自运
封面设计：	超　一	责任印制：	周　欣

出版发行：中国文联出版社
地　　址：北京市朝阳区农展馆南里10号，100125
电　　话：010-65389141（咨询）65067803（发行）65389150（邮购）
传　　真：010-65933115（总编室），010-65033859（发行部）
网　　址：http://www.clapnet.cn
E - mail：clap@clapnet.cn　　wangbs@clapnet.cn
印　　刷：北京工商事务印刷有限公司
装　　订：北京工商事务印刷有限公司
法律顾问：北京市天驰洪范律师事务所徐波律师
本书如有破损、缺页、装订错误，请与本社联系调换

开　　本：710×1000　　1/16
字　　数：320千字　　　　　　　印　张：23.00
版　　次：2014年1月第1版　　印　次：2014年1月第1次印刷
书　　号：ISBN 978-7-5059-8536-0
定　　价：58.00元

编委会名单

编委会主任：赵　实

编委会副主任：李前光

编委会主任委员：刘晓霞　范小伟　暴淑艳　许柏林　田晓耕

　　　　　　　　　李甲芹　王郑生　曹建明　王依群　杨企鹏

　　　　　　　　　张均林　李　兵

编委会副主任委员：李　静　金兆钧　侯建江　高　伟　张泽纲

　　　　　　　　　　万来存　衡正安　林应辉　高　敏

序 言

今日中国正一步步迈向社会主义文化强国，文艺家和广大文艺工作者与时代同进步、与人民共命运，创作出了大量弘扬民族精神和时代精神的优秀作品，为繁荣发展社会主义文化事业作出了杰出的贡献。与此同时，如何维护好文艺家和广大文艺工作者的合法权益，促进整个文艺界迸发更具活力的创作热情，助力我国文艺事业的发展繁荣，是中国文联和各级文联组织面临的重要课题。当前，文艺家和广大文艺工作者对保障自身名誉权、著作权等合法权益的呼声和愿望十分强烈，迫切希望增强运用法律武器维护自身权益的能力，维权工作也逐步纳入了中国文联和各全国文艺家协会、各级文联组织的议事日程。

为进一步提高广大文艺工作者的维权意识和能力，并为全国文联系统开展维权工作提供有益的参考，中国文联自2012年底启动了《中国文联文艺维权手册与案例选编（2009—2012）》的编辑工作。经过一年来的案例收集、分析研究、撰写修订，在各全国文艺家协会和众多地方文联的共同努力下，在北京市君泰律师事务所的通力协助下，该书的编撰任务现已完成。可以说，这部书是中国文联探索文艺维权工作的积极成果，也是奉献给文艺界的一道普法套餐。

《中国文联文艺维权手册与案例选编（2009—2012）》的编撰过程中，编委会坚持高度提炼、通俗易懂、简便适用的原则，在对常见的侵权形式以及维权途径、方式、流程进行简要介绍后，收集整理了近几年来发生的较有影响且涉及不同侵权类型的25个案件，力图以客观、公正的立场，通俗、扼要的叙述和寓知识于故事的方式，剖析在文艺界发生过的有代表性、典型性的侵权纠纷。

希望这些成功经验和失败教训，能够在潜移默化中提高广大文艺家和文艺工作者依法维权的意识和能力，并使读者能够由点及面、举一反三。此外，书中还收集、整理了相关法律法规，便于为读者提供参考。

做好文艺维权工作，不仅是党中央赋予文联组织的重要使命，也是文联组织服务广大文艺工作者，推动文艺事业繁荣发展的重要举措。当前，中国文联正在以"保基本、促发展、育人才"为总体思路推动维权工作开展，并通过维权进一步激发文艺界的创作积极性，通过维权团结引导更多的文艺人才坚定不移地走中国特色社会主义文化发展道路。《中国文联文艺维权手册与案例选编（2009—2012）》是中国文联创新维权普法宣传形式的一项重要成果，在此对本书的付梓表示由衷的祝贺！借本书出版之机，希望各全国文艺家协会、各级文联组织与广大文艺家和文艺工作者一道，以踏石留印、抓铁有痕的精神将维权工作做好、做实，为繁荣社会主义文艺事业、建设社会主义文化强国，实现中华民族伟大复兴"中国梦"作出积极的贡献！

2013年10月

（本文作者系中国文联党组书记、副主席）

目 录

文艺维权指南

一、常见的侵权纠纷类型

名誉权侵权纠纷……………………………………………… 3

著作权侵权纠纷……………………………………………… 4

肖像权侵权纠纷……………………………………………… 5

隐私权侵犯纠纷……………………………………………… 6

二、通过行政投诉维护权利

文艺工作者通过行政投诉可以解决哪些侵权问题?………… 6

作为著作权行政投诉的投诉人应具备哪些条件?…………… 7

著作权行政投诉涉及的侵权行为包括哪些?………………… 7

在文艺工作者不知道侵权行为是否损害公共利益的情况下,是否可

  以进行著作权行政投诉?………………………………… 7

哪些行政机关可以受理文艺工作者关于著作权的行政投诉?… 7

著作权行政投诉的时效是多久?……………………………… 8

著作权行政投诉人应提交的投诉材料有哪些?……………… 8

投诉材料提交的途径有哪些，是否可以提交外文材料？………… 8
文艺工作者进行著作权行政投诉后，著作权行政主管部门会如何受理？…… 8
著作权行政管理部门会对侵权人作出哪些行政处罚？………… 9
著作权行政处罚的主要法律依据是什么？………… 9
哪些行政机关对侵犯著作权的违法行为有处罚权？………… 9
著作权行政管理部门发现查处的违法行为构成犯罪的，会如何处理？… 10
著作权行政投诉人如对行政主管部门作出的处理决定不服，可以依
　法采取哪些救济手段？………… 10
文艺工作者能否就其他侵犯著作权的行为申请其他行政保护？……… 10

三、通过司法途径维护权利

名誉权纠纷的原告如何确定？………… 11
名誉权纠纷的管辖法院如何确定？………… 11
因新闻报道或其他作品引起的名誉权纠纷，原告起诉时如何选择被告？… 11
如何认定侵害名誉权的责任？………… 11
侵害名誉权的侵权人可能承担哪些民事责任？………… 12
名誉权纠纷的诉讼时效是多久？………… 12

民事案件的案由指什么？ …………………………………… 12
与著作权相关的民事案由有哪些？ ……………………………… 13
人民法院如何确定民事案件的案由？ …………………………… 14
著作权纠纷案件的管辖法院如何确定？ ………………………… 14
著作权民事案件的诉前临时措施指什么？ ……………………… 16
诉前临时禁令和诉前财产保全的目的和程序是什么？ ………… 16
诉前证据保全的目的和程序是什么？ …………………………… 16
什么是侵犯著作权或与著作权有关权利的行为？ ……………… 17
著作权纠纷中哪些资料权利人可以作为证据向法院提交？ …… 18
著作权侵权人可能承担的民事责任是什么？ …………………… 18
侵犯著作权案件的诉讼时效是多久？ …………………………… 18
名誉权、著作权纠纷的民事诉讼审判程序有哪些？ …………… 18
到法院提起民事诉讼的条件是什么？ …………………………… 19
起诉时需提交什么材料？ ………………………………………… 19
什么是受理，人民法院不受理起诉时该如何做？ ……………… 19
民事审判程序大致包括哪些环节？ ……………………………… 20

3

审理前的准备阶段包括哪些内容?……………………………20
开庭审理阶段包括哪些内容?………………………………20
哪些原因可以延期开庭审理?………………………………21
哪些原因可能引起诉讼中止?………………………………22
不服第一审判决、裁定时如何上诉?………………………22
上诉后,第二审人民法院一般如何审理?…………………22
当事人如何提起审判监督程序?……………………………23
一方当事人拒绝履行生效的法律文书时应该如何处理?…24
什么是证据,法定的证据种类有哪些?……………………25
民事案件的举证责任通常如何分配?………………………25
如何收集网络侵权案件的证据?……………………………25
网络服务提供者承担法律责任的情形是什么?……………25

四、通过其他途径维权的方式

仲裁……………………………………………………………26
调解……………………………………………………………27

文艺维权案例

徐大雯诉宋祖德、刘信达侵犯谢晋名誉权纠纷案……………………… 31
李蔷华诉言卿清、余之及上海文汇出版社侵害俞振飞名誉权案……… 36
叶雄诉福建七匹狼实业股份有限公司、厦门大峡谷影视有限公司侵
　犯著作权案 …………………………………………………………… 40
江苏省女作家程某诉导演野人及相关单位电视剧本侵权案…………… 46
赵梦林诉中央电视台侵犯京剧脸谱著作权纠纷案……………………… 52
中国摄影著作权协会诉北京阿里巴巴信息技术有限公司侵犯著作权
　纠纷案 ………………………………………………………………… 56
Yigal Messika诉北京爵克文化发展有限公司等侵犯魔术作品著作权
　纠纷案 ………………………………………………………………… 61
台湾画家幾米诉四川省金晓置业有限公司侵犯著作权纠纷案………… 66
湖南快乐阳光互动娱乐传媒有限公司诉某网吧侵犯《丑女无敌》著
　作权纠纷案 …………………………………………………………… 71
奇志、大兵诉新浪公司侵犯著作权纠纷案……………………………… 76

范曾诉香港金币总公司等侵犯著作权案 …………………………… 80
中国电影家协会诉上海《世界电影之窗》杂志社侵犯商标权纠纷案… 84
摄影家薛华克诉燕娅娅侵犯改编权纠纷案 ………………………… 89
北京鸟人艺术推广有限责任公司诉合一信息技术（北京）有限公司
　侵犯著作权纠纷案 …………………………………………………… 94
民间艺术家白广成诉北京稻香村公司侵犯《跑驴》作品著作权纠纷案… 98
"鸡"落谁家，《一唱雄鸡天下白》剪纸作品著作权纠纷案 ……… 102
戏剧家马杰诉优酷网侵犯著作权纠纷案 …………………………… 108
摄影家刘浩源诉浙江日报报业集团侵犯著作权纠纷案 …………… 113
红学家周汝昌诉中国铁通集团有限公司侵犯著作权纠纷案 ……… 117
阎致中诉酷溜网侵犯戏剧作品著作权纠纷案 ……………………… 122
姚天、冯丹诉天津顶津食品有限公司、林志颖、中央电视台侵犯音
　乐作品著作权纠纷案 ………………………………………………… 127
单田芳诉黑龙江肯度广告有限公司、黑龙江某报纸侵犯著作权案… 132
舞蹈作品《千手观音》侵犯《吉祥天女》著作权纠纷案 ………… 138
舞剧《大梦敦煌》剧本侵犯小说著作权纠纷案 …………………… 144

中国杂技团有限公司《俏花旦·集体空竹》被侵权案…………… 150

法律汇编

【法律】
中华人民共和国民法通则……………………………………… 157
中华人民共和国侵权责任法…………………………………… 179
中华人民共和国著作权法……………………………………… 191
中华人民共和国非物质文化遗产法…………………………… 205
中华人民共和国民事诉讼法…………………………………… 213

【法规】
中华人民共和国著作权法实施条例…………………………… 259
著作权集体管理条例…………………………………………… 265
信息网络传播权保护条例……………………………………… 275
广播电台电视台播放录音制品支付报酬暂行办法…………… 283

【规章】
著作权行政处罚实施办法……………………………………… 287

【司法解释】

最高人民法院关于贯彻执行《中华人民共和国民法通则》若干问题
　　的意见 …………………………………………………………… 296

最高人民法院关于审理名誉权案件若干问题的解答……………… 321

最高人民法院关于审理名誉权案件若干问题的解释……………… 325

最高人民法院关于审理著作权民事纠纷案件适用法律若干问题的
　　解释 ……………………………………………………………… 328

最高人民法院关于审理侵害信息网络传播权民事纠纷案件适用法律
　　若干问题的规定 ………………………………………………… 333

最高人民法院关于确定民事侵权精神损害赔偿责任若干问题的解释… 337

最高人民法院、最高人民检察院关于办理利用信息网络实施诽谤等
　　刑事案件适用法律若干问题的解释 …………………………… 340

中国文联文艺维权历程 ………………………………… 李前光 / 343

后记 ……………………………………………………………… 351

文艺维权指南

文艺维权指南

一、常见的侵权纠纷类型

◎ 名誉权侵权纠纷

名誉权,是指公民、法人就其自身属性和价值所获得的社会评价,享有的保护和维护的人格权。我国《宪法》第三十八条规定:"中华人民共和国公民的人格尊严不受侵犯。禁止用任何方法对公民进行侮辱、诽谤和诬告陷害。"《民法通则》第一百零一条规定:"公民、法人享有名誉权,公民的人格尊严受法律保护,禁止用侮辱、诽谤等方式损害公民、法人的名誉";第一百二十条规定:"公民的姓名权、肖像权、名誉权、荣誉权受到侵害的,有权要求停止侵害,恢复名誉,消除影响,赔礼道歉,并可以要求赔偿损失。"

一般情况下,侵犯名誉权的行为主要包括两类。1.侮辱:即故意通过言语、文字或者行为举止等不同方式贬低他人人格、毁损他人名誉的行为;2.诽谤:即故意或者过失地散布有关他人的虚假事实，导致他人名誉降低或者毁损的行为，其中比较常见的是在出版物及网络新媒体中存在的侮辱、诽谤内容，致名誉受到损害。

◎ 著作权侵权纠纷

著作权也称版权，是指自然人、法人或其他组织对文学艺术和科学作品依法享有的精神权和财产权的总称。著作权自作品完成之日起自动产生，按照我国《著作权法》规定，作者对其作品享有发表权、署名权、修改权、保护作品完整权、复制权、发行权、出租权、展览权、表演权、放映权、广播权、信息网络传播权、摄制权、改编权、翻译权、汇编权以及其他应当由著作权人享有的权利。

常见的著作权侵权行为可概括为仅承担民事责任的侵权行为和承担综合责任的侵权行为两类。

仅承担民事责任的侵权行为包括十一项：1.未经著作权人许可，发表其作品的；2.未经合作作者许可，将与他人合作创作的作品当作自己单独创作的作品发表的；3.未参加创作，为谋取个人名利，在他人作品上署名的；4.歪曲、篡改他人作品的；5.剽窃他人作品的；6.未经著作权人许可，以展览、摄制电影和以类似摄制电影的方法使用作品，或者以改编、翻译、注释等方式使用作品的；7.使用他人作品，应当支付报酬而未支付的；8.未经电影作品和以类似摄制电影的方法创作的作品、计算机软件、录音录像制品的著作权人或者与著作权有关的权利人许可，出租其作品或者录音录像制品的，法律另有规定的除外；9.未经出版者许可，使用其出版的图书、期刊的版式设计的；10.未经表演者许可，从现场直播或者公开传送其现场表演，或者录制其表演的；11.其他侵犯著作权以及与著作权有关的权益的行为。实施这些侵权行为，侵权人将根据侵权情况承担停止侵害、消除影响、赔礼道歉、赔偿损失等民事责任。

承担综合责任的侵权行为主要包括八项：1.未经著作权人许可，复制、发行、表演、放映、广播、汇编、通过信息网络向公众传播其作品的；2. 出版他人享有专有出版权的图书的；3. 未经表演者许可，复制、发行录有其表演的录音录像制品，或者通过信息网络向公众传播其表演的；4. 未经录音录像制作者许可，复制、发行、通过信息网络向公众传播其制作的录音录像制品的；5. 未经许可，播放或者复制广播、电视的；6. 未经著作权人或者与著作权有关的权利人许可，故意避开或者破坏权利人为其作品、录音录像制品等采取的保护著作权或者与著作权有关的权利的技术措施的；7. 未经著作权人或者与著作权有关的权利人许可，故意删除或者改变作品、录音录像制品等的权利管理电子信息的；8. 制作、出售假冒他人署名的作品的。当然《著作权法》和有关法规还对上述部分使用行为设定了不侵权的例外情况。出现这些侵权行为，侵权人除承担民事责任外，同时损害公共利益的，可以由著作权行政管理部门责令停止侵权行为，没收违法所得，没收、销毁侵权复制品，并可处以罚款；情节严重的，著作权行政管理部门还可以没收主要用于制作侵权复制品的材料、工具、设备等；构成犯罪的，则会依法追究刑事责任。

此外，在著作权许可使用或转让等合同中，当事人不履行合同义务或者履行合同义务不符合约定条件的，应当依照《民法通则》和《合同法》等有关法律法规承担民事责任。

肖像权侵权纠纷

肖像权，是指公民对自己的肖像享有再现、使用并排斥他人侵害的权利，是包含了肖像所体现的精神权利和物质权利为内容的民事权利。我国《民法通则》第一百条规定："公民享有肖像权，未经本人同意，不得以营利为目的使用公民的肖像。"

通常情况下，侵害肖像权的行为主要指以营利为目的使用他人肖像做商业广告、商品装潢、书刊封面及印刷品等，此外，恶意毁损、玷污、丑化公民肖像，或通过肖像进行人身攻击等，也属于侵害肖像权的行为。侵害肖像权的行为需承担停止侵害，恢复名誉，消除影响，赔礼道歉等民事责任，并可要求赔偿损失。

隐私权侵权纠纷

隐私权是指自然人享有的对自己的个人秘密和个人私生活进行支配，不被他人非法侵扰、知悉、收集、利用和公开的一种权利。我国《民法通则》第五条和《侵权责任法》第二条明确隐私权是受法律保护的权利。隐私权主要涵盖四类：1.隐私隐瞒权：公民对自己的隐私进行隐瞒，不为人所知的权利；2.隐私利用权：公民对自己的个人资讯进行利用，以满足自己精神、物质等方面需要的权利；3.隐私保护权：公民隐私在受到非法侵害时请求司法保护的权利；4.隐私支配权：公民对自己的隐私有权按照自己的意愿进行支配的权利。

实践中，侵害隐私权的行为主要包括：刺探、调查个人情报、资讯；干涉、监视私人生活；侵入、窥视私人领域；擅自公布他人隐私，和非法利用他人隐私等。侵犯隐私权一般会承担停止侵权、赔礼道歉、赔偿损失等民事责任。

当然，在文艺家和文艺工作者的工作生活中，除了名誉权、著作权、肖像权、隐私权可能遭受不法侵害外，还可能存在大量因合同纠纷产生的诉讼，由于情况千差万别，在此不一一赘举。此外，还有一些侵犯商标权、专利权、劳动报酬权的案件，鉴于数量不多，共性问题少，暂未做归纳。

二、通过行政投诉维护权利

文艺工作者通过行政投诉可以解决哪些侵权问题？

鉴于与文艺工作者切身利益相关的权利多为私权利，依据我国法律，目前文艺家能够直接通过行政投诉、举报渠道进行维权的侵权问题主要集中在著作权领域。

作为著作权行政投诉的投诉人应具备哪些条件？

著作权行政投诉的投诉人应当是根据《著作权法》享有著作权或者与著作权有关的权利的中国公民、法人或者其他组织，或者外国人、无国籍人，或者是依法享有专有使用权的使用者，或者是利害关系人。知情人可以就侵权行为向著作权行政管理部门进行举报。

著作权行政投诉涉及的侵权行为包括哪些？

著作权行政投诉涉及的侵权行为应当是：1.《著作权法》第四十八条列举的侵权行为，同时损害公共利益的；2.《计算机软件保护条例》第二十四条列举的侵权行为，同时损害公共利益的；3.《信息网络传播权保护条例》第十八条列举的侵权行为，同时损害公共利益的以及第十九条、第二十五条列举的侵权行为；4.《著作权集体管理条例》第四十一条、第四十四条规定的应予行政处罚的行为；5.其他有关著作权法律、法规、规章规定的应给予行政处罚的违法行为。

在文艺工作者不知道侵权行为是否损害公共利益的情况下，是否可以进行著作权行政投诉？

在实践中，常常有文艺工作者无法判别侵权行为是否损害公共利益的情况。按照目前著作权行政投诉规范，权利人即使不知道侵权行为是否损害公共利益，也可以向著作权行政管理部门投诉，由著作权行政管理部门进行审查判断。

哪些行政机关可以受理文艺工作者关于著作权的行政投诉？

受理著作权行政投诉的机关为各级著作权行政管理部门，即版权局。文艺工作者发现侵害自己著作权及相关权利的行为后，可以根据情况向侵权行为实施地、侵权结果发生地（包括侵权复制品储藏地、依法查封扣押地、侵权网站服务器所在地、侵权网站主办人住所地或者主要经营地）的著作权行政管理部门投诉。在某些情况下，著作权行政管理部门也可以依法将投诉移交另一著作权行政管理部门处理。

著作权行政投诉的时效是多久？

著作权行政投诉应该自侵权行为发生之日起两年内向著作权行政管理部门提出。自侵权行为发生之日起两年后进行的投诉，著作权行政管理部门不再受理。对于有连续或者继续状态的侵权行为，两年期限自侵权行为终止之日起计算。

著作权行政投诉人应提交的投诉材料有哪些？

投诉人向著作权行政管理部门进行著作权行政投诉时，应当提交下列材料：1.调查申请书，其中应当写明投诉人、被投诉人的姓名（或者名称）和地址，投诉日期，申请调查所根据的主要事实和理由；2.投诉人的身份证明（如果投诉人委托代理人进行投诉，应当同时提交委托书和代理人的身份证明）；3.权利归属的初步证据，如作品原稿、由投诉人署名发表的作品、作品登记证书、取得权利的合同，或者认证机构出具的证明等；4.侵权证据，包括侵权复制品，涉及侵权行为的账目、合同和加工、制作单据，证明侵权行为的公证书，有关照片等。

投诉材料提交的途径有哪些，是否可以提交外文材料？

投诉材料可以直接向著作权行政管理部门提交，也可以通过邮寄方式提交。投诉人提交的投诉材料如果文字部分是外文，应当附带相应的中译文。

文艺工作者进行著作权行政投诉后，著作权行政主管部门会如何受理？

接到投诉人投诉后，著作权行政管理部门将对投诉材料进行审查，并在收到所有投诉材料之日起十五日内，决定是否受理并通知投诉人。在通知投诉人不予受理的情况下，著作权行政管理部门会在通知书中说明理由。

著作权行政管理部门会对侵权人作出哪些行政处罚？

著作权行政管理部门可以给予侵权人的行政处罚包括：1.责令停止侵权行为；2.没收违法所得；3.没收或者销毁侵权复制品；4.罚款；5.情节严重的，没收主要用于制作侵权复制品的材料、工具、设备等；6.给予法律、法规规定的其他行政处罚。

著作权行政处罚的主要法律依据是什么？

我国《著作权法》第四十八条规定了可以由著作权行政管理部门给予行政处罚的八种严重侵犯著作权和与著作权有关权利的行为。这八种严重侵权行为的行为人主要目的是为了牟取非法经济利益，其后果不仅损害著作权人的利益，而且损害公共利益，破坏社会主义市场经济秩序，有的还会损害国家形象与声誉。因此，《著作权法》成为著作权行政管理部门进行行政处罚的主要法律依据，同时《著作权法实施条例》、《计算机软件保护条例》、《信息网络传播权保护条例》、《著作权集体管理条例》等法规和一些规章中则更加明确地规定了可适用著作权行政处罚的侵权盗版行为内容，都成为著作权行政执法的实体法依据。

著作权行政执法的程序法依据则是《行政处罚法》和《著作权行政处罚实施办法》。

哪些行政机关对侵犯著作权的违法行为有处罚权？

我国《著作权行政处罚实施办法》规定，国家版权局以及地方人民政府享有著作权行政执法权的有关部门，在法定职权范围内有权就相关违法行为实施行政处罚。但是，法律、法规另有规定的，从其规定。具体到案件中，侵犯信息网络传播权的违法行为由侵权人住所地、实施侵权行为的网络服务器等设备所在地或侵权网站备案登记地的著作权行政管理部门负责查处。侵犯其他著作权的违法行为由侵权行为实施地、侵权结果发生地、侵权制品储藏地或者依法查封扣押地的著作权行政管理部门负责查处（法律、行政法规另有规定的除外）。

☺ 著作权行政管理部门发现查处的违法行为构成犯罪的，会如何处理？

著作权行政管理部门发现查处的违法行为，根据我国《刑法》规定涉嫌构成犯罪的，将由该著作权行政管理部门依照国务院《行政执法机关移送涉嫌犯罪案件的规定》将案件移送公安司法部门处理。

☺ 著作权行政投诉人如对行政主管部门作出的处理决定不服，可以依法采取哪些救济手段？

按照相关法律法规规定，著作权行政投诉人如果对著作权行政管理部门的处理决定不服，可以依法申请行政复议或者提起行政诉讼。申请时应当相应适用《行政复议法》或者《行政诉讼法》规定的有关程序。

☺ 文艺工作者能否就其他侵犯著作权的行为申请其他行政保护？

当著作权人和相关权利人发现侵权复制品将从中国海关进出口，可以请求海关依照《中华人民共和国知识产权海关保护条例》采取相应的保护措施。

三、通过司法途径维护权利

前述内容已经提及，与广大文艺家和文艺工作者切身利益相关的权利多为私权利，名誉权、著作权、隐私权、肖像权等均可通过司法途径进行维权，因诉讼程序类似，下文重点对名誉权、著作权的司法维权知识进行介绍。

名誉权纠纷的原告如何确定？

公民、法人的名誉受到侵害的，可以直接以自己的名义作为原告进行起诉。死者名誉受到损害的，其近亲属有权作为原告向人民法院提起诉讼。近亲属包括：配偶、父母、子女、兄弟姐妹、祖父母、外祖父母、孙子女、外孙子女。

名誉权纠纷的管辖法院如何确定？

因名誉权纠纷多为侵权之诉，根据法律规定，除重大涉外案件及在本辖区有重大影响的案件之外均由侵权行为地或者被告住所地的基层人民法院管辖。侵权行为地包括侵权行为实施地和侵权结果发生地。名誉权受到侵害时，遭受侵权的公民、法人和其他组织的住所地也可以视为侵权结果发生地。

因新闻报道或其他作品引起的名誉权纠纷，原告起诉时如何选择被告？

因新闻报道或其他作品发生的名誉权纠纷，权利人起诉时既可以只起诉作者或新闻出版单位，也可以将作者和新闻出版单位都列为被告。需要注意的是，如果作者与新闻出版单位为隶属关系，作品系作者履行职务所形成的，应该只列新闻出版单位为被告。

如何认定侵害名誉权的责任？

是否构成侵害名誉权的责任，应当根据受害人确有名誉被损害的事实、行为人行为违法、违法行为与损害后果之间有因果关系、行为人主观上有过错来认定。下列情形有可能构成侵害名誉权的责任：1.以书面或口头形式侮辱或者诽谤他人，损害他人名誉的；2.新闻报道严重失实，致他人名誉受到损害的；3.因撰写、发表批评文章，文章的基本内容失实，使他人名誉受到损害的；4.描写真人真事的文学作品，对特定人进行侮辱、诽谤或者披露隐私损害其名誉的；或者虽未写明真实姓名和住址，但事实是以特定人或者特定人的特定事实为描写对象，文中有侮辱、诽谤或者披露隐私的内容，致其名誉受到损害的；5.编辑出版单位在作品已被认定为侵害他人名誉权或被告知明显属于侵害他人名誉权后，应刊登声明消除影响或者采取其他补救措施；拒不刊登声明，不采取其他补救措施，或继续刊登、出版侵权作品的；6.借检举、控告之名侮辱、诽谤他人，造成他人名誉损害的。

侵害名誉权的侵权人可能承担哪些民事责任？

根据法律规定，侵害他人名誉权的，应当根据情况，承担停止侵害、恢复名誉、消除影响、赔礼道歉、赔偿损失等民事责任。

恢复名誉、消除影响、赔礼道歉可以书面或口头的方式进行，但内容须事先经人民法院审查。恢复名誉、消除影响的范围，一般应与侵权所造成不良影响的范围相当。公民、法人因名誉权受到侵害要求赔偿的，侵权人应赔偿侵权行为造成的经济损失。公民的名誉权受到侵害时，还可以请求精神损害赔偿，人民法院将根据侵权人的过错程度、侵权行为的具体情节、给受害人造成精神损害的后果等情况酌情加以认定。

名誉权纠纷的诉讼时效是多久？

诉讼时效，是指民事权利人认为自己的权利受到侵害后在法定的时效期间内不行使权利，当时效期间届满时，即丧失了请求人民法院依诉讼程序强制义务人履行义务的制度。名誉权纠纷的诉讼时效为两年，自权利人知道或者应当知道侵权行为之日起计算。

民事案件的案由指什么？

案由，就是指案件的由来，表明当事人之间基于哪类法律关系发生了何种争议需要法院予以审理。当事人向法院提起民事诉讼时，需在起诉书中明确具体的诉讼请求和起诉的事实理由。一般而言，人民法院在立案时会根据案由来确定具体审理该案的审判业务庭，侵犯名誉权、肖像权、隐私权的案件通常由民事审判庭审理，侵犯著作权、商标权、专利权的案件通常由知识产权审判庭审理。

与著作权相关的民事案由有哪些？

根据自2011年4月1日起施行的《民事案件案由规定》，"知识产权与竞争纠纷"作为一级案由，下设包括"知识产权合同纠纷"、"知识产权权属、侵权纠纷"在内的3个二级案由。

"知识产权合同纠纷"下设12个三级案由，其中与文艺维权关系密切的三级案由为"著作权合同纠纷"，该案由下又设立了13个四级案由，分别为：（1）委托创作合同纠纷；（2）合作创作合同纠纷；（3）著作权转让合同纠纷；（4）著作权许可使用合同纠纷；（5）出版合同纠纷；（6）表演合同纠纷；（7）音像制品制作合同纠纷；（8）广播电视播放合同纠纷；（9）邻接权转让合同纠纷；（10）邻接权许可使用合同纠纷；（11）计算机软件开发合同纠纷；（12）计算机软件著作权转让合同纠纷；（13）计算机软件著作权许可使用合同纠纷。此外，"知识产权合同纠纷"下设的三级案由"知识产权质押合同纠纷"，涉及权利人以著作权中的财产权出质而产生的纠纷，文艺工作者也可能遇到。

"知识产权权属、侵权纠纷"下设15个三级案由，其中可能与文艺工作者有关的三级案由为"著作权权属、侵权纠纷"、"确认不侵害知识产权纠纷"、"因申请知识产权临时措施损害责任纠纷"、"因恶意提起知识产权诉讼损害责任纠纷"。

"著作权权属、侵权纠纷"下设28个四级案由，分别为：（1）著作权权属纠纷；（2）侵害作品发表权纠纷；（3）侵害作品署名权纠纷；（4）侵害作品修改权纠纷；（5）侵害保护作品完整权纠纷；（6）侵害作品复制权纠纷；（7）侵害作品发行权纠纷；（8）侵害作品出租权纠纷；（9）侵害作品展览权纠纷;(10)侵害作品表演权纠纷;(11)侵害作品放映权纠纷;(12)侵害作品广播权纠纷;(13)侵害作品信息网络传播权纠纷;(14)侵害作品摄制权纠纷;(15)侵害作品改编权纠纷;(16)侵害作品翻译权纠纷;(17)侵害作品汇编权纠纷;(18)侵害其他著作财产权纠纷;(19)出版者权权属纠纷;(20)表演者权权属纠纷;(21)录音录像制作者权权属纠纷;(22)广播组织权权属纠纷;(23)侵害出版者权纠纷;(24)侵害表演者权纠纷;(25)侵害录音录像制作者权纠纷;(26)侵害广播组织权纠纷;(27)计算机软件著作权权属纠纷;(28)侵害计算机软件著作权纠纷。

"确认不侵害知识产权纠纷"下设包括"确认不侵害著作权纠纷"在内的3个四级案由。"因申请知识产权临时措施损害责任纠纷"下设包括"因申请诉前停止侵害著作权损害责任纠纷"、"因申请海关知识产权保护措施损害责任纠纷"在内的5个四级案由。

人民法院如何确定民事案件的案由?

第一审法院立案时根据当事人诉争法律关系的性质,首先会适用《民事案件案由规定》列出的第四级案由;第四级案由没有规定的,适用相应的第三级案由;第三级案由没有规定的,适用相应的第二级案由;第二级案由没有规定的,适用相应的第一级案由。

著作权纠纷案件的管辖法院如何确定?

民事案件的管辖,即在人民法院系统内部划分某级法院或同级中的某个法院对某一民事案件行使审判权。案件由哪个法院管辖,要依据级别管辖和地域管辖的法律法规加以确定。

级别管辖,即按照一定标准划分上下级法院之间受理第一审民事案件的权限和分工。《最高人民法院关于审理著作权民事纠纷案件适用法律若干问题的解释》第二条规定,著作权民事纠纷案件,由中级以上人民法院管辖。各高级人民法院根据本辖区的实际情况，可以确定若干基层人民法院管辖第一审著作权民事纠纷案件。实践中，在案件数量较多审判压力大的地方，均已确定部分基层法院可以管辖著作权纠纷民事案件。以北京市为例，除三个中级人民法院之外，海淀、西城、石景山、朝阳、东城、丰台、昌平、大兴、怀柔、顺义、房山等几个区的基层人民法院也可以受理著作权纠纷案件。

地域管辖，是指同一级别人民法院之间的分工。著作权纠纷民事案件的地域管辖与其他民事案件基本一致。我国《民事诉讼法》规定：对公民提起的民事诉讼，由被告住所地人民法院管辖；被告住所地与经常居住地不一致的，由经常居住地人民法院管辖。对法人或者其他组织提起的民事诉讼，由被告住所地人民法院管辖。同一诉讼的几个被告住所地、经常居住地在两个以上人民法院辖区的，各该人民法院都有管辖权。

因合同纠纷提起的诉讼，由被告住所地或者合同履行地人民法院管辖。合同纠纷的当事人可以书面协议选择被告住所地、合同履行地、合同签订地、原告住所地、标的物所在地等与争议有实际联系地点的人民法院管辖，但不得违反民事诉讼法对级别管辖和专属管辖的规定。

因侵犯著作权行为提起的民事诉讼，由侵权行为实施地、侵权复制品储藏地或者查封扣押地、被告住所地人民法院管辖。侵权复制品储藏地，是指大量或者经营性储存、隐匿侵权复制品所在地；查封扣押地，是指海关、版权、工商等行政机关依法查封、扣押侵权复制品所在地。对涉及不同侵权行为实施地的多个被告提起的共同诉讼，原告可以选择其中一个被告的侵权行为实施地人民法院管辖；仅对其中某一被告提起的诉讼，该被告侵权行为实施地的人民法院有管辖权。

网络著作权侵权纠纷的案件由侵权行为地或者被告住所地人民法院管辖。侵权行为地包括实施被诉侵权行为的网络服务器、计算机终端等设备所在地。对难以确定侵权行为地和被告住所地的，原告发现侵权内容的计算机终端等设备所在地可以视为侵权行为地。

著作权民事案件的诉前临时措施指什么？

著作权民事案件的诉前临时措施，是指诉讼前经当事人申请，人民法院依法采取的临时性诉讼措施。我国法律规定的诉前临时措施主要包括禁止作出有关行为（一般称为诉前临时禁令）、财产保全、证据保全。临时措施对预防侵权行为发生或损害后果的进一步扩大具有重要作用。

诉前临时禁令和诉前财产保全的目的和程序是什么？

著作权人或者与著作权有关的权利人有证据证明他人正在实施或者即将实施侵犯其权利的行为，如不及时制止将会使其合法权益受到难以弥补的损害的，可以在起诉前向被保全财产所在地、被申请人住所地或者对案件有管辖权的人民法院申请对被申请人财产进行保全、禁止被申请人作出有关行为。申请人应当提供担保，不提供担保的，人民法院将裁定驳回申请。人民法院接受申请后，将在四十八小时内作出裁定；裁定采取保全措施的，立即开始执行。申请人在人民法院采取保全措施后三十日内不依法提起诉讼或者申请仲裁的，人民法院将解除保全。

根据法律规定，财产保全和禁止作出有关行为均限于请求的范围，或者与本案有关的财物。财产保全采取查封、扣押、冻结或者法律规定的其他方法。人民法院保全财产后，将立即通知被保全财产的人。财产纠纷案件，被申请人提供担保的，人民法院将裁定解除保全。申请有错误的，申请人应当赔偿被申请人因采取诉前临时措施所遭受的损失。

诉前证据保全的目的和程序是什么？

为制止侵权行为，在证据可能灭失或者以后难以取得的情况下，著作权人或者与著作权有关的权利人可以在起诉前向证据所在地、被申请人住所地或者对案件有管辖权的人民法院申请保全证据。证据保全的其他程序，与财产保全基本一致。

需要说明的是，按照法律规定，名誉权纠纷的权利人也可以向法院申请财产保全和证据保全。

什么是侵犯著作权或与著作权有关权利的行为？

根据《著作权法》规定，下列行为属于侵犯著作权或与著作权有关权利的行为：1.未经著作权人许可，发表其作品的；2.未经合作作者许可，将与他人合作创作的作品当作自己单独创作的作品发表的；3.未参加创作，为谋取个人名利，在他人作品上署名的；4.歪曲、篡改他人作品的；5.剽窃他人作品的；6.未经著作权人许可，以展览、摄制电影和以类似摄制电影的方法使用作品，或者以改编、翻译、注释等方式使用作品的，法律另有规定的除外；7.使用他人作品，应当支付报酬而未支付的；8.未经电影作品和以类似摄制电影的方法创作的作品、计算机软件、录音录像制品的著作权人或者与著作权有关的权利人许可，出租其作品或者录音录像制品的，法律另有规定的除外；9.未经出版者许可，使用其出版的图书、期刊的版式设计的；10.未经表演者许可，从现场直播或者公开传送其现场表演，或者录制其表演的；11.未经著作权人许可，复制、发行、表演、放映、广播、汇编、通过信息网络向公众传播其作品的，法律另有规定的除外；12.出版他人享有专有出版权的图书的；13.未经表演者许可，复制、发行录有其表演的录音录像制品，或者通过信息网络向公众传播其表演的，法律另有规定的除外；14.未经录音录像制作者许可，复制、发行、通过信息网络向公众传播其制作的录音录像制品的，法律另有规定的除外；15.未经许可，播放或者复制广播、电视的，法律另有规定的除外；16.未经著作权人或者与著作权有关的权利人许可，故意避开或者破坏权利人为其作品、录音录像制品等采取的保护著作权或者与著作权有关的权利的技术措施的，法律、行政法规另有规定的除外；17.未经著作权人或者与著作权有关的权利人许可，故意删除或者改变作品、录音录像制品等的权利管理电子信息的，法律、行政法规另有规定的除外；18.制作、出售假冒他人署名的作品的；19.其他侵犯著作权以及与著作权有关的权益的行为。

著作权纠纷中哪些资料权利人可以作为证据向法院提交？

涉及著作权的底稿、原件、合法出版物、著作权登记证书、认证机构出具的证明、取得权利的合同等都可以作为证据。当事人自行或者委托他人以定购、现场交易等方式购买侵权复制品而取得的实物、发票等，也可以作为证据。公证人员在未向涉嫌侵权的一方当事人表明身份的情况下，如实对另一方当事人按照前述方式取得的证据和取证过程出具的公证书，应当作为证据使用，但有相反证据的除外。

著作权侵权人可能承担的民事责任是什么？

根据法律规定，侵害他人著作权及相关权的，应当根据情况，承担停止侵害、消除影响、赔礼道歉、赔偿损失等民事责任。

侵犯著作权案件的诉讼时效是多久？

侵犯著作权的诉讼时效为两年，自著作权人知道或者应当知道侵权行为之日起计算。权利人超过两年起诉的，如果侵权行为在起诉时仍在持续，在该著作权保护期内，人民法院仍可判决被告停止侵权行为；侵权损害赔偿数额自权利人向人民法院起诉之日起向前推算两年计算。

名誉权、著作权纠纷的民事诉讼审判程序有哪些？

同一般的民事诉讼一致，名誉权、著作权纠纷的审判程序分为第一审程序、第二审程序和审判监督程序。人民法院审理第一审民事案件适用的程序为第一审程序，它是民事诉讼的基本程序，包括普通程序和简易程序。第二审程序是指上级人民法院根据当事人的上诉，对下级法院未发生法律效力的一审民事判决和裁定进行审理的程序。我国实行两审终审制，当事人对第一审法院作出的判决、裁定不服提起上诉的，在上诉及第二审法院审理期间，第一审法院作出的判决、裁定不发生法律效力，第二审法院作出的判决、裁定才是终审的判决裁定，具有法律效力。审判监督程序，是对确有错误的发生法律效力的判决、裁定或者调解书，依法重新审理的程序，这一程序具有监督性和补救性的特点。

到法院提起民事诉讼的条件是什么？

起诉是当事人依法向人民法院提起诉讼请求的行为，主动提出该请求的人称为原告，与原告发生民事争议，被人民法院传唤应诉的人为被告。根据法律规定起诉必须符合下列条件：1.原告是与本案有直接利害关系的公民、法人和其他组织；2.有明确的被告；3.有具体的诉讼请求和事实、理由；4.属于人民法院受理民事诉讼的范围和受诉人民法院管辖。

起诉时需提交什么材料？

起诉应当向人民法院递交起诉状，并按照被告人数提出副本。书写起诉状确有困难的，可以口头起诉，由人民法院记入笔录，并告知对方当事人。起诉状应当记明下列事项：1.原告的姓名、性别、年龄、民族、职业、工作单位、住所、联系方式，法人或者其他组织的名称、住所和法定代表人或者主要负责人的姓名、职务、联系方式；2.被告的姓名、性别、工作单位、住所等信息，法人或者其他组织的名称、住所等信息；3.诉讼请求和所根据的事实与理由；4.证据和证据来源，证人姓名和住所。

什么是受理，人民法院不受理起诉时该如何做？

受理是指人民法院接受原告的起诉并启动诉讼程序的行为，司法实践中称受理为立案。人民法院保障当事人依照法律规定享有的起诉权利。对符合法定条件的起诉，必须受理。符合起诉条件的，应当在七日内立案，并通知当事人；不符合起诉条件的，应当在七日内作出裁定书，不予受理；原告对裁定不服的，可以自裁定书送达之日起十日内提起上诉。此外，对于起诉到人民法院的民事纠纷，当事人同意调解的，通常人民法院会在立案前先行调解。

民事审判程序大致包括哪些环节？

根据《民事诉讼法》的一般原则，在第二审程序、审判监督程序中没有规定的，均适用第一审程序。第一审程序是民事诉讼的基本诉讼程序，主要包括审理前的准备、开庭审理两个环节。

审理前的准备阶段包括哪些内容？

为保证案件审理的顺利进行，人民法院自受理原告起诉以后到开庭审理之前，需依法进行系列准备工作，这一阶段总称为审理前的准备。人民法院在立案之日起五日内会将起诉状副本发送被告，被告应当在收到之日起十五日内提出答辩状。人民法院应当在收到答辩状之日起五日内将答辩状副本发送原告。被告不提出答辩状的，不影响人民法院审理。同时，人民法院对决定受理的案件，将在受理案件通知书和应诉通知书中向当事人告知有关的诉讼权利义务，或者口头告知。当事人对管辖权有异议的，应当在提交答辩状期间提出。人民法院对当事人提出的异议，应当审查。异议成立的，裁定将案件移送有管辖权的人民法院；异议不成立的，裁定驳回。当事人未提出管辖异议，并应诉答辩的，视为受诉人民法院有管辖权，但违反级别管辖和专属管辖规定的除外。审理案件的合议庭组成人员确定后，人民法院将在三日内告知当事人。人民法院对受理的案件，分别情形，予以处理：开庭前可以调解的，采取调解方式及时解决纠纷；根据案件情况，确定适用简易程序或者普通程序；需要开庭审理的，通过要求当事人交换证据等方式，明确争议焦点。

开庭审理阶段包括哪些内容？

人民法院在完成审理前的准备工作之后，案件进入开庭审理阶段。

开庭审理是指在审判人员主持和当事人、其他诉讼参与人（包括代理人、证人、鉴定人、翻译人员等）的参加下，在法庭上对案件进行全面审理的过程，分为宣布开庭、法庭调查、法庭辩论、当事人最后陈述、法庭调解、休庭评议和宣判等阶段。人民法院审理民事案件，除涉及国家秘密、个人隐私或者法律另有规定的以外，应当公开进行。开庭审理前，书记员应当查明当事人和其他诉讼参与人是否到庭，宣布法庭纪律。开庭审理时，由审判长核对当事人，宣布案由，宣布审判人员、书记员名单，告知当事人有关的诉讼权利义务，询问当事人是否提出回避申请。法庭调查按照下列顺序进行：1. 当事人陈述；2. 告知证人的权利义务，证人作证，宣读未到庭的证人证言；3. 出示书证、物证、视听资料和电子数据；4. 宣读鉴定意见；5. 宣读勘验笔录。法庭辩论按照下列顺序进行：1. 原告及其诉讼代理人发言；2. 被告及其诉讼代理人答辩；3. 第三人及其诉讼代理人发言或者答辩；4. 互相辩论。法庭辩论终结，由审判长按照原告、被告、第三人的先后顺序征询各方最后意见。法庭辩论终结，法院将依法作出判决。判决前能够调解的，还可以进行调解，调解不成的，合议庭对案件进行评议后及时判决。人民法院对公开审理或者不公开审理的案件，一律公开宣告判决。法院宣判之前，原告可以申请撤回起诉，是否准许由法院裁定。

哪些原因可以延期开庭审理？

延期审理是指在诉讼过程中，由于发生了法律规定的情况，致使人民法院不能在原定日期对案件进行开庭审理时，法院将案件改为另一日期审理。根据法律规定，以下情形可以延期开庭审理：必须到庭的当事人和其他诉讼参与人有正当理由没有到庭的；当事人临时提出回避申请的；需要通知新的证人到庭，调取新的证据，重新鉴定、勘验，或者需要补充调查的；其他应当延期的情形。

哪些原因可能引起诉讼中止？

诉讼中止是指民事诉讼程序的中途暂时停止，造成诉讼程序中途停止的原因有：1.一方当事人死亡，需要等待继承人表明是否参加诉讼的；2.一方当事人丧失诉讼行为能力，尚未确定法定代理人的；3.作为一方当事人的法人或者其他组织终止，尚未确定权利义务承受人的；4.一方当事人因不可抗拒的事由，不能参加诉讼的；5.本案必须以另一案的审理结果为依据，而另一案尚未审结的；6.其他应当中止诉讼的情形。中止诉讼的原因消除后，恢复诉讼。

不服第一审判决、裁定时如何上诉？

当事人不服地方人民法院第一审判决的，有权在判决书送达之日起十五日内向上一级人民法院提起上诉。当事人不服地方人民法院第一审裁定的，有权在裁定书送达之日起十日内向上一级人民法院提起上诉。上诉应当递交上诉状，交纳上诉案件受理费。上诉状的内容，应当包括当事人的姓名，法人的名称及其法定代表人的姓名或者其他组织的名称及其主要负责人的姓名；原审人民法院名称、案件的编号和案由；上诉的请求和理由。上诉状应当通过原审人民法院提出，并按照对方当事人或者代表人的人数提出副本。

上诉后，第二审人民法院一般如何审理？

第二审人民法院将对上诉请求的有关事实和适用法律进行审查。对上诉案件，二审法院应当组成合议庭，开庭审理。经过阅卷、调查和询问当事人，对没有提出新的事实、证据或者理由，合议庭认为不需要开庭审理的，可以不开庭审理。第二审人民法院对上诉案件，经过审理，按照下列情形，分别处理：1.原判决、裁定认定事实清楚，适用法律正确的，以判决、裁定方式驳回上诉，维持原判决、裁定；2.原判决、裁定认定事实错误或者适用法律错误的，以判决、裁定方式依法改判、撤销或者变更；3.原判决认定基本事实不清的，裁定撤销原判决，发回原审人民法院重审，或者查清事实后改判；4.原判决遗漏当事人或者违法缺席判决等严重违反法定程序的，裁定撤销原判决，发回原审人民法院重审；5.原审人民法院对发回重审的案件作出判决后，当事人提起上诉的，第二审人民法院不得再次发回重审。

第二审人民法院审理上诉案件，可以进行调解。调解达成协议，应当制作调解书。调解书送达后，原审人民法院的判决即视为撤销。第二审人民法院判决宣告前，上诉人可以申请撤回上诉，是否准许，由第二审人民法院裁定。第二审人民法院审理上诉案件，除法律特别规定外，适用第一审普通程序。

当事人如何提起审判监督程序？

当事人对已经发生法律效力的判决、裁定，认为有错误的，可以向上一级人民法院申请再审；当事人一方人数众多或者当事人双方为公民的案件，也可以向原审人民法院申请再审。当事人申请再审的，不停止判决、裁定的执行。当事人的申请符合下列情形之一的，人民法院应当再审：1.有新的证据，足以推翻原判决、裁定的；2.原判决、裁定认定的基本事实缺乏证据证明的；3.原判决、裁定认定事实的主要证据是伪造的；4.原判决、裁定认定事实的主要证据未经质证的；5.对审理案件需要的主要证据，当事人因客观原因不能自行收集，书面申请人民法院调查收集，人民法院未调查收集的；6.原判决、裁定适用法律确有错误的；7.审判组织的组成不合法或者依法应当回避的审判人员没有回避的；8.无诉讼行为能力人未经法定代理人代为诉讼或者应当参加诉讼的当事人，因不能归责于本人或者其诉讼代理人的事由，未参加诉讼的；9.违反法律规定，剥夺当事人辩论权利的；10.未经传票传唤，缺席判决的；11.原判决、裁定遗漏或者超出诉讼请求的；12.据以作出原判决、裁定的法律文书被撤销或者变更的；13.审判人员审理该案件时有贪污受贿，徇私舞弊，枉法裁判行为的。当事人申请再审，应当在判决、裁定发生法律效力后六个月内提出，有上述第1项、第3项、第12项、第13项规定情形的，自知道或者应当知道之日起六个月内提出。

当事人申请再审的，应当提交再审申请书等材料。人民法院应当自收到再审申请书之日起五日内将再审申请书副本发送对方当事人。对方当事人应当自收到再审申请书副本之日起十五日内提交书面意见；不提交书面意见的，不影响人民法院审查。人民法院可以要求申请人和对方当事人补充有关材料，询问有关事项。按照审判监督程序决定再审的案件，裁定中止原判决、裁定、调解书的执行。人民法院按照审判监督程序再审的案件，发生法律效力的判决、裁定是由第一审法院作出的，按照第一审程序审理，所作的判决、裁定，当事人可以上诉；发生法律效力的判决、裁定是由第二审法院作出的，按照第二审程序审理，所作的判决、裁定，是发生法律效力的判决、裁定；上级人民法院按照审判监督程序提审的，按照第二审程序审理，所作的判决、裁定是发生法律效力的判决、裁定。

一方当事人拒绝履行生效的法律文书时应该如何处理？

发生法律效力的民事判决、裁定、调解书，当事人必须履行。一方拒绝履行的，对方当事人可以向人民法院申请执行。一般而言，从法律文书规定履行期间的最后一日起计算，当事人申请执行的期间为两年；法律文书规定分期履行的，从规定的每次履行期间的最后一日起计算；法律文书未规定履行期间的，从法律文书生效之日起计算。案件执行由第一审人民法院或者与第一审人民法院同级的被执行的财产所在地人民法院执行。

名誉权案件中，侵权人拒不执行生效判决，不为对方恢复名誉、消除影响的，人民法院可以采取公告、登报等方式，将判决的主要内容及有关情况公布于众，费用由被执行人负担。

什么是证据，法定的证据种类有哪些？

简单地说，能够证明案件事实的材料都是证据。证据在民事诉讼中有着极其重要的意义，它是人民法院认定案件事实和作出裁判的依据。我国《民事诉讼法》规定证据种类有八种，分别是：1.当事人的陈述；2.书证；3.物证；4.视听资料；5.电子数据；6.证人证言；7.鉴定结论；8.勘验笔录。

民事案件的举证责任通常如何分配？

"谁主张、谁举证"是民事诉讼的基本举证原则。当事人对自己提出的诉讼请求所依据的事实或者反驳对方诉讼请求所依据的事实有责任提供证据加以证明。没有证据或者证据不足以证明当事人的事实主张的由负有举证责任的当事人承担不利后果。以著作权侵权纠纷为例，原告方需对原告为合法的权利人、被告实施了侵权行为、原告因此存在损害的后果、原告因被告的侵权行为产生的损失数额等基本事实承担举证责任。

如何收集网络侵权案件的证据？

由于网络证据具有容易消失、易被篡改、形式多样等特点，进行网络证据保全公证，即由公证人员对证据收集过程进行现场公证往往成为权利人收集、固定证据的重要手段。同时，为了避免公证瑕疵影响证据效力，在进行公证时还要注意以下两点：1.尽量选择公证机关的上网设备，或由公证人员随机制定的其他公用上网设备；2.尽量由公证人员操作使用上网设备，完成证据收集。

网络服务提供者承担法律责任的情形是什么？

网络服务提供者一般可以分为两类，一类是为网络用户提供内容服务，即直接向网络用户提供各种类型的具体信息。网络服务提供者所提供的信息均系其自行收集、编辑、加工而成，对信息的内容有绝对的控制力。该类网络服务提供者利用网络侵害他人名誉权、著作权的，应当承担侵权责任。

另一类是为网络用户提供信息传播服务或信息平台服务，包括自动接入、自动传输、信息存储空间、搜索、链接、文件分享技术等网络服务。该类网络服务提供者仅是提供信息传播通道或平台，并不对传输或存储的信息进行主动编辑修改，网络信息的全部内容都是由网络用户提供。该类网络服务提供者需承担民事责任的情形是：1.当网络用户利用网络服务实施侵权行为时，被侵权人通知网络服务提供者采取删除、屏蔽、断开链接等必要措施。网络服务提供者接到通知后未及时采取必要措施的，对损害的扩大部分与该网络用户承担连带责任。2.网络服务提供者知道网络用户利用其网络服务侵害他人民事权益，未采取必要措施的，与该网络用户承担连带责任。

四、通过其他途径维权的方式

除了行政和司法两种主要的维权途径之外，文艺维权还可通过其他纠纷解决机制得到解决，在此仅对仲裁和调解两种常见的纠纷解决方式进行简要介绍。

仲裁

根据《仲裁法》规定，平等主体的公民、法人和其他组织之间发生的合同纠纷和其他财产权益纠纷，都可以申请仲裁。当事人选择仲裁方式解决纠纷的，应自愿达成仲裁协议。仲裁协议包括合同中订立的仲裁条款和以其他书面方式在纠纷发生前或者纠纷发生后达成的请求仲裁的协议。仲裁协议独立存在，合同的变更、解除、终止或者无效，不影响仲裁协议的效力。没有仲裁协议，一方申请仲裁的，仲裁委员会将不予受理。当事人达成仲裁协议，一方向人民法院起诉的，人民法院将不予受理，但仲裁协议无效的除外。

仲裁不实行级别管辖和地域管辖，当事人可以协商选择解决纠纷的仲裁委员会，并在仲裁协议或条款中进行明确约定。仲裁实行一裁终局的制度，裁决作出后，当事人就同一纠纷再申请仲裁或者向人民法院起诉的，仲裁委员会或者人民法院将不予受理。如果裁决被人民法院依法裁定撤销或者不予执行的，当事人就该纠纷则可以根据双方重新达成的仲裁协议申请仲裁，也可以向人民法院起诉。

调解

调解制度作为"东方经验"在我国具有悠久的历史，自古以来，调解就是我国解决民间纠纷、民事纠纷的重要途径之一。依据调解主体的不同，可以将调解分成人民调解、行政调解和司法调解。

人民调解是在人民调解委员会主持下，引导当事人互谅互让、平等协商，最终双方自愿达成协议的一种群众性自治解纷方式。达成调解协议的，当事人可以共同向法院申请对调解协议进行司法确认，经法院确认有效后调解协议即具有强制执行力。

行政调解是指在行政主体主持下，促使双方当事人友好协商并达成协议，以有效解决纠纷的一种行政活动。除法律另有规定外，行政机关依法对民事纠纷进行调处后达成的调解协议，经双方当事人签字或者盖章后，具有民事合同性质。在《著作权法》第三次修改的送审稿中，增加了有关著作权纠纷行政调解的专门条款：著作权行政管理部门可以设立著作权纠纷调解委员会，负责著作权和相关权纠纷的调解。经调解达成调解协议后，双方当事人认为有必要的，可以自调解协议生效之日起三十日内，共同向调解组织所在地基层人民法院申请司法确认。如果上述规定得以最终保留，则著作权纠纷经行政调解达成的调解协议也可以经过司法确认而具有强制执行力。

司法调解通常是指对当事人起诉到法院的纠纷，在法院的主持下进行的调解活动。司法调解贯穿于各个审判阶段，无论是第一审程序、第二审程序，还是审判监督程序，只要是能够调解的案件，法院都可以进行调解。当事人达成调解协议的，既可以请求法院根据调解协议出具具有强制执行力的调解书，还可以向法院申请撤回诉讼。双方无法达成调解协议的，法院将根据法律规定进行裁判。仲裁中的调解与司法调解类似。

根据《著作权法》第五十五条规定，著作权纠纷可以调解，也可以根据当事人达成的书面仲裁协议或者著作权合同中的仲裁条款，向仲裁机构申请仲裁。

一般来说，著作权合同类纠纷可以进行仲裁，侵权名誉权和著作权的纠纷则很难通过仲裁方式解决。而调解由于其便捷、高效、适用范围广、低成本解决纠纷的特点而得到广泛应用，名誉权和著作权纠纷都有通过调解得到圆满解决的范例。

近年来，著作权纠纷日益增多，为了适应及时有效解决著作权纠纷的现实需要，部分地区成立了著作权纠纷的调解机构。2001年上海市文联成立了文学艺术家权益维护中心，该中心的主要职责之一就是受理并调解文艺著作权纠纷案件。仅2012年，该中心就受理文艺纠纷调解案件30起，成功调解了20起。2007年，上海市浦东新区成立知识产权人民调解委员会。2010年5月，上海版权纠纷调解中心成立。2011年4月，成都版权纠纷调解中心和版权投诉中心启动运营、上海市杨浦区知识产权纠纷联合调解工作室揭牌成立。2011年10月，中关村版权争议调解中心在北京成立。2012年4月，中国互联网协会人民调解委员会揭牌仪式在京举行。2012年3月，中国互联网协会人民调解委员会成立。上述调解机构对快速解决著作权纠纷，促进纠纷双方互利共赢起到了重要作用。当前，中国文联也正在筹建"中国文联知识产权咨询调解专家委员会"，拟通过和司法机关的合作探索建立包括专家咨询、案件调解、法律服务在内的常态化工作机制，以更好地维护广大文艺家和文艺工作者的合法权益。

文艺维权案例

文艺维权案例

徐大雯诉宋祖德、刘信达侵犯谢晋名誉权纠纷案

【案情介绍】

我国著名电影导演谢晋，于2008年10月17日逝世。

谢晋逝世后不久，宋祖德在其开设的新浪、腾讯、搜狐公开博客中，发表了《千万别学谢晋这样死！》等五篇博客文章；之后，刘信达在其开设的搜狐、网易公开博客中也出现了《宋祖德15大预言件件应验！》、《宋祖德22大精准预言！》等四篇博客文章，与宋祖德的文章呼应。这些博客文章都是关于谢晋私生活并有损其声誉的负面内容。

博客发表之后，宋祖德、刘信达还接受媒体记者的采访，不仅表示博客文章内容是真实的，还称其有录音、照片等证据。

针对宋祖德和刘信达的行为，2009年2月底，谢晋遗孀徐大雯以侵害谢晋名誉权为由，将宋祖德与刘信达二人告上法庭。徐大雯认为：宋祖德和刘信达无中生有，连续发表博客文章，恶意诽谤诋毁谢晋的名誉，请求法院判令两被告立即停止侵害并撤销其在新浪、搜狐、腾讯、网易等博客上的侵权文章；判令两被告在新浪、搜狐、腾讯、网易等网站，齐鲁电视台、《华西都市报》、《新京报》等媒体的醒目位置，刊登向原告赔礼道歉的公开声明；并要求两被告共同赔偿原告直接经济损失及精神损害抚慰金共计50万元。

庭审中，被告宋祖德和刘信达承认了博客内容的非真实性，但二人称有关网站涉案博客文章并非由其本人上传，系他人冒名上传。因此，原告起诉的被告不适格；且原告提出的证据不能证明被告的侵权事实，原告提出的赔偿数额亦无法律依据，要求法院驳回原告的全部诉讼请求。

法院经审理认为，宋祖德、刘信达发表的涉案博客文章，严重侵害了谢晋的名誉。最终判决：1.被告宋祖德、刘信达立即停止对谢晋名誉的侵害；2.被告在新浪、搜狐、腾讯、网易网站首页，在《华西都市报》、《新京报》、《成都商报》、《生活报》、《天府早报》、《扬子晚报》醒目位置，刊登向原告徐大雯公开赔礼道歉的声明以消除影响，为谢晋恢复名誉；3.赔偿原告徐大雯经济损失约9万元；4.赔偿原告徐大雯精神损害抚慰金20万元。

一审判决后，宋祖德、刘信达两人提起上诉。二审法院驳回其上诉，维持了原判。

【案件分析】

一、博客主应对其公开发表的博客内容负责

博客，又名网络日志，是一种以网络为载体，发表个人见解、分享信息，并能够与他人交流的综合性网络平台。通过注册，个人和单位都可以成为博客主,对其博客网页的内容进行编辑。其中包括发表博客文章、转载他人文章等功能。在这些功能中,其中很重要的一项是博客主可自由选择自己所发表的文章属性为"不公开"或"公开"。如果选择"不公开"就代表着该文章仅能由博客主个人看到;如果选择"公开",则该文章就可以被网络上的不特定主体所看到。本案法官将非公开的博客比喻成传统意义上的个人日记,认为非公开的博客仅是将个人内心思想活动的记录存放到网络空间,一般不会对他人造成影响;而公开的博客,则具有类似于发表文章的实际效果,能使公开的博客日记成为一种宣传工具。因此,对于公开的博客,除非博客主有证据证明其博客文章的发表另有其人,否则博客主均应对其文章内容负责。

在本案中,被告宋祖德、刘信达二人发表涉案文章的博客都是公开博客,任何人都能通过网络查看博客文章的内容,因此,作为公开博客的发表人,宋祖德、刘信达应对博客文章的真实性负法律责任。

虽然宋祖德、刘信达称其博客被黑客所攻击,但涉案的文章上传于被告所称的博客"被黑"之前;且法院认为,即使博客被"黑客"入侵,也不能得出涉案文章系他人上传的结论。因此,法院最终认定作为博客主的宋祖德、刘信达上传了涉案文章,需文责自负。

二、宋祖德、刘信达发表涉案博客,侵犯了谢晋的名誉权

名誉权是公民、法人依法享有的社会对其客观评价的权利。我国法律规定,禁止用侮辱、诽谤等方式损害公民、法人的名誉。按照司法解释的规定,以书面、口头形式宣扬他人隐私,或者捏造事实公然丑化他人人格,以及用侮辱、诽谤等方式损害他人名誉,造成一定影响的,应当认定为侵害公民名誉权的行为。

一般来说,名誉权侵权行为构成要件包括:1.侵害人主观上有过错,包括故意和过失;2.存在侵犯名誉权的行为,包括侮辱、诽谤他人,书面或口头形式宣扬他人隐私,或者捏造事实公然丑化他人人格等;3.给被侵害人造成了损害;4.行为和损害结果之间存在因果关系。

在本案中，被告宋祖德、刘信达在客观上实施了发表侮辱、诽谤谢晋名誉博客的行为。宋、刘二人上传涉案诽谤文章后，继而又向求证媒体继续散布诽谤言论，公然宣称其有证据证实自己的言论，主观上明显存在故意。涉案博客文章的点击量过万，使谢晋的名誉受到严重损害。所以，法院认定宋祖德、刘信达的行为构成对谢晋名誉权的侵害，并且二人对侵权行为具有意思联络，构成共同侵权。因此，判令二被告承担停止侵害、消除影响、赔礼道歉及赔偿损失的民事责任。

三、网络媒体的责任

根据现有法律关于一般侵权责任的规定，通常认为，网络服务提供商对其网络用户提供的信息有合理的注意义务。如果侵权行为特别明显，而网络服务商仍然置之不理的，则被视为违反了注意义务，应承担相应责任。

在本案中，对谢晋名誉权的侵害，媒体也应承担一定的责任。涉案博客存在侮辱、诽谤的可能性非常明显，而涉案网站在没有核查被告发布信息真实性的情况下，就转载涉及他人名誉和隐私的博客文章，主观上存在过错，因此也应承担相应侵权责任。在本案审理阶段，原告最终因媒体配合取证工作，选择放弃起诉媒体，但从法律的角度来看，如果原告起诉发表涉案博客的网络服务商，也是有其法律依据的。

【案件启示】

一、网络侵权案件中取证工作至关重要

本案的胜诉，与原告方的成功取证密不可分。在庭审中，原告除了提交关于被告在网络上发表博客的网页公证材料，还提供了一些媒体采访被告的节目录像光盘，并说服媒体出庭作证。据了解，原告律师还前往谢晋逝世时入住的酒店现场进行取证，调取了谢晋逝世当晚酒店的全部录像以及证人的调查笔录。结合谢晋的死亡证明，最终证实了谢晋的真正死因并非被告所描写的。

结合本案，建议维权者在网络侵权维权诉讼中，要及时做好侵权内容的保全公证。由于网络内容的不稳定性，网页信息随时可能会出现变化，侵权信息很有可能会被改动甚至删除，因此维权者在发现侵权信息时，一定要进行及时的保全，否则，网络内容一旦出现变化，将给原告的举证工作造成重大困难。在司法实践中，通过公证机构对网络上侵权网页进行保全公证，是取得有利证据的重要方式。

二、规范使用网络媒体，避免侵犯他人名誉权

随着网络媒体的发展，网络侵权形式不断出新。虽然网络空间存在虚拟性，但不代表侵权者可以随意逃避责任。当前，越来越多的网络要求实名注册，并且可以通过注册信息最终追踪到实际侵权人。因此，一旦出现侵权纠纷时，上传侵权内容的网络用户难逃法律责任。

侵犯他人名誉权的行为，除了承担民事责任外，还很可能触犯刑事法律，承担刑事责任。我国《刑法》明确规定，公然侮辱他人，或者捏造事实诽谤他人，情节严重的，处三年以下有期徒刑、拘役、管制或者剥夺政治权利。最高人民法院、最高人民检察院最新发布的关于办理利用信息网络实施诽谤等刑事案件的司法解释规定，同一诽谤信息实际被点击、浏览次数达5000次以上，或者被转发次数达到500次以上的，属于《刑法》中规定的"情节严重"，将被追究刑事责任。因此，广大网民们应当规范自己的行为，避免以讹传讹或因侵犯他人名誉权、隐私权而构成刑事犯罪。

此外，如果出现自己的网络信息被黑客利用，冒名发表或修改作者本意的文章，网络用户应当及时通过修改密码、发表声明、与网络管理员联系等方式进行处理，避免损害的进一步扩大。在尊重他人权益的同时，保护自己的合法权益。

（案例提供：上海市文联　撰写：张语潇、闫晓璐）

李蔷华诉言卿清、余之及上海文汇出版社侵害俞振飞名誉权案

【案情介绍】

2009年,一本名为《粉墨人生妆泪尽》(以下简称:《粉墨》)的传记,因记述了京昆界两位已故名人俞振飞和言慧珠一段夫妻生活往事,被各大网站转载而成为一时热议话题。也就是这本书,引发了一场震动文艺界的官司。

2010年,俞振飞遗孀、京剧艺术家李蔷华读了《粉墨》一书后大为愤怒,认为该书内容东拼西凑,有悖事实,有损于俞振飞昆曲大师的名誉。同时,她的观点也引起了艺术名家蔡正仁、岳美缇、顾铁华、薛正康、唐葆祥、费三金等人的共鸣,他们便和俞老的十多位弟子联名写信给上海市文联党组,希望文联提供维权帮助。

上海市文联党组对此案十分重视,随即委派维权部门同志走访李蔷华、蔡正仁等人,并积极与《粉墨》一

书作者余之沟通,希望通过调解化解纠纷。但余之不愿接受调解,并坚称其作品没有捏造事实,损害俞振飞的名誉。在调解未果的情况下,上海市文联向李蔷华推荐律师,并协助律师开展了大量的取证工作。

2010年5月,李蔷华向上海市卢湾区人民法院提起诉讼,状告《粉墨》一书的作者言卿清、余之及上海文汇出版社侵害俞振飞名誉权。上海市卢湾区人民法院经审理后认为,被告在主观上并没有诋毁俞振飞的恶意,原告李蔷华提供的证据不足以证明其诉讼请求,判决驳回了李蔷华的诉讼请求。

一审判决作出后,在上海市文联的支持下,李蔷华上诉至上海市第一中级人民法院。2011年7月8日,上海市第一中级人民法院作出终审判决,认定言卿清、余之及上海文汇出版社侵害了俞振飞的名誉权。法院判决被告上海文汇出版社停止出版发行销售《粉墨》一书;三被告在《文汇报》、新浪网刊载向李蔷华公开赔礼道歉的声明;赔偿李蔷华精神损害抚慰金2万元。

【案件分析】

一、我国法律关于侵犯名誉权的相关规定

根据我国法律的相关规定,以书面、口头形式宣扬他人隐私,或者捏造事实公然丑化他人人格,以及用侮辱、诽谤等方式损害他人名誉,造成一定影响的,应当认定为侵害公民名誉权的行为。

我国法律对于纪实文学侵犯名誉权有特别解释:对于描写真人、真事的文学作品,对特定人进行侮辱、诽谤或者披露隐私损害其名誉的;或者虽未写明真实姓名和住址,但事实是以特定人或者特定人的特定事实为描写对象,文中有侮辱、诽谤或者披露隐私的内容,致其名誉受到损害的,应认定为侵害他人名誉权。

二、纪实文学出现名誉权侵权纠纷原被告的举证责任

名誉权侵权的认定,应当根据受害人确有名誉被损害的事实、行为

人的行为违法、违法行为与损害后果之间有因果关系、行为人主观上有过错来认定。

名誉权损害的事实由谁来举证，是本案原、被告双方在二审中争议的焦点。原告认为，纪实文学的作者应对其作品内容的真实性和措词的严谨性负责。因此，对于《粉墨》一书作者侵犯了俞振飞先生的名誉权，原告只需提交涉及侵权的《粉墨》一书，并指明其中涉及侵犯俞振飞先生名誉权的内容，即履行了法律要求原告履行的举证责任；而被告认为该书所述皆为事实，那么就应拿出《粉墨》一书所述内容皆是事实的证据，才算是履行了法律分配给被告方的举证责任。

二审法院认可了原告的主张，认为：当事人在作品中描写他人的工作、生活等内容的，应当保证该内容的真实性或者可以公开宣扬；利害关系人提出质疑的，作者（包括出版者等）应当就该内容的真实性或可公开性承担举证责任。未能举证证明其真实性的，应承担相应的法律责任。

《粉墨》作者自始至终不能证明书中所述相关内容属实。因此原告的诉求最终获得了法院的支持。

【案件启示】

一、名人传记应把握好内容准确性，避免侵犯他人名誉权

随着名人传记作品的增多，传记作品所产生的侵犯名人名誉权的问题也越来越凸显，名人传记的侵权问题不仅事关文艺名家、大家的声誉，也关系到作者和出版者的权益和从业规范问题。

本案胜诉消息传出后，媒体广泛报道，在文艺界引起了反响，认为本案的判决把一个真实的艺术大师俞振飞的形象还给了大众。同时也很有教育意义，对于以后文学创作具有启示和警诫作用。在市场经济环境下，无论是文艺界还是新闻出版界，都需要加强思想建设，努力弘扬正确的价值理念，这既是传记作者应有的职业操守，也是其肩负的社会责任。

笔者建议传记作者在编撰出版名人传记过程中要把握好内容的准确性，防止侵犯他人名誉权的情况出现。另一方面，当文艺家或继承人发现他人存在侵权行为时，应积极运用法律手段保护自身名誉权。只有通过多方面的约束和监督，才能使文化创作活动在合法、合理、合情的和谐状态下，结出最好的精神成果。

二、如何主张精神损害赔偿

精神损害赔偿，是指当公民人身权受到不法侵害而遭受精神上的伤害，法律要求侵害人给予赔偿的一种民事责任。根据《最高人民法院关于确定民事侵权精神损害赔偿责任若干问题的解释》的规定，能够主张精神损害赔偿的人身权利包括：生命权、健康权、身体权；姓名权、肖像权、名誉权、荣誉权；人格尊严权、人身自由权。因此，只有在以上权利受到侵犯时，受损害方才可以主张精神损害赔偿，对于规定以外的其他权利受侵害时，法院是不会支持精神损害赔偿的。

对于精神损害赔偿的数额，目前没有法定标准。在司法实践中，法院在确定精神损失的赔偿数额时会综合考虑：侵权人的过错程度、侵权行为的情节、侵权行为后果的严重性、侵权人的获利情况、侵权人承担责任的经济能力，以及法院所在地平均生活水平等因素。因此，当事人在主张精神损害赔偿时，也应结合以上因素，合理地提出赔偿金额。

三、文联组织在维护艺术家名誉权方面的责任

当前，文艺界普遍关注知识产权侵权状况，但对于文联组织来说，维护文艺工作者的名誉权同样是维权工作的重要职责。本案是文联组织帮助老艺术家维护名誉的范例，上海市文联在了解了俞振飞遗孀李蔷华的维权诉求后，通过调解、召开"名人传记中侵权问题座谈会"、协助取证诉讼等方式为案件的最终胜诉作出了重要的贡献。此间的工作态度和诸多方法，值得各级文联组织和文艺家协会借鉴。

（案例提供：上海市文联　撰写：宣俊、闫晓璐）

叶雄诉福建七匹狼实业股份有限公司、厦门大峡谷影视有限公司侵犯著作权案

【案情介绍】

叶雄是我国著名的中国画画家,中国美术家协会会员、上海市美术家协会常务理事。2001年8月,百家出版社出版了《水浒一百零八将》一书,其中主要内容为一百零八将水墨人物画,并配有文字介绍《水浒传》中的一百零八将,绘画署名叶雄。

2008年1月,福建七匹狼实业股份有限公司(以下简称:七匹狼公司)与厦门大峡谷影视有限公司(以下简称:大峡谷公司)签订"动画贺岁片制作合同",约定大峡谷公司为七匹狼公司制作七匹狼服装"好汉"篇动画贺岁片。大峡谷公司完成了动画制作,并向七匹狼公司出具了"肖像使用授权书",授权七匹狼公司使用大峡谷公司在"好汉"篇动画贺岁片中创作的梁山好汉画像,并授权七匹狼公司可在各类媒体传播画像肖像,期限不限。

后叶雄发现，中央电视台第一套节目于2008年春节期间反复播出了七匹狼公司的广告，这些广告有叶雄绘画的26个水浒人物。与叶雄的作品相比较，有14个人物的手持物品、服装颜色被修改；另有12个人物身着七匹狼服装，头像与叶雄作品的头像一致。广告中并未指明水浒人物画像的作者。叶雄认为七匹狼公司与大峡谷公司共同侵犯了自己的复制权、修改权和保护作品完整权，将二公司诉至法院，请求法院判令七匹狼公司和大峡谷公司在《法制日报》中缝版以外版面刊登声明赔礼道歉，并赔偿经济损失30万元（包括律师费2万元）。

七匹狼公司认为：广告由大峡谷公司独立创作，大峡谷公司提供了广告中部分人物图像的手稿，七匹狼公司作为广告主，已经尽到了充分的审查注意义务，不构成侵权。七匹狼公司同时向法院提交了大峡谷公司出具的15个"好汉"人物创作底稿，包括涉案的14个人物。诉讼中，大峡谷公司承认其制作的七匹狼男装"好汉"篇动画贺岁片参考临摹了叶雄《水浒一百零八将》中的人物画像，对人物进行了部分修改，并将部分人物创作底稿交给了七匹狼公司。但大峡谷公司认为其系对自己员工临摹的作品进行扫描制作的广告，并没有直接使用叶雄的作品，不同意叶雄的诉讼请求。

法院经审理后认为二公司存在侵权行为，判决：七匹狼公司、大峡谷公司在全国发行的报纸上刊登声明，向叶雄赔礼道歉；大峡谷公司赔偿叶雄经济损失及合理支出共计10万元；七匹狼公司对大峡谷公司上述债务中的43000元承担连带给付责任。

【案件分析】

《水浒一百零八将》绘画署名为叶雄，七匹狼公司及大峡谷公司对此也予以认可，可以确认叶雄对"水浒一百零八将"的人物画像享有著作权。七匹狼公司的广告中未经许可即使用了叶雄的作品，侵犯了叶雄的著作权，本案涉及的要点主要在于：

一、广告主、广告经营者为何应承担侵权责任

根据我国《广告法》的规定，广告主是指为推销商品或者提供服务，自行或者委托他人设计、制作、发布广告的法人、其他经济组织或者个人。广告经营者是指受委托提供广告设计、制作、代理服务的法人、其他经济组织或者个人。就本案而言，七匹狼公司为广告主，大峡谷公司为广告经营者。

由于广告经营者负责广告的具体设计和制作，对自己制作的广告中是否使用了他人的作品，是否取得了权利人的许可等情况是明知的。因此，如果广告经营者设计、制作的广告侵犯了他人的著作权，在没有合法抗辩理由的情况下，广告经营者应该承担侵权责任。本案中，大峡谷公司未经许可使用叶雄的美术作品制作商业广告，且擅自修改了叶雄作品人物形象，侵犯了叶雄享有的复制权、修改权。而且，由于大峡谷公司为宣传七匹狼服装，还对12个"好汉"人物形象着以七匹狼服装，歪曲了叶雄作品中的小说人物造型，侵犯了叶雄享有的保护作品完整权。即使如大峡谷公司所说其是对叶雄作品的临摹，由于进行了商业性使用，也构成对叶雄上述著作权的侵犯。大峡谷公司应当对其侵权行为承担相应的侵权责任。

一般来说，广告主仅是根据与广告经营者的合同约定向其支付广告费用，获得广告后进行发布，对广告中是否涉及他人作品的情况是不知情的。但是，广告主对广告经营者交付的广告内容具有审查义务，特别是要对广告中使用作品的来源情况进行审查，如果广告主怠于履行审查义务，应对其未尽审查义务的部分承担相应的侵权责任。当然，如果广告主对广告中未经许可使用他人作品的情况是明知的，需与广告经营者共同承担侵权责任。在本案中，七匹狼公司作为广告主，对广告是否侵犯他人合法权益负有合理审查义务。大峡谷公司向七匹狼公司提供了14个"好汉"人物的创作底稿，因此可认为七匹狼公司审查了该14个"好汉"人物广告的作品来源，尽到了合理审查义务。但对于另外12个

身着七匹狼服装的"好汉"人物，七匹狼公司在未审查是否由大峡谷公司独立创作的情况下，就在广告中使用上述作品，未尽到合理的审查义务，与大峡谷公司共同侵犯了叶雄享有的著作权，七匹狼公司应就其未尽到审查义务的部分与大峡谷公司共同承担侵权责任。

二、七匹狼公司、大峡谷公司应承担哪些侵权责任

根据《著作权法》规定，侵害他人著作权的，应当根据情况，承担停止侵害、消除影响、赔礼道歉、赔偿损失等民事责任。案件情况千差万别，侵权人可能承担的民事责任也有所不同，权利人在起诉的时候，如果能根据各种民事责任适用条件的不同，合理提出侵权人承担民事责任的要求，获得法院支持的可能性将较大。

停止侵害通常适用于侵权行为持续存在的情形，即只要能认定侵权人实施了侵权行为，且侵权行为尚未结束，权利人就可以要求侵权人停止侵权行为。如果侵权行为已经结束（比如侵权广告已经停播），再要求停止侵害则没有实际意义，法院也难以支持。消除影响的适用前提是侵权行为给权利人造成了不良影响，权利人要对此承担举证责任，该种承担责任的方式通常与其他方式共同使用。

赔礼道歉的主要作用在于使受害人的心理得到安慰，对于受害人的经济损失并无恢复功能。目前司法实践中公认的观点是，只有著作权人（仅限于自然人）在著作权中的人身权（发表权、署名权、保护作品完整权、修改权）受到侵害的情形下，才可以要求侵权人赔礼道歉，赔礼道歉的范围一般也限于侵权行为的影响范围。本案中，七匹狼公司和大峡谷公司的行为侵犯了叶雄的修改权、保护作品完整权，符合赔礼道歉的适用条件。而且由于广告系在中央电视台公开播放，影响范围覆盖全国，法院最终判决二公司在全国发行的报纸上刊登道歉声明。

赔偿损失是最为常见的承担责任方式，也是司法审判中比较引人关注的问题。法院通常会按照权利人实际损失、侵权人违法所得、法定赔偿的顺序来进行计算。大多情况下，个体权利人很难举证证明自己的

实际损失，侵权人也不愿意向法院提交违法所得的证据，实践中由法院综合考虑作品类型、合理使用费、侵权行为性质、后果等确定赔偿数额的案例较多。本案即属于该种情形，法院综合考虑以下因素酌情确定了赔偿数额：1.叶雄涉案作品具有一定的影响力；2.涉案广告的播出媒体为中央电视台第一套节目，且主要在春节期间播出；3.七匹狼公司明知涉案广告的播出次数、时间和时长，却不提供相应证据；4.涉案广告对叶雄作品的修改、歪曲程度；5.七匹狼公司为广告制作支出的费用。同时，对于叶雄为本案支出律师费的合理部分也予以了支持。

【案件启示】

一、临摹作品用于商业使用需征得权利人同意

临摹是中国书画用语，在书画学习中十分常见。广大书画爱好者在临摹他人作品的时候一定要注意：未经权利人许可的临摹应以法律规定的"合理使用"为限，以营利为目的的临摹应取得原作品著作权人的同意，否则即构成对被临摹作品著作权人的侵权。同理，当权利人发现他人未经许可临摹自己的作品并用于商业使用时，也应该意识到自己的著作权受到了侵犯，可以拿起法律武器维护自己的权益。

二、广告侵权时的诉讼维权技巧

当著作权人发现自己的书法、美术等作品被他人用作商业广告准备通过诉讼方式维权时，需要先确定适格的被告。虽然广告经营者应对广告侵权承担民事责任，但多数情况下，权利人在媒体上发现侵权广告作品时，会比较容易通过广告内容、广告发布地点等线索找到广告主，而很难直接找到广告经营者。此时，权利人可以只列广告主为被告，广告主为了减轻或免除自己的责任，会提供与广告经营者有关的信息，权利人可以向法院申请追加广告经营者为被告，免除权利人自己寻找广告经营者的烦恼。当然，如果权利人知道广告经营者的信息，将二者同时列为被告更有利。

当权利人准备到法院起诉时，要在具有管辖权的法院中进行选择。依据法律关于侵权案件法院地域管辖的规定，被告住所地和侵权行为地（包括侵权行为实施地和侵权结果发生地）的法院都有管辖权。权利人可以选择到便于自己参加诉讼和收集证据地域的法院起诉。以本案为例，广告由中央电视台播出，北京市作为中央电视台的住所地可以视为侵权行为地，而七匹狼公司和大峡谷公司的住所地在福建省，本案权利人选择在北京法院起诉，既方便自己参加诉讼，也巧妙规避了地方保护的风险。

（撰写：冷玉、闫晓璐）

江苏省女作家程某诉导演野人及相关单位电视剧本侵权案

【案情介绍】

江苏省女作家程某2001年创作完成了电影剧本《桑树湾的姑娘》(以下简称:《桑》剧),后进行了三次修改,第四稿于2002年12月完成。在此期间,程某曾将剧本交与导演野人,希望野人对剧本进行完善并拍摄为电视剧,但拍摄工作一直未能如愿进行。

2005年3月,中央电视台第八套节目播出了电视连续剧《桃园姐妹》(以下简称:《桃》剧),导演为野人,编剧为文崇礼,联合摄制单位是中央电视台、广西中大股份有限公司等5家单位。程某认为《桃》剧多处抄袭《桑》剧,侵犯了其著作权,在多次协商未果的情况下,于2007年在北京市海淀区人民法院提起对5家电视剧联合摄制单位、导演野人和编剧文崇礼的诉讼,要求法院判令:1.七被告的行为侵犯了其作品的著作权;2.被告停止侵权,消除影响并公开赔礼道歉;

3.赔偿经济损失50万元;4.赔偿精神损失费5万元;5.承担本案的诉讼费用。

北京市海淀法院经审理认为《桑》剧、《桃》剧虽然在部分情节上具有相似之处,但在具体的表达方式和人物关系的设置上并不相同。由于著作权保护的是作品的表达方式而非作者的任何创意或者构思,而原告主张构成侵权的部分内容属于思想创意的范围,另一部分属于不具有独创性的常用表达,而在具有独创性的表达方式上,两剧并未构成实质性相似之处,因此,作出了不构成侵权的判决。

程某不服一审判决,于2009年2月提起上诉,坚持《桃》剧构成对《桑》剧的剽窃,要求赔偿经济损失50万元,精神损失5万元。但被二审法院驳回上诉,维持原判。

【案件分析】

本案焦点在于导演野人此前是否接触过程某剧本的所有版本;《桑》剧、《桃》剧在部分人物设计和情节相似的情况下,是否构成剽窃。

一、程某提供的证据不足以表明野人接触过《桑》剧剧本的全部版本

通常情况下,假设两作品内容存在实质性的相似,那么法院认定侵权的核心要素就是涉嫌侵权作品晚于被侵权作品完成,且侵权人此前曾接触过被侵权作品。

本案中,程某认为其创作的《桑》剧早于《桃》剧完成,且历经三次修订,产生过四个版本,而导演野人对所有版本均有接触。其中,《桑》剧剧本第三、四稿与《桃》剧内容最为相近。据此,主张《桃》剧是抄袭《桑》剧第三、四稿而成。而导演野人虽承认曾帮助程某对《桑》剧第一、二稿进行修订,但否认看到过第三、四稿。那么,程某能举证证明野人接触过《桑》剧剧本的第三、四稿,就成为获得法院支持的前提。

从程某提交的证据看，主要是一份有野人签字的书面证明，该证明本是为了帮助《桑》剧获得资金支持，但因有野人表述的"在修改《桃》剧的过程中，借用了《桑》剧的部分情节与细节"的内容，被程某认为是野人直接接触《桑》剧第三、四稿的重要证据。此外，程某还提供了一些证人的证言。但法院认为，在《桑》剧第三、四稿从未对外出版，且完成时间难以认定的情况下，凭证明的内容，仅能表明野人曾借鉴过《桑》剧，究竟是哪个版本，无法判断。在野人承认曾接触过《桑》剧前两个版本，而程某提交的证据不足以说明野人接触过《桑》剧第三、四稿的情形下，法院只能将《桃》剧与《桑》剧第一、二稿进行比对，确定是否存在实质性相似，是否构成抄袭剽窃。

二、部分人物关系相似，但难以认定为剽窃

对于被控侵权的作品，只有该作品与权利人的作品在表达方式上存在相同或实质性相似之处，且这种实质性相似达到一定程度，才构成对权利人著作权的侵犯。

程某向法院提交了"主要人物剽窃对照表"，指出《桑》剧第二稿被剽窃的人物有枣花、大春、苏平、吴建平、梅花、康大爷等，而《桃》剧中的对应人物是石春桃、大林、赵景智、张爱玲、石广富、杨青木等。其中，《桑》剧女主人公28岁，吃百家奶长大，与村长是兄妹关系，农大硕士毕业后留校任教，是村里第一个大学生；《桃》剧女主人公亦为28岁，西南林大毕业后留校，是村里几十年才出的高材生，同样身世凄惨，与村长是亲戚。两剧中，带领姑娘们走进荒山或荒滩的都是女主人公，都对未来充满憧憬，与村里其他人多少都有一些沾亲带故的关系；其他人物或多或少与女主人公曾经相识，在追随女主人公开荒前，有进城务工的、有婚姻不幸的、有与女主人公存在情感联系的。

但法院认为虽然《桃》剧中女主人公石春桃、大林与《桑》剧第二稿中对应人物确有相似之处，但类似的人物情况在我国农村并不少见，有关人物经历在同类作品中也比较常见。因此，程某为《桑》剧创作的人物形象、设计的人物关系并不具有显著的独创性，主张《桃》剧在此方面存在剽窃，过于牵强，缺乏依据。

三、情节类似，但表达方式不同难以认定侵权

本案中，程某还认为《桃》剧的大量情节取自《桑》剧。例如：《桑》剧中枣花离家几年，回来后发现村子更加贫困，缺乏带领乡亲致富的科技人才，决定辞职回乡推广科研成果，而《桃》剧中也有类似情节；《桑》剧中有枣花打算一辈子在桑树湾的情节，而《桃》剧中也有石春桃打算一辈子在桃园村的情节；《桑》剧中枣花向房地产商吴建明争取投资，而《桃》剧中也有春桃向其男友赵景智争取投资的情节等。

再如细节部分：《桑》剧中梅花进屋，忙着烧饭、切菜，不小心划破手指，鲜血直流，大春心疼地将梅花的手指放在嘴里吮吸，小勇见状，好奇地告诉了爷爷，康大爷把小勇搂在怀里，高兴得不知说什么好；《桃》剧中张爱玲扶钢钎，韦石头甩锤，一不小心砸了张爱玲的手，张爱玲啊哟了一声，山脚下的石大林闻声赶去掏出一块手帕为张爱玲包扎，等等，程某认为《桃》剧细节中存在抄袭情节数十处。

法院认为，程某提出的涉嫌抄袭之处，多为故事情节的主线和发展脉络。总的来看，《桑》剧第二稿与《桃》剧都表现了山村大学生学成后返乡带领群众科技致富的故事。但《桑》剧以顺序的手法，从枣花学成归来写起，穿插对往昔的回忆，以克服困难，开荒养蚕为内容；而《桃》剧以桃园村贫穷为背景，以"十姐妹"为乡亲们做好事为主线，描述了通过多种途径帮助乡村致富的故事，有成功也有失败。两剧在发展脉络方面确有雷同之处，其灵感可能来自野人曾参与过《桑》剧第一、二稿的创作，但相关故事发展所对应的场景和表现手法大多存在明显差异，因此，从著作权保护表达方式的基本原则出发，不能认定《桃》剧侵权。

综上，在没有确凿证据证明野人接触过《桑》剧后续版本，且《桃》剧在人物关系、情节内容表达上均与《桑》剧有所不同的情况下，

终审法院驳回了程某的诉讼请求。

【案件启示】

一、理清情理法的关系是科学维权的前提

本案原告程某虽然败诉，但法院支持了《桃》剧在创作思路上对《桑》剧进行了参考这一主张。所以，不少读者可能为程某鸣不平，存有同情之心，毕竟她为构思剧本付出了心血，但这也恰恰是本案的典型性所在。

就版权保护的客体而言，我国与世界上其他国家在基本原则上完全一致，即保护作品本身而不延及思想和创意。也就意味着，就同一题材和思路进行创作，只要最终呈现的具体形式内容不同，就可以构成受法律保护的新作品。在影视创作中，不少策划人、创作者常常为别人抄袭了自己的点子、创意、包袱而懊恼，认为这也属于侵权行为，不合情理势必违法，但毕竟法律与情感、行规不同，需要以法定依据为规范，以法定事实为准绳。正如希腊神话中法律女神忒弥斯，她一手拿着象征公正的天平，一手拿着代表正义的利剑，而双眼却被布条遮盖，意味着摒弃情感，仅承认法定的事实。因此，广大文艺工作者应在理清情理法三者关系的前提下科学维权，才会获得预期的成果。

二、编剧维权应从事前防范入手

当前，因为影视剧市场的繁荣，越来越多的人开始从事剧本创作，而抄袭剽窃、不署名、不付报酬等侵权行为也日益增多。鉴于此，建议广大编剧将维权工作重心从事后维权向事前防范方向转移，增强自身的确权意识、合同意识和行业道德意识。

确权意识：即为了保证自身权益，在作品未公开前，积极采取版权登记、作品备案等手段保留最初的权属证明，为日后维权奠定证据基础（本案中，程某无法证明《桑》剧第三、四稿的创作完成时间早于《桃》剧，亦是败诉的原因之一）。

合同意识：一方面是与合作创作者、各种形式的作品使用者间都应签署内容严谨的协议，明确署名形式、付酬方式、作品用途、违约责任等关键信息，从作品创作伊始就确定双方的权利和义务。另一方面，与日常业务中可能查阅、观看到作品的机构和个人，也应签署保密协议，将作品外传的风险降至最低。

行业道德意识：文化创作的精髓在于创新，广大编剧在积极维护自身权益的同时，也要保证不侵犯他人权益，进而通过每个人的努力促进行业道德自律，逐步建立起尊重知识产权的创作氛围。

（案例提供：江苏省文联　撰写：马力海）

赵梦林诉中央电视台侵犯京剧脸谱著作权纠纷案

【案情介绍】

1992年，赵梦林经朝华出版社出版了自己的画册《京剧脸谱》（2003年1月再版时改名为《中国京剧脸谱》），该画册中收录了赵梦林绘制的五百余幅京剧脸谱。

2006年7月17日，中央电视台因未经赵梦林许可在节目中使用了赵梦林《中国京剧脸谱》画册中的脸谱作品，与赵梦林签订"和解协议"。协议中约定，中央电视台不得再在其节目中使用赵梦林的任何作品。

但2008年，赵梦林发现，中央电视台未经其许可，在"2009年春节戏曲晚会预告片"中，再次使用了自己《中国京剧脸谱》画册中的脸谱作品，同时没有署名，也没有支付报酬。针对中央电视台的行为，赵梦林向法院提起诉讼，认为中央电视台侵犯了其著作权，请求法院判令中央电视台在《法制日报》上向赵梦林公开赔礼道歉，并赔偿经济损失及合理支出共计 10 万余元。

中央电视台则认为：赵梦林画册中的京剧脸谱与传统京剧脸谱并无显著区别，没有独创性，不构成《著作权法》上的作品，因此赵梦林不能主张著作权。即使其画册中的脸谱构成作品，中央电视台的使用行为也符合《著作权法》规定的"法定许可"使用情形，因此中央电视台不构成侵权。

最终，法院判决支持了赵梦林的主要诉讼请求，认定中央电视台的行为侵犯了赵梦林的著作权，判令中央电视台书面向赵梦林赔礼道歉，并赔偿赵梦林经济损失及诉讼合理支出共计 16500 元。

【案件分析】

一、独创性是作品受《著作权法》保护的首要标准

根据我国《著作权法》的规定，独创性是判断一部作品是否受《著作权法》保护的首要标准。《著作权法》中的独创性要求作品同时具有"独"与"创"两个要素。"独"指的是独自而非抄袭，是一种从无到有的独立创作或是在他人已有作品的基础上进行能够被区别的再创作。而"创"要求作品具有一定水准的智力创造高度，而非简单的体力劳动。

根据《著作权法》的规定，即使在他人作品基础上创作出来的成果，如果具有独创性，也受《著作权法》的保护。本案中涉案京剧脸谱虽然是赵梦林在民间传统艺术京剧脸谱的基础上绘制而成，但是，如果其绘制的脸谱体现了个人的独创性，就可以受到《著作权法》的保护。

本案中中央电视台虽辩称赵梦林作品与传统京剧脸谱无显著区别，不构成作品，但法院经审理认为：脸谱艺术是中华民族集体创作、历代传承而形成的艺术成果，属于民间艺术。如果手工绘制的脸谱在整理、使用、绘画的过程中体现了绘制者的个性、选择、判断并加入创造性成分，作品和作者均得以特定化，则其独立完成的作品与民间艺术相比即具备独创性，因而构成《著作权法》意义上的作品。赵梦林绘制的京剧

脸谱在线条、勾画、笔锋、图案等方面均具有独创性并形成了自己的风格，虽来自民间文学艺术，但也属于《著作权法》意义上的美术作品。

二、著作权侵权的例外——法定许可及合理使用

基于公共利益和社会的需要，《著作权法》规定了在一些情况下未经著作权人许可使用其作品不构成著作权侵权的情况，即"法定许可"和"合理使用"。

"法定许可"和"合理使用"都是指可以不经著作权人同意而使用其已发表的作品。二者的区别在于，"法定许可"仍需要向著作权人支付报酬，而"合理使用"则不需要支付报酬。但是，依据"法定许可"或"合理使用"的规定使用他人作品的，必须是他人已经发表的作品，且该作品的著作权人没有作出过不得使用的声明。

我国《著作权法》规定了"法定许可"的主要情形，包括：报刊转载、教材使用、录音唱片制作者制作录音制品、广播电台和电视台使用他人已发表的作品制作广播和电视节目。另外，《著作权法》第二十二条规定了"合理使用"的12种情况。通常情况下，中央电视台能够作为"法定许可"主体播放他人已发表的作品，但需要支付报酬。

三、中央电视台的"和解协议"放弃了"法定许可"使用的权利

在诉讼中，中央电视台也主张其作为公益性电视机构使用赵梦林作品的行为，符合《著作权法》规定的"法定许可"使用情形。

但法院认为"法定许可"在法律性质上属于私权利，且不属于不可放弃的人身权利或基本权利。中央电视台在"和解协议"中明确承诺"不得再在其节目中使用甲方拥有著作权的任何作品"，属于处分私权利的弃权行为，依法对中央电视台产生法律约束力。也就代表中央电视台通过协议的方式自愿放弃了"法定许可"的权利。因此，中央电视使用赵梦林的作品时，就必须先征得其同意。从另一个角度，中央电视台在协议生效后使用了原告赵梦林的作品，未事先经过赵梦林同意，其行为也违反了双方此前的协议约定，侵犯了原告的著作权。

【案件启示】

一、了解著作权授权许可的例外

维权的前提是知道什么侵权，什么不侵权。对于广大文艺工作者而言，著作权法律制度虽然赋予了大家诸多权利，但为了公共利益和全社会信息、知识的传播，在特定情况下也对著作权人的许可权进行了一些限制，产生了可以不经著作权人授权即可使用作品的"法定许可"和"合理使用"制度。因此，当文艺工作者发现存在未经许可使用作品的情况时，应分析这种使用是否是"法定许可"或"合理使用"，如果是"法定许可"，则著作权人仅有权利向使用者索要报酬；如果是"合理使用"，则使用者不仅不侵权，也没有支付报酬的义务。

当然，法律对著作权人不愿意让自己的作品被"法定许可"方式使用的情况也作出了规定，即著作权人有权发表"未经许可不得使用"声明。待有效声明发出后，一些适格的"法定许可"使用主体再想使用这些作品，就需要获得著作权人的许可。

二、针对大型机构不规范使用作品的情况，著作权人要科学维权

我国目前对于"法定许可"使用作品的付酬规定还不完善，存在很多"法定许可"使用主体使用著作权人作品却并未向著作权人支付报酬甚至不署名的情况。由于"法定许可"的主体通常是电视台、电台、报纸、杂志等机构，著作权人向这些机构主张权利存在一定难度，并且诉讼成本较之回报也比较高。

针对上述现状，建议著作权人除了保持维权的积极性，还要通过科学的方式进行维权，不宜随意启动司法程序。对于一些大型机构不规范使用作品的情况，可先采取协商方式并邀请媒体介入，关注事态进展，这样既可以节约诉讼成本，也可能取得较好的维权效果。另外，著作权人还可以通过加入著作权集体管理组织的方式，将著作权授予集体管理组织管理，降低自己的维权成本。

（撰写：王进　修改：谭礴、张杰、闫晓璐）

中国摄影著作权协会诉北京阿里巴巴信息技术有限公司侵犯著作权纠纷案

【案情介绍】

欧阳星凯系中国摄影家协会会员,创作有个人摄影作品集《洪江》。2011年1月10日,欧阳星凯通过与中国摄影著作权协会(以下简称:摄著协)签订"摄影著作权合同"的方式加入摄著协,委托摄著协对自己全部摄影作品的著作权进行管理。

北京阿里巴巴信息技术有限公司(以下简称:阿里巴巴公司)拥有并经营中国雅虎网,该网"资讯"下的"画报"栏目显示了《洪江》作品集中的31幅摄影作品,且作品下方均显示有"上传人:zhang_hua301@yahoo.cn"字样。

摄著协发现这一情况后,立即通过公证机构对网上的证据做了保全。随后摄著协向北京市朝阳区人民法院提起诉讼。摄著协认为:阿里巴巴公司未经许可,将摄著协管理的上述共计31幅摄影作品通过其经营的网站进行传播，侵犯了摄著协对相应作品依法享有的信息网络传播权。摄著协要求阿里巴巴公司停止侵权，删除侵权摄影作品，赔偿经济损失10万元及合理费用5000元。

阿里巴巴公司则认为，照片的上传者并非阿里巴巴公司，且阿里巴巴公司得到通知后立即删除了涉案作品，不应当承担侵权责任。

一审法院经审理认定阿里巴巴公司构成侵权，判令阿里巴巴公司赔偿摄著协经济损失46500元及合理费用2340元。

阿里巴巴公司不服一审判决提起上诉，但二审法院驳回了阿里巴巴公司的上诉，维持原判。

【案件分析】

一、关于摄著协的原告资格

根据我国《著作权集体管理条例》的规定，著作权集体管理组织是指为权利人的利益依法设立，根据权利人授权，对权利人的著作权或者与著作权有关的权利进行集体管理的社会团体。著作权集体管理组织经权利人授权，集中行使权利人的有关权利并以自己的名义进行下列活动：1.与使用者订立著作权或者与著作权有关的权利许可使用合同；2.向使用者收取使用费；3.向权利人转付使用费；4.进行涉及著作权或者与著作权有关的权利的诉讼、仲裁等。

本案中，摄著协是由国家版权局批准成立并在民政部注册登记的摄影著作权集体管理组织。欧阳星凯通过与摄著协签订协议的方式成为摄著协的会员。根据双方协议约定和上述条例的规定，摄著协为有效管理欧阳星凯授予的权利，有权以自己的名义对他人侵犯其会员欧阳星凯作品著作权的行为提出诉讼。

二、信息网络传播权侵权行为

信息网络传播权是指以有线或者无线的方式向公众提供作品、表演或者录音录像制品，使公众可以在其个人选定的时间和地点获得作品、表演或者录音录像制品的权利。其主要内容包括：禁止他人未经许可将作品上传到网络、禁止他人未经许可在网络上下载作品以及禁止未经许可在网络上传播作品的行为等。

按照司法解释的相关规定，以下行为构成侵犯他人信息网络传播权：未经许可，利用网络上传、共享等方式，将作品、表演、录音录像制品置于信息网络中，使公众能够在个人选定的时间和地点以下载、浏览或者其他方式获得作品。另外，网络服务提供者与他人以分工合作等方式共同提供作品、表演、录音录像制品，构成共同侵权；网络服务提供者以提供网页快照、缩略图等方式，实质替代其他网络服务提供者向公众提供相关作品的，也构成侵犯信息网络传播权。

本案中，阿里巴巴公司未经著作权人的许可将著作权人作品上传到自己网站上，使公众能够在其选定的时间和地点获得作品，其行为构成了对著作权人信息网络传播权的侵犯。

三、侵犯信息网络传播权的例外——"避风港"原则

本案审理过程中阿里巴巴公司进行了如下抗辩：涉案的作品并非阿里巴巴公司自己上传，而是由网友上传的，阿里巴巴公司提供的是信息存储空间服务，而且阿里巴巴公司接到本案诉状后已经删除了涉案31幅摄影作品，故不应承担侵权责任。

阿里巴巴公司的抗辩依据是信息网络传播权侵权纠纷中一个非常重要的概念："避风港"原则。概括来说，"避风港"原则是指在发生著作权侵权纠纷时，若网络服务商只提供了存储、搜索等服务，则对用户上传的侵权内容只承担"通知—删除"责任。如果侵权内容既不在网络服务商的服务器上存储，网络服务商又没有被告知哪些内容应该删除，则网络服务商不承担侵权责任。除非网络服务提供商明知侵权内容的存在。

我国《信息网络传播权保护条例》也引入了"避风港"原则，并规定了网络服务商运用"避风港"原则免除侵权责任的五个条件：1.明确标示该信息存储空间是为服务对象所提供，并公开网络服务提供者的名

称、联系人、网络地址；2.未改变服务对象所提供的作品、表演、录音录像制品；3.不知道也没有合理的理由应当知道服务对象提供的作品、表演、录音录像制品侵权；4.未从服务对象提供作品、表演、录音录像制品中直接获得经济利益；5.在接到权利人的通知书后，立即删除权利人认为侵权的作品、表演、录音录像制品。

在信息网络传播权侵权案件中，互联网经营者往往都会以自己是网络服务提供者，只提供信息存储空间服务，并非侵权内容的直接提供者为理由，想要躲入法律规定的"避风港"。但是，对于互联网经营者到底是提供了信息空间存储服务还是直接上传了侵权内容，这一事实的举证责任由互联网经营者来承担。

本案中，阿里巴巴公司希望适用"避风港"原则，免除责任，就必须要证明31幅涉案作品的上传行为是由网络用户完成，而非阿里巴巴公司所为。但在庭审中，阿里巴巴公司始终未能提供足够的证据，证明上传行为与该公司无任何关系。故法院最终认定雅虎网上涉案31幅摄影图片是阿里巴巴公司上传，阿里巴巴公司需要承担侵权赔偿责任。

【案件启示】

一、充分利用著作权集体管理组织维护权利

著作权集体管理制度起源于法国，至今已经走过了二百多年的历程，与著作权立法、执法并称为著作权保护的三大支柱。我国自1992年成立中国音乐著作权协会后，又先后成立了包括摄著协在内的五家著作权集体管理组织，通过法律和会员授权分别管理音乐、摄影、文字、音像、电影等作品门类的相关权利。

著作权集体管理的作用在于，对于广播权、信息网络传播权、表演权等一些著作权人个人难以行使、管理、控制的权利而言，通过类似信托的方式交由著作权集体管理组织集中行使，不仅能保障著作权人的权益，还能为作品使用者打通合法使用作品的渠道。在此基础上，如遇侵权盗版，著作权集体管理组织也能通过专业的服务，有效维护著作权人的合法权益。较著作权人个人开展授权、维权工作，既简便又高效。

本案是摄著协代表会员维权的较典型案例。对广大艺术家来讲，加入集体管理组织，通过集体管理组织行使权利并进行维权，既是科学的选择，也是当代著作权保护的发展趋势。

（案例提供：中国摄影家协会　撰写：李自柱、闫晓璐

修改：谭礴、张杰）

Yigal Messika 诉北京爵克文化发展有限公司等侵犯魔术作品著作权纠纷案

【案情介绍】

本案原告 Yigal Messika，是一名以色列籍职业魔术师，拥有美国永久居留权。

2008年3月，Yigal Messika 设计了一种名为狼蛛（Tarantula）的魔术道具，通过对狼蛛道具的操作，可以实现将物体悬浮的艺术效果。虽然悬浮物体是魔术表演的传统主题之一，但该套魔术是首个将线轮装置放在魔术师掌心，通过魔术师的手法和表演，达到物体悬浮艺术效果的魔术。为表现该套魔术的手法和艺术效果，Yigal Messika 在他人的协助下摄制了一张 DVD，记录了 Yigal Messika 对狼蛛道具的操作和演示、狼蛛魔术达到的艺术效果和观众对狼蛛魔术的热烈反应。另外，Yigal Messika 还设计了狼蛛道具的包装盒、狼蛛 DVD 的包装彩页。自2009年2月19日起，狼蛛 DVD 在美国与狼蛛道具一同正式发售，每套售价75美元。

2009 年岁末，原告发现北京爵克文化发展有限公司（以下简称：爵克公司）和杨琦在淘宝网上销售狼蛛的相关产品，并声称为原版产品。

2010 年 1 月，Yigal Messika 委托他人从淘宝网上购买了爵克公司和杨琦销售的狼蛛 DVD 及道具，产品收据加盖了爵克公司的公章。原告委托知识产权鉴定机构进行对比鉴定，认为爵克公司和杨琦销售的狼蛛 DVD 及道具，是对 Yigal Messika 同类产品的复制。

针对爵克公司和杨琦的行为，Yigal Messika 诉至法院。原告认为：被告爵克公司和杨琦未经其许可，非法复制、发行、传播、出售原告享有著作权的作品，严重侵犯了原告的著作权。原告请求法院判令两被告立即停止侵犯原告著作权的行为，消除影响，并向原告赔礼道歉；要求两被告连带赔偿原告经济损失 10 万元及合理费用 16.6 万元。

法院经审理认定了原告 Yigal Messika 对魔术作品"狼蛛"享有著作权，但法院认为被告发行狼蛛 DVD 的行为并不构成对狼蛛魔术作品著作权的侵犯，因此判决驳回了原告的诉讼请求。

此外，原告还主张其对狼蛛 DVD 享有以类似摄制电影的方法创作作品的著作权，对狼蛛 DVD 包装彩页、狼蛛道具包装盒享有美术作品著作权。但由于原告提交的证据存在形式瑕疵，法院同时裁定驳回了原告的起诉。

【案件分析】

本案是我国首例经法院判决结案的魔术作品著作权纠纷案。法院在判决中结合魔术的特点和《著作权法》对作品的要求，初步厘清了魔术作品受《著作权法》保护的范围和魔术作者身份的确认，得出了复制发行录有魔术 DVD 的行为不构成对魔术作品侵权的结论。结合法院判决，从以下方面对本案进行分析。

一、魔术作品和魔术作品的作者

魔术一词是外来语，中国俗称为"戏法"，一般是指一种借助某些原理或机制给观众呈现出一些视觉上不可思议的现象的技术。本案法院在审理时认为，魔术的构成分为两部分：一部分是由观众可感知的部分，即呈现给观众的动作和景象；另一部分是观众难以感知的部分，即被技巧或装置掩盖的动作。

根据我国《著作权法》对作品的要求，一项创作必须既具有独创性又可以被感知，才能称之为《著作权法》意义上的作品。因此，受《著作权法》保护的魔术作品应当是魔术中具有独创性并可以被感知的部分。而魔术中那些被技巧或装置掩盖的动作，由于其无法被观众客观感知，不能纳入《著作权法》的保护范围。

至于魔术作品的作者，根据《著作权法》关于认定作者的规定，一般认为，在作品上署名的公民、法人或者其他组织为作者。由于魔术发表方式一般是魔术师的表演，多数情况下不具备署名的条件。因此，当作者身份未能通过适当的方式表明时，一般推定魔术作品的表演者为魔术作品的作者，除非有证据证明魔术作品的创作者另有其人。

本案中，法院认为，原告 Yigal Messika 表演的狼蛛魔术通过对狼蛛道具的操作和运用，可以使观众感觉到戒指等物体悬浮于空中的视觉效果。整个魔术呈现给观众的形体动作、姿势编排体现了一定的构思，具有独创性，因而可以构成《著作权法》中的作品，受到《著作权法》的保护。原告 Yigal Messika 是魔术的表演者，在没有其他相反证据的情况下，法院认定 Yigal Messika 是狼蛛魔术作品的作者。

二、被告销售涉案 DVD 的行为为何不侵犯原告魔术作品的著作权

本案中原告 Yigal Messika 主张被告销售狼蛛 DVD 的行为是对魔术作品著作权的侵犯。但原告的主张没有得到法院的认可，主要由于狼蛛 DVD 和狼蛛魔术属于不同的作品，被告销售 DVD 的行为并非使用魔术作品本身，因此被告的行为不构成对魔术作品的著作权的侵犯。

法院在审理时认为，狼蛛 DVD 具有独创性，属于以类似摄制电影的方法创作的作品。被告销售涉案 DVD 的行为属于对狼蛛 DVD 著作权

的侵犯，而非对狼蛛魔术作品的侵权。原告要针对被告销售涉案DVD的行为主张侵权的话，需证明自己是狼蛛DVD作品的作者，以狼蛛DVD作者的身份起诉被告侵权。

按照《著作权法》的规定，以类似摄制电影的方法创作的作品的著作权由制片者享有。由于原告提交的证据存在瑕疵，没能证明自己是狼蛛DVD的制片人，故原告的诉讼请求最终被法院驳回。

【案件启示】

作为经法院判决结案的魔术作品著作权纠纷第一案，虽然原告败诉，但本案还是具有积极意义，毕竟以判决形式确认了魔术作品受《著作权法》保护的结论。总结原告败诉的原因，主要是由于主张权利的技巧不足和提交的证据存在瑕疵。结合本案，笔者从魔术作者主张权利技巧以及涉外诉讼中如何准备证据及需要注意的问题给读者做出提示。

一、魔术作者主张权利的技巧

实践中，魔术作者除了主张对魔术作品本身的著作权，还可以考虑从以下角度对魔术进行保护：

第一，魔术表演者可以从表演者权利的角度出发，对于未经授权复制发行录有自己魔术表演的录像和视频的行为，主张侵犯表演者权利。例如在本案中，Yigal Messika 就可以主张被告发行录有狼蛛魔术DVD的行为侵犯了自己的表演者权。

第二，魔术作者可以通过合同约定或版权登记的方式确定自己对魔术作品的衍生品（如魔术录像制品、魔术道具、舞蹈、布景等）的著作权人身份，从而向侵权者主张权利。例如，本案原告如果能证明自己是狼蛛DVD的录制者，向被告主张侵犯了狼蛛DVD作品的著作权时，就可以得到法院支持。

二、权利人在维权过程中如何准备域外证据

本案中，原告败诉的部分原因，是由于原告提交的一些证据系在我国领域外形成,未按照我国法律的规定,办理公证、认证手续,证据形式上存在瑕疵,从而未被法院采信。

根据我国相关法律的规定,凡在我国境外形成的证据,须由所在国公证机构予以公证,同时还须经我国驻该国的使领馆予以认证。而且对于形成于我国香港、澳门、台湾地区的证据,提交时也需要履行相关公证、认证手续。

三、我国权利人进行海外维权时需注意的问题

本案是外国权利人来华诉讼的例证,同理我国著作权人依据国际公约规定,也可以在境外主张权利。维权者在进行海外维权时,也要注意国外的法律尤其是程序法律与我国法律规定的不同以及特殊要求,以免因为程序问题影响案件的最终结果。

(撰写:刘检玲 修改:谭礴、张杰、闫晓璐)

台湾画家幾米诉四川省金晓置业有限公司侵犯著作权纠纷案

【案情介绍】

幾米是我国台湾地区著名绘本画家，在大陆出版发行了《向左走·向右走》、《月亮忘记了》、《地下铁》3本书。

2002年9月，四川省金晓置业有限公司（以下简称：金晓公司）就其开发的房地产项目，委托成都闫兴明设计顾问有限公司（以下简称：闫兴明公司）提供媒体计划、创意、设计方案。双方签订委托设计合同后，闫兴明公司使用了幾米上述3本书中的5幅绘画作品，作为广告设计稿交付给金晓公司，金晓公司将该设计稿使用在了其开发项目的建筑工地外墙上。

幾米发现后，遂通过代理人向金晓公司发出警告并通知其停止侵权行为。随后，幾米将金晓公司诉至法院，认为金晓公司侵害了幾米5幅绘画作品的复制权和获得报酬权，要求法院判令：1.被告立即停止侵权，并在成都当地媒体上刊登承认侵权的声明,以消除影响;2.被告赔偿原告经济损失50万元,支付律师费8万元。

被告金晓公司则认为:1.虽然幾米是涉案作品的作者,但作品的著作权应由出版社享有;2.涉案作品图案是委托闫兴明公司设计的,金晓公司不知道其使用的是未经授权的绘画作品,且根据两公司的协议约定,应由闫兴明公司承担民事责任,金晓公司不应承担侵权责任;3.金晓公司已拆除了使用涉案作品的建筑工地外墙,因此请求驳回原告幾米的诉讼请求。

诉讼中,法院应被告金晓公司的申请,追加闫兴明公司为共同被告。

法院经审理认定:涉案作品的著作权人是幾米。金晓公司与闫兴明公司未经著作权人许可,使用其作品制作广告的行为,构成共同侵权,应当承担连带责任。最终,法院支持了原告要求被告在当地媒体上赔礼道歉的主张,但对于原告请求的赔偿数额,法院没有全部支持,判决被告赔偿原告损失共计4万元人民币。

【案件分析】

本案的争议焦点可以归纳为以下两点:一、作品出版后,著作权由谁享有;二、广告主能否依据其与广告经营者的约定而免于承担侵权责任。

一、作品出版后著作权仍由作者享有

诉讼过程中,金晓公司主张涉案作品的著作权由出版单位享有。这一主张其实是混淆了作者的著作权和出版社的出版权这两个概念。

根据我国《著作权法》第十一条的规定:"著作权属于作者。本法另有规定的除外。"也就是说,一般情况下,创作作品的作者就是著作权人。《著作权法》第九条(2010年修订后的《著作权法》第十条)规定了著作权人享有著作权的内容,包括:发表权、署名权、修改权、保护作品完整权、复制权、信息网络传播权等 17 种权利。

现实中，作者通常通过委托出版社出版发行其作品来实现其发表权、复制权、发行权并获取经济收益。作者授权出版单位出版发行其作品，是著作权许可使用的一种方式，并不产生著作权的转移，出版社并不因此获得作品的著作权。因此，作品虽经出版社出版，其著作权仍由作者享有。故本案被告金晓公司的抗辩理由不能成立。

二、广告主能否依据与广告经营者的约定而免于承担侵权责任

我国《广告法》第四十七条规定，广告主、广告经营者侵犯他人合法民事权益的，依法承担民事责任。《民法通则》第一百三十条规定："二人以上共同侵权造成他人损害的，应当承担连带责任。"

本案中，作为广告经营者的闫兴明公司，未经著作权人幾米许可，以营利为目的使用其作品，具有侵权的主观故意。而金晓公司作为广告主，系广告内容的直接使用者和受益者，对广告内容的合法性具有审查和注意义务。在闫兴明公司已在使用作品的右下方注明"幾米作品"的情况下，明知闫兴明公司的设计稿使用了幾米的作品，而不予核实其是否获得著作权人的许可，仍将广告绘画使用在工地外墙上，其主观上存在过错，故应对侵权结果承担责任。

此外，在诉讼中金晓公司主张，在金晓公司与闫兴明公司订立的项目设计合同中已约定："闫兴明公司创意所用的图片、数据等资料产生的纠纷，金晓公司不负任何法律责任"。

根据合同相对性的原则，合同中的约定只能约束缔约双方当事人，不能约束合同之外的第三人。就本案而言，不管金晓公司与闫兴明公司在双方的合同中如何约定侵权责任的承担，但对合同之外的第三人不产生任何效力。至于金晓公司与闫兴明公司在项目设计合同中约定的责任分担方式，可以通过协商或诉讼方式另行解决。

【案件启示】

一、维权者应该如何举证

从审判结果来看，原告幾米获得的赔偿数额与其主张的数额差距很大，而且原告主张的律师费的大部分也没有获得法院的支持。究其原因，除法律规定的因素外，还由于原告举证存在的不足。由此建议在诉讼举证中注意以下事项：

第一，提交的证据要尽量是原件。如果提交证据复印件，也应当保留好原件以便在庭审中能够将复印件与原件核对。本案幾米提供的证据中有一份为复印件，在没有其他证据予以印证，且被告金晓公司提出异议的情况下，该份证据最终没有被法院采信。

第二，提交的证据要能够证明自己主张的赔偿金额。本案原告主张的赔偿额是 50 万元，但原告提交并被法院认可的证据，仅能证明原告每幅作品每年的使用价格为 6000 元，5 幅作品一年的使用价格也仅为 3 万元，与原告主张的 50 万元赔偿额相距甚远。这是法院没有按照原告请求的赔偿数额予以判决的重要原因。

第三，提交的证据要与自己的主张有关联性。原告在起诉中主张的律师费也没有得到法院的支持，其主要原因是原告在律师费用证据的提交上不能满足证据的关联性要求：该证据是上海市方达律师事务所给幾米的经纪公司出具的发票，而不是给幾米本人出具的，故该证据既不能直接证明幾米经纪公司替幾米支付了律师费，也不能证明该费用是为本案所支付的律师费，因此法院未予采信。

二、增强知识产权意识，尽到合理注意义务

实践中，因广告侵权产生的纠纷案件并不少见，出现广告侵权后，广告主和广告经营者很有可能共同承担侵权责任。本书中另一案例"叶雄诉福建七匹狼实业股份有限公司、厦门大峡谷影视有限公司侵犯著作权案"，法院也同样判决广告主和广告经营者共同承担侵权责任。

在此提醒广告经营者，在设计、制作、发布广告时如需借鉴、使用他人作品，应充分尊重他人的知识产权，不能随意使用。如果确有必要使用的，应先取得权利人的书面许可。此外，根据法律规定，广告主在使用广告经营者提供的广告时，也应履行合理的审查义务。

（案例提供：四川省文联　撰写：刘检玲

修改：谭礌、张杰、闫晓璐）

湖南快乐阳光互动娱乐传媒有限公司诉某网吧侵犯《丑女无敌》著作权纠纷案

【案情介绍】

湖南快乐阳光互动娱乐传媒有限公司（以下简称：湖南公司），经著作权人合法授权，独家享有电视连续剧《丑女无敌》的信息网络传播权。2009年，湖南公司发现，舟山市定海博缘网吧（以下简称：舟山网吧）在其电脑桌面上设置了海天网站链接的快捷方式，其网吧的用户可以通过该快捷方式，进入海天网站，搜索观看《丑女无敌》。

2010年初，湖南公司通过舟山市某公证处，对舟山网吧可以观看《丑女无敌》的情况进行了证据保全公证。在获得以上证据后，湖南公司以舟山网吧未经授权私自在线播放该剧为由，将舟山网吧诉至法院，请求法院判决被告舟山网吧停止侵权、赔偿损失。

一审法院经审理后认为，舟山网吧仅对设链网站是否具有合法经营资质有审查义务，而无需对来自该网站的影片是否具有合法使用权进行审查，因此判决驳回了湖南公司的诉讼请求。湖南公司不服一审判决提出上诉，二审法院驳回了湖南公司的上诉，维持原判。

【案件分析】

本案中，作为网络服务提供者的舟山网吧，将涉嫌侵权的海天网站的快捷链接，放置在其计算机桌面的行为是否构成侵权，这一问题构成了本案审理和争议的焦点。

一、网络内容提供者和网络服务提供者

在信息网络传播权侵权案件中，侵权行为通常会涉及网络服务提供者（ISP）和网络内容提供者（ICP）。在网络侵权案件中，ICP 就是直接编辑、上传侵权内容的主体；而 ISP 则是负责给用户提供网络服务平台的主体，其对用户上传、存储、传输的内容不进行选择、修改，因此对用户上传的网络信息通常也不知情。根据我国《信息网络传播权保护条例》的相关规定，ISP 包括以下几种：提供信息存储空间或者提供搜索、链接服务的网络服务提供者；根据服务对象的指令提供网络自动接入服务，或者对服务对象提供的作品、表演、录音录像制品，提供自动传输服务的网络服务提供者；提供临时性数字网络传输服务的网络服务提供者等。

ISP 和 ICP 的主要区别在于前者只是提供了内容存在的空间，后者则是直接提供了网络内容。在出现信息网络传播权侵权时，由于 ISP 和 ICP 对于网上信息监控能力不同，因而相应承担的法律责任也有所不同。各国立法对 ICP 的责任认定方式较为严格，通常采用过错责任原则，并且没有免责的例外；而针对 ISP 的侵权责任，各国法律基本都规定了"避风港"原则，对 ISP 在特定情况下作出免责的保护。我国《信息网络传播权保护条例》也对此作出了规定。

二、网吧是否属于 ISP

在信息网络传播权侵权案件中,网吧是否可以作为 ISP 来引用"避风港"原则进行保护,必须结合其经营范围和其在具体案件中的行为来分析。

根据相关法律法规的规定,网吧是通过计算机等装置提供互联网上网经营服务(含局域网)的公众性营业服务机构。通常认为,网吧属于网络服务商的一种,至于网吧是属于 ICP 还是 ISP,则要看网吧提供的具体服务。如果网吧直接将侵权作品上传到其局域网上,供用户点击播放的,可以认定网吧是直接提供侵权内容的 ICP;如果网吧仅仅提供第三方网站的链接,则网吧属于 ISP。

本案中,舟山网吧提供的主要是上网服务的硬件设备。舟山网吧虽然将涉嫌侵权的海天网站以快捷链接方式设置于自己的电脑桌面上,但该行为仅是向网吧上网者提供一种应用程序的快速链接,行为本身并不直接指向涉案视听作品,亦不存在对涉案影视作品的任何推荐或宣传。并且,被控侵权作品在海天网站上并非位于显著位置,且不易被发现。舟山网吧作为互联网上网服务提供者和海天网站付费注册用户,显然没有能力也难以对海天网站上的所有影视作品的著作权权属一一进行审查,也没有对海天网站的内容进行编辑、修改、控制等的能力和技术手段。

因此,舟山网吧在整个过程中充当了 ISP 的角色。

三、法院认定舟山网吧不承担侵权责任的依据

根据我国《信息网络传播权保护条例》关于"避风港"原则的相关规定,已经尽到合理注意义务的 ISP 不承担赔偿责任。由于舟山网吧链接的海天网站是经合法注册的网站,且没有合理理由认定舟山网吧对海天网站上载的侵权作品知情或应当知情。因此,法院认定舟山网吧已尽到了合理注意义务。

在二审中,原告以舟山网吧与涉及侵权的海天网站具有合作关系为

由，认为舟山网吧应与海天网站承担共同侵权的责任。但法院经审理认为，舟山网吧既不直接分享海天网站的经营收益，也不承担海天网站的经营风险，因此，二者之间并不存在合作关系。由于两者之间不存在共同故意，也就不存在共同侵权。

此外，法院还认为：湖南公司起诉舟山网吧的前提是涉案网站上的被控侵权作品已经确实侵犯了其信息网络传播权。本案中，在尚无海天网站侵犯湖南公司涉案影视作品信息网络传播权等法律事实的前提下，径行认定舟山网吧的涉案行为构成侵权，明显缺乏事实和法律依据。

所以，法院最终认定舟山网吧不承担侵权责任。

【案件启示】

一、选择正确的网络侵权对象进行诉讼

从文艺工作者维权的角度而言，这一案件值得注意之处在于科学选择起诉对象。

本案中，原告湖南公司选择舟山网吧作为被告这一诉讼策略是湖南公司败诉的根本原因。事实上，本案上载涉案侵权视频的海天网站是侵犯湖南公司权利的直接侵权方。如果湖南公司选择起诉海天网站可能会更易胜诉。当然，湖南公司可以把海天网站和舟山网吧作为共同被告起诉，更有利于保护自己的权益。

结合本案，建议广大文艺工作者在著作权维权过程中，应正确选择起诉对象。起诉的对象尽量往侵权的"上游"找，最好找直接侵权人。如果存在多个侵权人时，不妨把侵权人共同列为被告，以免因选错或遗漏了被告而承担不利的诉讼结果。

二、网吧经营者应尽到合理注意义务

虽然本案中网吧作为胜诉方，被判决不承担侵权责任，但是本案的审理结果并不表示网吧对其局域网内传播的所有作品构成侵权时，均不承担责任。从法院的观点可以看出，作为ISP的网吧，对其链接的第三方网站的经营资格、是否经由合法审批、是否存在传播影视作品的资质，以及该平台供给的影视作品的版权是否有正当来源等方面需尽到一定的合理注意义务。实践中，网吧通常具有 ISP 和 ICP 双重身份，一方面，对于网吧未经著作权人许可，将影视作品直接上传到网吧的局域网上，供用户点播观看的行为，网吧仍避免不了承担责任；另一方面，如果网吧明知第三方网站上传的是侵权作品，却提供链接供网吧用户点播观看的行为，网吧也很可能会被认定因没有履行合理审查义务而构成侵权。

（撰写：王进　修改：谭礴、张杰、闫晓璐）

奇志、大兵诉新浪公司侵犯著作权纠纷案

【案情介绍】

奇志、大兵创作并表演了双簧《检查卫生》、《洗脚城》、《结巴子开会》，相声《戏说百家姓》等多部作品。这些作品分别被收录于《奇志、大兵100%绝版》CD和VCD及其他录音、录像制品中。

2006年，奇志、大兵发现，北京新浪互联信息服务有限公司（以下简称：新浪公司）未经许可，在其网站的下载网页上放置了《开会》、《金盆洗脚》、《结巴子开会》、《百家姓》的Flash。分别对应了奇志、大兵的双簧作品《检查卫生》、《洗脚城》、《结巴子开会》和相声《戏说百家姓》。Flash的声音使用了奇志、大兵的原作品声音，画面部分进行了另行绘制。

发现这一情况后，奇志、大兵委托律师向新浪公司发出律师函，要求新浪公司立即停止侵权并予以赔偿。在新浪公司未作出任何反应的情况下，奇志、大兵将新浪公司告上法庭，认为新浪公司的行为侵犯了二人的著

作权、表演者权；同时认为Flash制作粗糙、有丑化原作之嫌，侵犯了奇志、大兵对作品及表演的修改权和保护作品完整权，请求法院判令新浪公司立即停止侵害、赔礼道歉，赔偿经济损失10万元及为制止侵权行为支付的合理费用2万元。

法院审理后认定，新浪公司侵犯了奇志、大兵的著作权和表演者权。最终，法院判决新浪公司赔偿奇志、大兵经济损失及合理费用共计55000元。

【案件分析】

双簧、相声是我国传统的曲艺表演形式之一，而Flash则是一种截然不同的新的作品形式，所以本案的焦点在于新浪公司传播涉案Flash的行为是否构成对奇志、大兵的侵权，具体侵犯了哪些权利。

一、涉案Flash侵犯了奇志、大兵作为双簧、相声作者的著作权

Flash是使用计算机软件制作的配有声音和字幕的可使用播放软件播放的连续漫画，属于类似电影方法创作的作品。本案中，相关Flash的画面都是根据奇志、大兵的相声、双簧作品绘制而成，字幕也使用了原作品的文字。虽然涉案Flash另行配置了动画画面，但是其画面中的漫画人物形象与奇志、大兵的标志性形象基本吻合。此外，涉案Flash作品被置于网站搞笑Flash栏目，与原作品的使用范围一致。因此，涉案Flash属于一类典型的运用新技术改编奇志、大兵作品的行为。我国《著作权法》规定，对任何作品进行改编都需要经过原作作者的同意，而涉案Flash的制作和传播并未经过奇志、大兵的许可，故新浪公司在未审查是否获得了合法有效授权的前提下，在网站上提供涉案Flash的传播和下载，构成对奇志、大兵改编权的侵犯。

二、涉案Flash侵犯了奇志、大兵作为表演者享有的表演者权

相声作品属于我国的传统曲艺作品，双簧是相声的一个分支，是通过表演和口头表达的结合与分离产生诙谐的艺术效果。因此，表演中的

声音与表演动作互相依托不可分割，即声音也是相声、双簧表演的重要组成。涉案Flash虽没有真实再现奇志、大兵的现场表演形象，但所使用的声音全部来自奇志、大兵相关作品的录音，亦属于对奇志、大兵表演的使用。故法院认定，在涉案Flash中未经许可使用奇志、大兵的表演，构成对奇志、大兵表演者权的侵犯。

三、涉案作品尚未构成对奇志、大兵保护作品完整权的侵犯

发表权、署名权、修改权、保护作品完整权并称为《著作权法》赋予作者的几项人身权。其中保护作品完整权作为修改权的延伸，主要是禁止他人在改编、翻译、编译等方式使用作品时对作品进行歪曲、篡改性的改变，通过这项权利保护作品的完整性和作者在创作之初希望达到的艺术效果，以维护作者的名誉、声望。本案中，相关Flash虽与相声、双簧形式不同，但共同具有夸张搞笑的性质；虽然画面与奇志、大兵的真人表演不同，且简单粗糙，音质较差，但都不能表明动画与声音效果是为了故意丑化、贬损奇志、大兵的作品。所以，法院并没有支持奇志、大兵关于侵犯保护作品完整权的诉讼请求。

四、新浪公司作为网络服务内容提供者承担侵权责任

我国《信息网络传播权保护条例》针对在互联网上传播的内容出现侵犯他人著作权的情况，规定了网络服务提供者不承担侵权责任的一些情形（"避风港"原则），但这些情形对于侵权内容的提供者是不适用的。本案中，新浪公司能否依据该原则进行免责，需要判断新浪公司在传播Flash过程中的角色是网络服务提供者还是网络内容提供者。

在本案中，新浪公司虽辩称涉案Flash均来自网友上传或合作网站转载，作为网络服务提供者不存在主观恶意，不应承担侵权责任，但通过涉案Flash网页能够看出，并不存在允许网络用户上传的区域或版块，页面只能由新浪公司上传、编辑；且涉案Flash有奇志、大兵的署名、声音或漫画形象，新浪公司就应当知道改编自奇志、大兵的相关作品。据此，法院做出了涉案Flash由新浪公司上传并编辑，以供用户点击浏

览或下载的判定，认定新浪公司系侵权内容的提供者而非网络服务提供者，需承担侵权责任。

【案件启示】

一、切勿忽视作为表演者所享有的权利

在文艺界，舞蹈、曲艺、戏剧、杂技等很多艺术门类的作品创作者，同时也是作品的表演者，这种创演合一的艺术模式随着时代发展已成为一种趋势。因此，广大文艺家在维护自己作品的著作权时，切勿忽视自己作为作品表演者所应享有的邻接权，即表演者权。本案中，奇志、大兵两位相声艺术家，就是抓住了作为表演者有权"许可他人通过网络向公众传播其表演，并获得报酬"的规定，全面地维护了自身的合法权益。

二、保护他人著作权是网站和互联网用户的共同责任

现实中，网民们往往因为对某一作品感兴趣而将其分享、转载，而不考虑是否涉及他人权益，更有甚者借助兴趣爱好和一定的计算机专业知识对作品进行二次加工，并上传网络供网友分享。例如，利用他人作品制作Flash、歌曲串烧等等。当前，我国法律制度虽然没有明确终端网络用户承担侵权责任，但并不意味着这种对他人智力成果不尊重的改编、传播行为的合法性，上传人很有可能面临着被起诉侵权的风险。所以，保护他人著作权不仅是经营性网站的责任，也是广大网民的责任，守法健康的网络环境需要各方共同维护。

（撰写：刘检玲　修改：谭礌、张杰、闫晓璐）

范曾诉香港金币总公司等侵犯著作权案

【案情介绍】

著名书画大师范曾，于2005年创作了绘画作品《十二生肖图》，并授权香港金币总公司（以下简称：金币公司）以《十二生肖图》为题材，出版、发行一套纯银纪念币。

在未经授权的情况下，自2007年11月初开始，全国多家报纸发布了带有范曾创作的《十二生肖图》纯金纪念币的广告，同时，还有多份报纸刊登了范曾将进行现场签售活动的广告。

为了保存证据，2007年11月21日，范曾委托他人购买了一套"范曾十二生肖纯金币"，售价19800元，发票由北京市中海福文化发展有限公司（以下简称：中海福公司）开具。该十二生肖纯金币的包装盒内有12枚"范曾十二生肖纯金币"实物。金币正面为范曾所绘人物与十二生肖结合图及书法题词，背面上方为"范曾十二生肖纯金币"字样，背面中间为范曾书写的十二生肖属相书法字，背面下方为金币公司名称。此外还有对应的"公证书"、"证书"、"收藏证书"、"承诺书"等材料。这些材料反映出"范曾十二生肖纯金币"由金币公司授权中海福公司在中国大陆发行。其中"公证书"对该套金币的编号进行了公证，该套金币对应的编号是0665。

2007年12月，范曾将金币公司和中海福公司告上法庭，认为被告金币公司和中海福公司未经原告范曾许可生产销售涉案纯金纪念币的行为，严重侵害了原告的著作权；被告金币公司和中海福公司发布的关于原告签售的虚假广告内容，严重损害了原告的名誉权。原告请求法院判令：被告金币公司和中海福公司立即停止侵权行为，赔礼道歉，恢复名誉；并根据被告生产的侵权产品的数量和售价，赔偿原告经济损失500万元。

法院判决支持了范曾的主要诉讼请求，判决两被告赔偿范曾损失500万元人民币。但对范曾主张侵害名誉权的请求，法院认为该请求与本案著作权纠纷不属于同一法律关系，本案不予涉及，范曾可另行解决。

【案件分析】

本案之所以受到广泛关注，是由于原告范曾主张的500万元高额赔偿请求获得了法院的支持。

一、法院确定赔偿金额的顺序

根据《著作权法》第四十九条的规定，法院确定著作权侵权损害赔偿数额的顺序是：1.权利人的实际损失；2.侵权人的违法所得；3.法院根据侵权行为的情节酌定50万元以下的法定赔偿。

按照法律规定的顺序，应先以权利人的实际损失确定赔偿数额。但是很多时候，著作权人的作品虽然被他人使用了，但并未给著作权人造成直接的经济损失，或者这种损失很难衡量计算。在这种情况下，就有必要从侵权人的违法所得入手来计算赔偿额。

当然，在司法实践中，侵权人的违法所得也可能难以计算，这时就需要法院启动法定赔偿程序，根据侵权的实际情况，酌定50万元以下的赔偿数额。法院在确定法定赔偿数额时通常会考虑作品的类型、合理使用费、侵权行为性质和后果，以及权利人制止侵权行为所支付的合理开支，包括权利人或者委托代理人对侵权行为进行调查、取证的合理费用等情节。

二、本案赔偿金额的计算依据是侵权人的违法所得

侵权人的违法所得，通常被认为是侵权人因为侵权而增加的收入。如何计算，法律并未规定。本案中，北京法院在审理时是按照北京高院公布的《北京市高级人民法院关于确定著作权侵权损害赔偿责任的指导意见》有关："侵权人的违法所得包括产品销售利润、营业利润、净利润，被告营业利润是赔偿数额的主要计算依据"的规定计算的。

本案中，中海福公司虽然没有提交涉案金币实际发行数量的证据，但原告购买的金币的编号为0665。根据涉案金币包装盒中的公证书记载的每套金币都对应一个编号的情况，认定涉案金币的发行数量应不少于665套。并且根据金币公司与中海福公司签订的"范曾十二生肖纯金币制作发行协议"的约定，每套涉案金币的黄金价值应为人民币5880元。那么，被告复制、发行涉案侵权金币的获利应以金币的发行数量乘以涉案金币19800元人民币的发行价格，并扣除金币的黄金价值及其他发行费用等成本为基础，还应结合被告金币公司、中海福公司各自的侵权行为的性质、过错程度，并考虑原告为本案诉讼支出的合理费用等因素综合认定，法院最终支持了范曾500万元的赔偿请求。

【案件启示】

一、合理提出赔偿请求

本案的判决结果并不代表法院支持维权者主张过高的赔偿数额。本案中赔偿额之所以高，存在以下因素：第一，范曾本人及其作品的知名

度高；第二，侵权纪念金币是本身价值较高的黄金；第三，范曾对侵权金币发行数量的分析和举证非常扎实。

因此，维权者在主张赔偿数额时，需有合理依据并扎实举证，不能漫天要价。否则法院不仅不会支持所要高价，维权者还会因证据不足承担较高的诉讼费用。

二、搜集有利证据

本案中，范曾取证的行为是值得维权者借鉴的。范曾在发现金币公司和中海福公司的侵权行为后，并没有盲目起诉，而是先进行取证：委托他人购买了一套侵权金币，并保留了发票。正是这一证据对法院最终确定赔偿数额起了至关重要的作用：虽本案中海福公司并没有提交涉案金币实际发行数量的证据，但法院通过范曾购买的金币的编号及金币包装盒中的公证书记载的每套金币都对应一个编号的情况，从而认定了涉案金币的发行数量，确定了计算赔偿数额的依据。

此外，对维权者来说还应注意保留经济受损的证据以及为制止侵权而支出合理费用的凭证以便在诉讼中举证。其中经济损失包括因侵权导致减少的利润、作品下降的商业价值，正常情况下可获得的稿酬、许可使用费等；合理费用包括调查取证费、公证费、翻译费、审计费、律师费、交通食宿费等。

打官司就是打证据。在诉讼过程中，证据是再现案件事实，证明自己主张的关键因素。我们建议艺术家们在发现侵权行为后，先冷静头脑，对侵权情况进行分析，获取有利证据，必要时候找专业人士进行法律咨询。在做好一定的准备工作后再提起诉讼，这样才能更好地运用法律武器维护自己的合法权益。

（撰写：闫晓璐　修改：谭礴、张杰）

中国电影家协会诉上海《世界电影之窗》杂志社侵犯商标权纠纷案

【案情介绍】

2001年4月28日，中国电影家协会（以下简称：中影协）将"世界电影"文字注册为期刊、杂志（期刊）类商标。后中影协授权所属中国电影出版社将该商标使用在其出版的双月刊杂志《世界电影》封面。

2005年，中影协发现，上影画报杂志社（后更名为世界电影之窗杂志社，以下简称：电影之窗杂志社）在其出版发行的月刊《上影画报》2004年第9期至2005年第8期，共计12期杂志封面上，附加冠名"世界电影特辑"、"世界电影之窗"，均使用在杂志封面顶部通常标有杂志名称的位置，而且两种使用方式中"世界电影"四字较大，而"特辑"、"之窗"文字均较小，仅位于"世界电影"文字的一角。

为了保存证据，中影协于2005年7月27日在北京市东城区某邮电所，经公证购买了3本《上影画报》杂志，分别为2004年第8期一本，2005年第7期两本，并取得邮政业务专用收据一张。

取得证据后，中影协向法院提起诉讼，认为：被告电影之窗杂志社在其出版发行的《上影画报》上使用"世界电影特辑"、"世界电影之窗"的行为，侵犯了中影协对"世界电影"商标的专用权，被告北京市东城区某邮电所的销售行为也构成侵权，请求判令电影之窗杂志社立即停止侵权行为，支付赔偿金60万元，支付中影协为追究侵权行为所支出的公证费2500元，律师费3万元；邮电所停止销售侵权刊物。

对此，电影之窗杂志社认为，使用"世界电影"文字是为了介绍出版杂志的内容，而非商标意义上的使用；况且"世界电影"是通用文字，即使注册为商标，中影协也不能阻止电影之窗杂志社的合理使用。此外，《上影画报》系娱乐杂志，《世界电影》系学术期刊，读者不会混淆两个杂志；电影之窗杂志社的《上影画报》，经主管部门批准已经合法更名为《世界电影之窗》。并且，中影协的索赔数额也没有依据。总之，电影之窗杂志社的行为不构成商标侵权，请求法院驳回中影协的诉讼请求。

法院经审理认为，电影之窗杂志社在《上影画报》上附加使用"世界电影"名称的行为构成侵权；邮电所销售侵权杂志的行为亦构成侵权。法院因此判决：1.电影之窗杂志社立即停止侵犯中影协"世界电影"商标的行为；2.电影之窗杂志社赔偿中影协经济损失及为本案支出的合理费用共计65500元；3.某邮电所立即停止销售涉案侵权杂志。

【案件分析】

本案双方的争议焦点在于：原告认为被告在其杂志上使用"世界电影"文字的行为，侵犯了其享有的"世界电影"文字商标的专用权，而被告则认为该行为不是商标意义上的使用，因此没有侵犯原告的商标专用权。

一、何为商标意义上的使用

按照我国《商标法》的相关规定，将商标用于商品、商品包装或者容器以及商品交易文书上，或者将商标用于广告宣传、展览以及其他商业活动中的行为，是商标的使用。一般来说，商标的使用具有以下特征：1.公开使用于商业活动中；2.持续性的使用，而非单次或在单个商品中使用；3.目的是为了宣传商品。

本案中，"世界电影"四个字，本身系日常用语，可以用于指代世界范围内的电影。如果仅在口头交流或书面叙述中使用"世界电影"文字是正当的，不是商标意义上的使用，不会涉及商标法所保护的"世界电影"商标的权利范围。但是被告将该文字用在了其销售的同类商品《上影画报》杂志上，且有关文字被置于封面通常为标题的位置，其目的显而易见，是借助该文字商标的知名度来宣传自己的杂志，而非像被告所说的描述杂志内容。因此，被告电影之窗杂志社使用"世界电影"文字的行为已属于商标使用行为。

二、电影之窗杂志社的行为构成商标侵权

电影之窗杂志社的行为既然属于我国《商标法》规定的商标使用行为，就该受到我国《商标法》相关规定的约束。

按照我国《商标法》和《商标法实施条例》的规定，未经商标注册人的许可，在同一种或者类似商品上，将与他人注册商标相同或者近似的标志作为商品名称使用，误导公众的，属于商标侵权行为。

本案中，被告电影之窗杂志社未经原告许可，在同一类商品上使用了与原告注册商标相类似的标志。虽然被告主张涉案的两种杂志分别属于学术期刊和娱乐杂志，但是被告在杂志封面上对涉案文字的使用方式足以给公众造成误导。因此，被告的行为属于侵犯他人注册商标专用权的行为，应当承担相应的侵权责任。

此外，根据法律规定，销售侵犯注册商标专用权的商品的，也应承担侵权责任。故本案中某邮电所作为杂志的销售主体，也被原告列为侵权对象。

三、商标侵权者和侵权商品销售者各承担怎样的侵权责任

按照《商标法》规定，侵犯注册商标专用权的，应承担停止侵权，赔偿损失的法律责任。《商标法》对于商标侵权赔偿数额的规定与著作权侵权赔偿类似，一般也是按照侵权人在侵权期间因侵权所获得的利益，或者被侵权人在被侵权期间因被侵权所受到的损失计算；如果以上两种都无法确定的，由法院酌定50万元以下的赔偿。

虽然本案中影协在起诉中向电影之窗杂志社主张了60万元的赔偿数额，但由于没有相应证据证明该数额的计算依据，法院最终依据被告电影之窗杂志社在侵权期间因侵权所获得的利益计算了赔偿数额。

另外，根据法律规定，销售侵犯他人商标权的商品的主体也应承担侵权责任。但如果销售者不知道所销售的是侵犯注册商标专用权的商品，并能证明该商品是自己合法取得，并说明提供者的，不承担赔偿责任。

本案中，北京市东城区某邮电所是单纯销售侵权商品的主体，对商品侵权并不知情，因此法院仅要求该邮电所停止销售侵权商品。

【案件启示】

一、获取多元的法律保护

实践中，同一个事实可以寻求多个法律保护。对于广大文艺工作者来说，对自己作品的保护首先想到的是《著作权法》的保护。但如果作品中一些文字和图形或者文字与图形组合能够注册成商标的，著作权人还可寻求《商标法》的保护。需要注意的是，《著作权法》对作品的保护自创作完成之日起自动产生；但作品如要获得《商标法》的保护，则需要通过注册。

此外，注册商标并没有《著作权法》关于作品独创性的要求，因此，一些不构成《著作权法》意义上作品的创作，也可以考虑通过《商

标法》进行保护。本案中，文字"世界电影"是日常用语，并不具有独创性，因此无法获得《著作权法》的保护，中影协将文字注册为杂志的商标，通过商标保护来维护自身的权益，显然是一种保护自身权益的明智做法。总而言之，鉴于不同法律保护的权利内容不同，广大文艺工作者可以寻求多元的法律保护，从而最大化维护自己的权利。

二、文联组织在维护文艺家权益的同时，也应积极维护自身权益

本案是中影协维护自身权益的成功范例，起到了表率作用。当前各级文联组织正在积极推动维权工作，各全国文艺家协会和地方文联在维护广大文艺工作者合法权益的同时，也一定要依法保障自身权益，发现损害自身权益的侵权行为，就应勇敢地拿起法律武器。

（案例提供：中国电影家协会　撰写：李景富、王进

修改：谭礴、张杰、闫晓璐）

摄影家薛华克诉燕娅娅侵犯改编权纠纷案

【案情介绍】

摄影家薛华克创作了《老人》、《塔合曼少女》、《次仁卓玛》、《初为人母的美丽》等8部摄影作品。

2009年,薛华克发现燕娅娅所绘的8幅油画与自己的8部摄影作品极为相似,于是在博客上发表声明,称燕娅娅的这几幅油画是对自己摄影作品的模仿,并对比性地贴出了自己的摄影作品图与认为燕娅娅抄袭的油画图,其中燕娅娅涉嫌侵权的8幅油画分别是:《奶奶》、《依扎提》、《阿妈与达娃》、《古丽乞热》、《塔合曼的小古丽》、《卓玛与阿妈》、《看着我的眼睛》、《左拉》。

之后,薛华克将燕娅娅告上法庭。薛华克的起诉理由是:2005年他与燕娅娅相识,燕娅娅曾以欣赏为由向他索要作品,并擅自将他的8幅摄影作品演绎为油画进行展览、出版、拍卖。燕娅娅的行为侵犯了其改编权。要求燕娅娅赔礼道歉,赔偿经济损失12万元,并销毁已拍卖成交的侵权作品。

燕娅娅则认为：1.涉案被控侵权的油画作品是其自己独立创作完成，不存在侵犯薛华克著作权的行为；2.涉案的油画作品市场售价达到几十万元一幅，而薛华克的作品价格只有几十元，自己完全没有必要去临摹其作品；3.薛华克主张摄影作品的改编权缺乏法律依据，《著作权法》规定的改编权主要限于文字作品。

因原告的8部摄影作品分别对应的是被告的不同油画作品，因此法院将此案拆分成八个案件分别审理。

2011年底，法院首先对其中一幅油画《奶奶》作出判决，认定燕娅娅这幅油画作品不构成对薛华克摄影作品的侵权。2012年，法院分别对另外7幅油画作出判决，法院认定：燕娅娅的油画《依扎提》、《阿妈与达娃》、《古丽乞热》、《塔合曼的小古丽》和《卓玛与阿妈》构成对薛华克改编权的侵犯，另外两幅《看着我的眼睛》和《左拉》不构成侵权。

此系列案件是北京法院首次对参照他人摄影作品绘制油画的行为作出侵权认定，备受文艺界关注。

【案件分析】

在薛华克起诉燕娅娅的八个案件中，法院的审理主要围绕燕娅娅的油画是否使用了薛华克的摄影作品中的独创性表达，从而构成对薛华克作品的改编而进行。

一、"接触 + 实质性相似"是判断侵权的标准

针对薛华克对燕娅娅的八个诉讼，虽然法院作出的八个判决结果并不完全相同，但法院在审理时针对侵权问题的分析思路是相同的。法院的思路可以概括为："接触 + 实质性相似"，即先分析燕娅娅绘制涉案油画时是否接触到或有机会接触薛华克的摄影作品，再分析燕娅娅的油画是否使用了薛华克摄影作品中具有独创性的表达。

以薛华克诉燕娅娅油画《依扎提》侵犯著作权为例，法院认定燕娅娅的该幅油画构成侵权。法院在审理时首先对燕娅娅绘制涉案油画时是

否参照了薛华克的摄影作品作出判断,法院认为:燕娅娅的该幅油画与薛华克的摄影作品存在高度近似,并且,薛华克的摄影作品对外展出、出版在先,燕娅娅完全有机会接触到薛华克的作品。而后,法院对燕娅娅油画是否与薛华克摄影作品具有实质性相似进行判断,认为:两作品除作品类型不同外,二者所表现的画面形象基本相同,从而表明燕娅娅在绘制涉案油画时不仅参照了薛华克作品的主题,还使用了薛华克作品中具有独创性的表达。燕娅娅未经许可使用薛华克作品的行为,构成了对薛华克改编权的侵犯。

需要注意的是,"接触"和"实质性相似"两个条件必须同时满足,方能认定侵权成立。例如,在薛华克诉燕娅娅油画《奶奶》侵犯著作权案中,因薛华克没能举证其摄影作品已经对外发表,也没有证据证明燕娅娅有机会接触过该作品,而燕娅娅提供了自己当时创作的草图印证其创作的事实。虽然该幅油画与薛华克摄影作品存在相似性,但法院最终没有认定燕娅娅的油画《奶奶》对薛华克的摄影作品构成侵权。

二、未经原作者的同意改编其作品的行为构成侵权

通过"接触+实质性相似"标准可以判断出涉案作品是否使用了原作品的独创性表达,从而判断是否构成对原作的改编。如果构成了对原作的改编,那么接下来就需要判断改编摄影作品是否构成侵权。

实践中存在一种错误观点,认为改编产生的作品只要具有独创性,就不构成对原作品的侵权。这种观点其实是错误理解了改编作品和改编权的概念。

改编权是法律赋予著作权人改编自己作品并限制他人改编的权利。他人改编著作权人作品,需要经过著作权人的许可,否则就构成侵权。《著作权法》规定,改编作者行使其改编作品的著作权时,不得侵犯原作品的著作权。而改编成果是否有独创性,是判断该成果能否成为《著作权法》意义上的作品的标准,而非判断是否构成侵权的标准。

在油画《依扎提》侵权案中,法院认为该幅油画具有一定的独创

性，构成改编作品。法院的理由是：虽然燕娅娅的油画使用了薛华克摄影作品中具有独创性的画面形象，且与其摄影作品的基本内容相同，但由于创作方法不同，涉案油画的绘制需要燕娅娅通过对表现对象的观察、理解并借助绘画颜料和自身的绘画技能才能完成，绘画过程体现了其个人的构思和判断，且涉案油画与薛华克的摄影作品相比，二者在视觉上仍存在一定能够被识别的差异。因此，燕娅娅的行为属于在不改变作品基本内容的前提下，将作品由摄影作品改变成油画作品的行为，构成了对薛华克摄影作品的改编。但燕娅娅改编行为并未取得薛华克的许可，且燕娅娅还将改编后的油画作品用于出版并对外拍卖，亦未向薛华克支付报酬，故侵犯了薛华克对涉案摄影作品享有的改编权。

【案件启示】

一、借鉴他人作品要把握好度

《著作权法》保护的客体是具有独创性的表达，这种表达源于作者个人的思维，一般来说鲜有雷同。即使不同作者就同一题材进行创作，也很难产生出表达相同或是近似的作品。法律不会禁锢人的思想，也就是著作权制度不保护创意，仅保护作品独创性表达的原因所在。

从另一角度，法律并没有禁止对他人已经创作的作品进行借鉴。并且在艺术领域，使用前人作品的题材或作品中某些要素，在此基础上进行再次创作形成新的作品的现象已非常普遍，其中的争议也早已存在，其本质就是借鉴他人作品的度的问题。

借鉴他人作品的度，也就是说原作品中哪些要素可以合理使用而不需经过原著作权人同意，而哪些借鉴构成对原作的改编需要经过原著作权人的同意。这一问题法律从未明确规定，但通过薛华克和燕娅娅纠纷的法院判决，却给我们很多启发，这也是本案之所以成为法律界和艺术界关注焦点的原因。法院在薛华克诉燕娅娅油画《依扎提》侵权案中给出的结论是：对他人作品的借鉴，应当限于对作品思想、主题或属于公有领域内容的借鉴，对他人作品中具有独创性的表达则不得擅自使用。

法院的判决结论是结合了法学界、美术界、摄影界各方的观点得出的，对以后类似的案件具有指导意义。对于广大文艺工作者而言，借鉴他人作品进行再次创作时，要把握好借鉴的度，对于他人作品的素材、主题和其他公有领域的内容可以适度借鉴，但是一定要在创作过程中体现自己独创性的表达。如果与原作品的相似程度过高，则有必要先征得原作者的同意，然后再在原作基础上进行改编，以免构成对原作品著作权的侵犯。

二、保存好原始证据

在燕娅娅油画《奶奶》被诉侵权案中，法院最终认定燕娅娅不构成侵权的依据就是双方提交的证据。燕娅娅提交证据证明了其确与薛华克在同一时间前往帕米尔高原进行创作，并提交了其当时创作的草图印证其创作的事实。而薛华克虽主张燕娅娅侵权，却没有证据证明其向燕娅娅提供了涉案照片的底片或冲洗件，也没有举证证明该作品已经发表在先。故法院认为现有的证据不足以证明燕娅娅创作该油画时使用了薛华克的摄影作品，从而没有支持薛华克的诉讼请求。

可见，艺术家们在创作作品的过程中应保留好底稿以及其他一切可以证明自己创作者身份的证据，以便在日后出现纠纷时证明自己的权利。

（撰写：闫晓璐　修改：谭礌、张杰）

北京鸟人艺术推广有限责任公司诉合一信息技术（北京）有限公司侵犯著作权纠纷案

【案情介绍】

2009年12月8日，北京鸟人艺术推广有限责任公司（以下简称：鸟人公司）与词曲作者杨大军签订合同，约定在合同期内杨大军创作的所有音乐作品系职务作品，杨大军除保留署名权外，其他所有作品的著作权全部由鸟人公司享有。2010年1月，鸟人公司又与杨大军签订关于曲目确认书，其中确定杨大军创作的歌曲《80后》除署名权归杨大军外，其余全部著作权均属鸟人公司。

2010年4月，鸟人公司与艺名为"西单女孩"的歌手任月丽签订合同，约定任月丽为鸟人公司的专属签约艺人，合同期内由鸟人公司投资制作，由任月丽表演的所有录音、录像、音乐电视片、影视作品著作权均由鸟人公司享有。合同期内，鸟人公司将歌曲《80后》安排由任月丽演唱。

在歌曲《80后》录制完毕后，鸟人公司与任月丽协议解除了之前签订的合作合同，双方同时约定由鸟人公司制作、任月丽表演的歌曲《80后》作品的著作权及其相关权利全部由鸟人公司享有。截止解约时，任月丽版的《80后》虽录制完毕但后期制作尚未完成，之后任月丽版的《80后》亦没有发表。

与任月丽解约后，鸟人公司又授权其他艺人演唱了歌曲《80后》，并在酷溜网（www.ku6.com）上对该版本的歌曲进行了推广。

2010年9月，鸟人公司发现在优酷网（www.youku.com）上出现了"西单女孩"版《80后》的视频供网友点播下载。

针对优酷网的行为，鸟人公司分别以侵犯音乐作品著作权和侵犯录音制作者权为由，将优酷网站经营者合一信息技术（北京）有限公司（以下简称：合一公司）诉至北京市海淀区人民法院，要求合一公司停止侵权行为并赔礼道歉，赔偿相应损失。

法院经审理后认定，合一公司侵犯了鸟人公司对涉案录音制品的信息网络传播权。法院判决合一公司赔偿鸟人公司经济损失及合理支出共计8万元人民币。

【案件分析】

一、职务作品的著作权归属可以通过合同约定

根据我国《著作权法》规定，公民为完成法人或者其他组织工作任务所创作的作品是职务作品。职务作品的著作权归属分两种情况：著作权由单位享有，作者享有署名权；著作权由作者享有，单位享有优先使用作品权。

按照法律规定，符合以下条件的职务作品著作权由法人享有：1.主要是利用法人或者其他组织的物质技术条件创作，并由法人或者其他组织承担责任的工程设计图、产品设计图、地图、计算机软件等职务作品；2.法律、行政法规规定或者合同约定著作权由法人或者其他组织享

有的职务作品。

本案中，鸟人公司就是在与杨大军签订的合同中约定，音乐作品《80后》除署名权以外的全部著作权都归鸟人公司所有。因此，鸟人公司依照法律和合同的约定，享有了音乐作品《80后》除署名权之外的著作权。同样，鸟人公司依据与任月丽的协议约定，享有了歌曲《80后》音乐作品的权利。

需要注意的是，即使单位依照约定或法律规定享有了职务作品的著作权，但其中并不包括署名权。作品的署名权仍由创作作品的作者享有。因此，本案中，词曲作者杨大军对其创作的歌曲《80后》享有署名权，而任月丽对其表演的歌曲享有表演者的署名权。

二、未经著作权人同意将其作品公开的行为不代表作品的发表

根据我国《著作权法》的规定，发表权是著作权人决定作品是否公之于众的权利。发表是指作品的首次公开，故发表权只能行使一次，发表过的作品，著作权人不再享有发表权，理论上称之为发表权的"权利用尽"原则。

发表权只能由著作权人或著作权人授权的主体行使，其他一切未经著作权人授权公布其作品的行为均不是发表，反而会构成对著作权人发表权的侵犯。虽然优酷网主张在其网站传播该作品之前，已经有其他人向公众发布了该作品，但是在没有证据表明其他人发布涉案作品的行为是经过鸟人公司授权的情况下，不能认为鸟人公司已经发表了该作品，因此，优酷网亦侵犯了鸟人公司对涉案作品所享有的发表权。

【案件启示】

本案涉及演艺公司与签约演员或作者之间的关系，著作权人与作品传播者之间的关系，处理好他们之间的关系，对文艺创作和文化市场繁荣都具有积极意义。

一、在合作中应首先明确作品著作权的归属

演艺公司应当和旗下艺人就单独和合作创作作品的归属在合同中明确约定。当前有不少文艺工作者在演艺公司的管理下进行创作。演艺公司有敏锐的市场嗅觉和强大的市场推动力，文艺工作者则有丰富的创造力。可以说，一部在市场上成功的作品离不开两者的密切配合。但往往由于约定不明，使单位和员工之间、作者和使用者之间、合作者之间常常发生权利归属争议，尤其是作品在市场上取得丰厚利润之后，更容易发生纠纷。对此，无论是对演艺公司还是旗下文艺工作者而言，提前约定好权利归属对以后降低风险，减少摩擦都很有裨益。

二、掌握网络维权的快速方法

依照我国《信息网络传播权保护条例》的规定，著作权人在发现提供搜索、链接及存储空间服务的网站存在侵权作品后，可以选择向网站发出删除通知。只要相关网站收到删除通知，就有义务断开涉嫌侵权链接、删除侵权内容，否则就有可能承担赔偿责任。作为法律赋予的权利，文艺工作者在进行网络维权时，在通过公证等手段保留必要证据基础上，应首先选择通过通知移除的方式避免侵权作品在网络上进一步扩散，再选择协商、诉讼等手段进一步维权。

（案例提供：中国音乐家协会　撰写：王进

修改：谭礴、张杰、闫晓璐）

民间艺术家白广成诉北京稻香村公司侵犯《跑驴》作品著作权纠纷案

【案情介绍】

北京鬃人是源于清末,流传于北京地区的特色民间工艺艺术,已被评为北京市非物质文化遗产。白广成是北京鬃人艺术的传承人,在吸纳传统工艺和艺术风格的基础上,白广成于2007年5月制作完成了北京鬃人《跑驴》作品。该作品底座刻有"北京鬃人白"的字样,并曾多次在公开场合展出。

2009年9月,白广成购买了一盒北京稻香村食品有限责任公司(以下简称:稻香村公司)生产的"老北京"广式月饼,单价146元。白广成发现,该月饼的包装盒和手提袋上使用了自己的作品《跑驴》。

于是白广成将稻香村公司诉至法院,认为被告稻香村公司未经许可,以营利为目的,将原告的作品《跑驴》使用在其生产的月饼包装盒上,并且未支付使用费的行为,侵犯了原告的署名权、修改权、许可使用权和获得报酬的权利。请求法院判令被告立即停止侵权，在《北京晚报》上公开赔礼道歉，并赔偿原告经济损失共计53万元。

法院经审理认定稻香村公司的行为构成侵权，判决：1.稻香村公司停止在其生产、销售的"老北京"广式月饼包装盒上使用白广成创作的《跑驴》作品；2.稻香村公司在《北京晚报》刊登致歉声明；3.赔偿白广成经济损失2万元。

【案件分析】

一、如何确定民间艺术《跑驴》的作者

本案中，稻香村公司不认可白广成系涉案作品《跑驴》的作者，主要理由是《跑驴》作品上没有白广成的署名。

根据《著作权法》规定，作者有权在作品上署真名、笔名或不在作品上署名，且否定作者身份的举证责任在提出异议的一方。本案中，白广成持有《跑驴》作品的原件，该作品底座刻有"北京鬃人白"的字样。作品虽然没有明确刻着白广成的名字，但是白广成提供的证人证明，北京鬃人界都知道白广成与其兄弟是北京鬃人的传人，"北京鬃人白"即代表两兄弟。稻香村公司虽然对白广成的作者身份提出异议，但没有举出相反证据支持自己的主张。因此，法院认定白广成系《跑驴》作品的作者。

二、对立体作品的平面复制使用也构成侵权

作品的复制权是著作权人最重要的著作财产权之一。本案中，稻香村公司将白广成《跑驴》作品的平面图使用在了其制作、销售的月饼盒上，稻香村公司的行为是否构成侵权，关键在于认定稻香村公司将立体作品《跑驴》印制在月饼包装盒平面图上的行为，是否属于《著作权法》意义上的复制。

根据《著作权法》的规定，复制是将作品制作一份或者多份的行为。而判断是否构成复制的关键因素不在于载体，而在于复制品与原作品是否具有实质性相似。如果构成实质性相似，则认定是复制行为。从司法实践看，通常情况下对于作品从平面到立体以及从立体到平面的转化，都被认为属于复制行为。

稻香村公司在其月饼包装盒上使用的"跑驴"图案与白广成创作的作品《跑驴》具有一致性，构成实质性相似，且稻香村公司未经过白广成许可，也未支付报酬。因此，法院认定：稻香村公司的行为系未经著作权人同意使用著作权人作品的行为，应承担停止侵害、赔礼道歉、赔偿损失的责任。

白广成还认为稻香村公司在其月饼包装盒使用《跑驴》作品时改变了原作品的颜色，侵犯了其作品的修改权，但法院认为稻香村公司生产月饼的包装盒上的《跑驴》作品与原告创作的涉案作品《跑驴》具有一致性，仅存在色差，不构成对修改权的侵犯。法院因此没有支持白广成的此项主张。

【案件启示】

一、不是所有民间文艺作品都是"免费午餐"

民间文学艺术形式来自民间，源远流长，但很多优秀的且具有民族特色的艺术作品，不是无法确定创作者，就是由于时间久远，已进入公有领域，不再受《著作权法》的保护，被广泛使用，但这并不意味着所有的民间文艺作品都是"免费午餐"。当前，我国仍有大量民间文艺传承人在继承与创新中不断创作、生产着具有独创性的新作。因此，作品使用者在使用民间文艺作品时，一定要加以区分，尊重民间文艺继承人的合法权益，这不仅是法治精神的体现，也是促进我国传统文化弘扬发展的义务。

二、民间文学艺术作品的保护

我国民间文学艺术作品十分丰富但却一直缺乏专门的法律保护。在现有的法律法规下，作为民间文艺传承人可以从以下几方面保障自身权益：首先，对于符合非物质文化遗产的民间艺术，可以申请非物质文化遗产，依照非物质文化遗产的相关规定进行保护；其次，对于民间艺术传承人，如果创作出了超越前人具有独创性的作品，可以进行版权登记，为维权提供重要依据；第三，对于类似美术作品的创作，如果具有别致的线条、造型、图案等，并可能会在社会上被广泛使用，不妨将其申请注册为商标，从《商标法》的角度保护作品的权利并实现经济利益。

此外，我国《著作权法》第六条规定，民间文学艺术作品的著作权保护办法由国务院另行制定。我们期待，随着相关法律制度的完善，民间文学艺术将会得到更加有效周延的保护。

（撰写：刘检玲　修改：谭礴、张杰、闫晓璐）

"鸡"落谁家,《一唱雄鸡天下白》剪纸作品著作权纠纷案

【案情介绍】

上海振鼎鸡实业发展有限公司（以下简称：振鼎鸡公司），是一家以经营中式快餐连锁店为主的上海知名餐饮企业，它旗下有门店二十余家，主要经营白斩鸡、鸡汤面、鸡粥等鸡类衍生食品。振鼎鸡公司各门店的户外广告、店堂招牌、橱窗上都有一只引吭高歌的红色公鸡剪纸形象，颇得人心。可就是这只剪纸鸡，却引发了一场官司。

1979年春天，为参加全国工艺美术艺人、创作设计人员代表大会，工艺美术艺人王子淦专门创作了剪纸作品《一唱雄鸡天下白》，塑造了一只精神抖擞、充满活力、极具线条美的雄鸡形象，博得了与会代表的一致好评。此后该幅剪纸作品作为王子淦的代表作被众多报纸、杂志刊登、转载。王子淦于2000年2月去世，其生前多次向家人提及有很多商家擅自使用他的剪纸作品。

2010年，王子淦的子女发现振鼎鸡公司将该幅剪纸作品广泛使用于旗下门店的户外广告、店堂招牌、橱窗；更令他们气愤的是，振鼎鸡公司还将该幅剪纸作为商标进行了注册。为此，王子淦的子女作为民间文艺家协会和美术家协会会员向上海市文联维权中心求助，请求文联就此事为他们提供法律帮助。

在文联的帮助下，2011年7月，王子淦的四名子女王建人、王建民、王建中、王建华作为原告，一纸诉状将涉嫌侵权使用作品的振鼎鸡公司告上法庭。

四原告认为，《一唱雄鸡天下白》作为一个美术作品，其著作权属于王子淦所有。王子淦去世后，其著作中的相关权利皆由其法定继承人继承和保护。被告擅自将王子淦创作的《一唱雄鸡天下白》作为企业的商标进行注册并广泛使用，已构成对王子淦及其继承人的严重侵权。因此，请求法院判令被告停止侵权，赔偿经济损失50余万元。

被告辩称：振鼎鸡公司没有侵权。1.振鼎鸡公司商标、户外广告、店堂招牌上使用的雄鸡图案不是王子淦独创的，王子淦及其法定继承人对公鸡形象不享有著作权；2.被告使用的雄鸡图案是公司自行设计的，在设计之前并不知道《一唱雄鸡天下白》剪纸作品的存在；3.被告使用的雄鸡图案与《一唱雄鸡天下白》中的雄鸡形象差别明显，不构成实质性相似；4.振鼎鸡公司对外起到识别作用的商标主要依靠在于"振鼎鸡"三个字，雄鸡图案不能为广大食客识别，所以对原告要求的经济赔偿不予认可。

上海市第一中级人民法院经审理后认为，王子淦创作的《一唱雄鸡天下白》具有独创性，可以构成《著作权法》意义上的作品，属于美术作品范畴，受我国《著作权法》保护。1.被告使用的雄鸡图案与《一唱雄鸡天下白》剪纸图案，极为近似，构成实质性相似。2.王子淦及其创作的涉案剪纸作品在上海剪纸界具有一定的知名度，被告系上海企业，且其亦以剪纸方式展现被控图案，故被告存在接触涉案剪纸作品的可能性。鉴于被告至今未能提供证据证明或合理说明其使用的被控图案系其独立设计完成，据此，振鼎鸡公司的侵权行为成立，依法应当承担停止侵权、赔偿经济损失的责任。

最后，上海市第一中级人民法院在原告的实际损失和被告的侵权所得均无法确定的情况下，综合考虑涉案作品的类型、知名度、使用同类剪纸作品较为合理的使用费、被告实施侵权行为的性质、侵权规模以及侵权时间、原告为本案支出的合理费用等因素，判令被告赔偿四原告经济损失及合理费用共计8万元。

一审判决送达后，被告不服判决，在法定期限内向上海市高级人民法院提起上诉。二审阶段，在确认王子淦及其法定继承人享有著作权的前提下，原、被告达成调解，被告一次性向原告支付经济损失赔偿、继续使用费、一审诉讼费、律师费等合理费用共计人民币20万元，四原告同意被告继续使用《一唱雄鸡天下白》剪纸作品。

【案件分析】

该案的主要争议焦点有三项，分别是：一、涉案剪纸《一唱雄鸡天下白》能否成为《著作权法》意义上的作品，受《著作权法》保护。二、如上述剪纸构成作品，被告使用被控图案的行为是否构成对涉案作品著作权的侵犯。三、被告的行为如构成侵权，则应如何承担赔偿责任。

一、涉案剪纸是否为《著作权法》意义上的美术作品

针对这一问题，被告向法庭提交了《万洪成剪纸艺术——万氏剪纸世家作品选》，证明公鸡形象客观存在，为公众所熟知。而以绘画、剪纸等手法再现公鸡形象是民间广为流传的表现手法，并非王子淦独创。针对被告的抗辩，原告向法庭申请《万洪成剪纸艺术——万氏剪纸世家作品选》一书的作者万洪成到庭作证。万洪成的证词从一个专业剪纸艺术家的角度向法院阐明了王子淦剪纸作品的特点及其独创性。

法院审理后认为，王子淦创作的《一唱雄鸡天下白》，以剪纸方式展现单个公鸡侧影鸣叫的姿态，整体线条简洁，无鸡爪，鸡冠前部为圆形，后部为锯齿形，鸡眼为空心圆形，鸡身除波纹状翅膀外，其余部分做留白处理无任何图案，鸡尾以细长、互不交叉的线形图案表达。以上剪纸中公鸡各部位的形状以及线条的勾勒均具有独创性，可以构成《著作权法》意义上的作品，属于美术作品范畴，受我国《著作权法》保护。

二、被告使用被控图案的行为是否构成对涉案作品著作权的侵犯

针对这一问题，原告将被告的被控图案与原告的涉案剪纸图案缩放至同样大小、同样色彩进行对比，并向法庭提交了一份详尽的对比说明，分别从构图、鸡冠、鸡嘴、鸡眼、鸡脖、鸡翅膀、鸡身、鸡尾等角度进行了详细阐述：1.在构图上，两个图案均为单个公鸡侧影鸣叫姿态，腿部为单腿透视表现效果，无鸡爪造型表现，采用底座连接形式，公鸡底座的前后均有小草图案，表现公鸡与环境的关系；2.两个雄鸡的鸡冠均分为前后两部分，前部为圆形，后部为锯齿形，鸡胡部（鸡下巴下垂的肉）为圆形，鸡冠和胡部仅很少部分与鸡头连接；3.两个雄鸡均为张嘴鸣叫的造型，且上喙细长，下喙较短；4.鸡眼均为简单圆形；5.鸡脖均为昂首雄叫的姿态；6.鸡翅膀均以波纹形状表现翅膀，且翅膀均为收起的姿态；7.从鸡头以下至鸡尾以前，除翅膀以波纹表现，其他身体部位均无任何图案，为大面积类似留白部分；8.两个雄鸡均以细长、互不交叉的线性图案表达，以线条的不同长度表现尾部形状，且第二根尾毛特别突出并上扬，与其他尾毛长度和方向都不一致。因此，原告认为两个雄鸡图案从构图、造型、风格及线条等形象基本特征相同，基本构成要素完全一样，构成实质性相似的美术作品。

被告针对原告的阐述，抗辩说两只雄鸡存在几处差别。原告补充阐述说："本案争议的两幅雄鸡形象，按照普通观众的审美观察能力和一般注意力的标准，在时间和空间都适当分离的条件下来判断，不仅在构

图、造型姿态和头部、翅膀、尾部等每一细节处一致，而且作品风格和视觉效果均会造成为同一人作品的认识。"最终，法院采纳了原告的观点，对两只雄鸡的实质性相似予以确认。

三、被告应如何承担赔偿责任

针对被告的侵权行为，原告进行了充分的取证工作：原告方拍摄了被告旗下27个门店在户外广告、店堂招牌、门店橱窗上非法使用雄鸡剪纸图案的照片，并至工商行政管理部门调取了27家门店的工商资料，这些证据使法院在知识产权侵权类案件判决数额普遍偏低的情况下，作出了被告赔偿原告8万元经济损失及合理费用的判决，也为原告在二审阶段与被告达成调解打下了坚实基础。

【案件启示】

一、著作权继承人应积极维权

许多老一辈艺术家一辈子勤勤恳恳创作，在去世后，他们的作品却被肆意剽窃，他们的继承人一筹莫展，不知该如何维护父辈的合法权利。

事实上，根据我国《著作权法》规定，著作权分为人身权和财产权，其中发表权、署名权、修改权、保护作品完整权属于著作人身权；而著作财产权包括复制权、发行权、出租权、展览权、表演权、放映权、广播权、信息网络传播权、摄制权、改编权、翻译权、汇编权以及应由著作权人享有的其他权利。著作人身权的保护期不受限制，而公民著作财产权的保护期为作者终生及其死亡后五十年，截止于作者死亡后第五十年的12月31日；如果是合作作品，截止于最后死亡的作者死亡后第五十年的12月31日。因此，即使作者去世了，但是去世后他（她）的著作权还是受到法律保护的。

那么谁来保护去世作者的著作权呢？根据《著作权法》第十九条第一款规定："著作权属于公民的，公民死亡后，其本法第十条第一款第

（五）项至第（十七）项规定的权利在本法规定的保护期内，依照继承法的规定转移。"根据《著作权法实施条例》第十五条规定，"作者死亡后，其著作权中的署名权、修改权和保护作品完整权由作者的继承人或者受遗赠人保护。"因此，作者的继承人完全可以依据法律来保护被继承人的著作权。

二、针对擅自将他人作品注册商标的侵权行为的对策

在实践中，像本案被告一样将他人作品注册为商标的行为并不少见。这样的行为不容漠视，艺术家们应积极通过法律手段维护自身权益。

针对未经著作权人许可将其作品注册为商标的行为，著作权人可以通过以下方式维护自身权益：1.著作权人像本案原告一样，以侵犯著作权为由，向法院提起诉讼，要求侵权者承担停止侵权、赔偿损失等法律责任；2.著作权人还可以向商标评审委员会提出撤销申请。我国《商标法》第三十二条规定："申请商标注册不得损害他人现有的在先权利，也不得以不正当手段抢先注册他人已经使用并有一定影响的商标。"其中"他人现有的在先权利"是指在商标注册申请人提出商标注册申请之前，他人已经取得的权利，包括著作权等。如果权利人发现已经注册的商标，侵犯自身的著作权的，可依照《商标法》第四十五条的规定，自商标注册之日起5年内，请求商标评审委员会裁定撤销该注册商标。

（案例提供：上海市文联　撰写：许恬　修改：闫晓璐）

戏剧家马杰诉优酷网侵犯著作权纠纷案

【案情介绍】

豫剧《刘庸之死》系马杰创作。2010年2月1日，马杰就《刘庸之死》进行了著作权登记，作品类型为录像作品。马杰曾于2006年授权中国国际广播音像出版社出版《刘庸之死》的正版光盘，光盘片头显示制片人为马杰。

2009年初，马杰发现合一信息技术（北京）有限公司（以下简称：合一公司）在未经自己许可的情况下，擅自在其经营的www.youku.com网站（以下简称：优酷网）上播放了《刘庸之死》的10个视频，并对视频进行了修改，在部分视频的开头插有"兰蔻"化妆品的视频广告，以及合一公司自己的视频商业广告。

为了获得起诉证据，马杰于2009年11月25日分别在河南某公证处和北京某公证处对优酷网部分涉案内容进行了证据保全公证。保全证据后，马杰将合一公司告上法庭，原告认为：被告合一公司以营利为目的，擅自在其网站上播放传送自己作品的行为，侵犯了其著作权。请求判令：被告合一公司停止侵权，删除其网站上的侵权视频；赔偿原告马杰损失15万元等。

法院经审理确认了马杰对《刘庸之死》的著作权，并认为合一公司的行为侵犯了马杰的信息网络传播权，最终判决合一公司赔偿马杰经济损失及诉讼合理支出共计5800元。

【案件分析】

一、"避风港"原则的例外——"红旗"原则

我国法律对提供自动接入服务、自动传输服务、自动存储、信息网络空间服务、搜索与链接服务的网络服务提供者（ISP）提供了"避风港"的保护。根据"避风港"原则，符合条件的ISP如果在收到权利人通知后立即删除涉及侵权的链接或作品，可以不承担侵权责任。但是"避风港"原则并不代表着ISP就可以对侵权情况置之不理，当侵权的事实和情况特别明显，"像一面红旗一样飘扬在ISP面前"，以至于处于相同情况下的"理性人"或"善良诚信之人"都能够发现时，如果ISP仍不予理会的话，就无法依据"避风港"原则免于承担侵权责任。这一原则被称为"红旗"原则，是对ISP滥用"避风港"保护的合理限制。该原则要求ISP必须尽到合理的注意义务。

我国《信息网络传播权保护条例》第二十三条规定，网络服务提供者明知或者应知所链接的作品、表演、录音录像制品侵权的，应当承担共同侵权责任。该条可以被视为是"红旗"原则在我国法律中的具体体现。另外，2013年实施的最高人民法院《关于审理侵害信息网络传播权民事纠纷案件适用法律若干问题的规定》第八条至第十条还对"红旗"原则进行了细化规定。根据该司法解释，法院将结合ISP提供服务的性质、方式，及被侵权作品的类型、知名度及侵权信息的明显程度，还有ISP是否对被侵权作品进行了选择、编辑、修改、推荐等，以及是否积

极采取了预防侵权的合理措施等因素，作为判断 ISP 是否尽到合理注意义务的标准。

同时，根据司法解释，如果 ISP 从网络用户提供的作品、表演、录音录像制品中直接获得经济利益的，人民法院应当认定其对该网络用户侵害信息网络传播权的行为负有较高的注意义务。

二、合一公司没有尽到 ISP 的注意义务

本案中，法院根据"红旗"原则的判断标准，从合一公司提供服务的性质、方式及涉案作品《刘庸之死》的知名度，以及侵权信息的明显程度等，最终适用了"红旗"原则。法院认为作为 ISP 的合一公司没有尽到合理注意义务，因此无法利用"避风港"免责。

法院对合一公司构成侵权的论证思路可以归纳为：1. 合一公司经营的优酷网自身的经营模式决定了其对网民上传作品具有一定的"合理审查义务"及"较高程度的关注义务"；2. 涉案作品被侵权的可能性很大，合一公司就更应对涉案作品切实履行"合理审查义务"；3. 合一公司未履行相应的审查义务，因此构成对马杰的信息网络传播权的侵犯。

第一，合一公司经营的优酷网向公众提供数量巨大的视频文件在线播放服务，进而吸引广告投放并获得经济利益。在获取经济利益的同时，合一公司应履行与其身份相适应的著作权合理审查义务。第二，涉案视频《刘庸之死》是原告马杰花费较大资金制作的电影类作品，并通过专业出版社出版正版光盘对外发行，授权他人将其上传至优酷网供网友免费浏览之可能性微乎其微。合一公司应予注意并通过适当的审核和查询，以确认该视频文件是否侵权。第三，合一公司未对明显可能侵权的涉案视频文件进行任何实际审查。

三、马杰主张的合理支出为何没有得到法院全额支持

根据我国《著作权法》及相关司法解释的规定，侵犯著作权的赔偿数额应当包括权利人为制止侵权行为所支付的合理开支。合理开支包括：权利人或者委托代理人对侵权行为进行调查、取证的合理费用，以

及符合国家有关部门规定的律师费等。一般情况下，合理开支应符合以下条件：1.制止侵权的花费。通常被侵权人围绕侵权诉讼而为的所有行为，均可以认为是为制止侵权的必要行为。2.包括但不限于调查、取证的费用及一定的律师费。3.其他必要的费用。

马杰在诉讼请求中主张，合一公司承担自己维权的合理支出包括：公证费2800元、交通费883元、住宿费1058元、餐费1030元、律师费10000元。但上述费用却没有全部得到法院的支持。

其中，马杰主张的公证费2800元，包含了马杰在同一天分别在河南和北京的公证处对优酷网部分内容进行的两次证据保全公证，分别产生的800元和2000元的公证费。两次公证的内容除涉案视频的上传时间和播放次数有所变化外，其他内容基本相同。法院认为，马杰在河南公证处办理公证足以证明侵权事实的存在，其后马杰并未警告合一公司删除侵权视频，而另行到北京某公证处办理基本相同的公证业务系重复取证，故其后续2000元公证费并非诉讼必要支出。

另外，马杰主张10000元律师费，因没能提交合同或发票等证据，法院也没有完全支持。马杰支出的交通费、住宿费、餐费由于数额过高，法院也酌情做了减少。

【案件启示】

一、如何主张法律规定的"合理开支"

实践中，法院对当事人主张的合理费用的赔偿请求一般采取保守的做法，对于算入赔偿额的"合理开支"往往仅限于调查、取证、律师费这三项，而且以上费用都需要有相应的证据，如发票、合同等的支持。本案马杰主张的律师费就没有得到法院的全部支持，主要原因在于没能提供相应的证据，如委托代理合同或律师费发票。

因此，维权者在维权过程中要注意控制支出，使开支在合理的范围内，还要保存好维权支出的有效凭证，以便在主张赔偿时做到有理有据，获得法院支持。

二、戏剧的著作权保护方法

我国对戏剧作品的定义是采用的《伯尔尼公约》中对戏剧的界定，将戏剧作品局限于话剧、歌剧、地方戏等供舞台演出的作品，即戏剧剧本。而在很多学者的观念中，戏剧作品应该是指舞台演出，即整台戏。从国际上的立法来看，一些发达国家，如美国和英国，早已对戏剧作品的界定进行了修订，认为戏剧作品既包括剧本也包括表演。

从完善立法的角度，由于戏剧的创作离不开剧本、导演、演员、音乐、舞蹈、化装、道具、布景、灯光等诸多要素，整个戏剧的创作其实与电影的创作类似，因此对戏剧的保护应借鉴对电影作品的保护，既要保护戏剧整体的著作权，也要保护戏剧中各要素的著作权，如剧本的著作权、音乐作品、美术作品的著作权以及表演者权、录音录像制作者权等权利。

当前，在我国法律对戏剧作品整体保护尚存一定局限性和模糊性的情况下，对戏剧中的乐曲、表演、服装背景设计等的保护，建议按照对音乐作品、表演者权、美术作品等的保护规定，单独维权。

（撰写：刘检玲　修改：谭礌、张杰、闫晓璐）

摄影家刘浩源诉浙江日报报业集团侵犯著作权纠纷案

【案情介绍】

刘浩源系中国摄影家协会会员,高级摄影师。2009年,刘浩源拍摄制作了《西湖文化广场》摄影作品,该作品获得过全国老年教育第二届书画摄影展二等奖。

2009年7月28日,浙江日报报业集团(以下简称:浙报集团)在其经营的《浙江日报》第四版整版广告上,使用了一张《西湖文化广场》全景照片作为广告的配图照片,广告主题为"热烈庆祝西湖文化广场落成暨省科技馆、自然博物馆开馆"。

刘浩源对比自己的照片和该广告使用的照片发现,虽然浙报集团使用的照片删除了原作中作为陪衬的前景——京杭大运河画面的大部分,在原作背景上添加了烟花,但两张照片的拍摄角度及整体构图均一致,两张照片中的建筑物、运河中的小船、广场上细小的行人影像等,在照片中的位置均一致。

针对浙报集团的行为，刘浩源曾两次与浙报集团交涉无果。于是将浙报集团诉至法院，认为浙报集团的行为侵犯了自己的著作权，请求法院判令浙报集团：1.立即停止侵权，今后不得在任何媒体以及宣传品上使用该作品；2.在《钱塘晚报》上刊登赔礼道歉文章；3.赔偿刘浩源经济损失5万元。

浙报集团则以刘浩源的照片不具有独创性、浙报集团刊登的广告属于公益广告，以及涉案广告主另有其人等理由作为抗辩。但浙报集团的抗辩都没有得到法院支持。法院最终认定浙报集团的行为侵犯了原告的署名权、复制权、保护作品完整权等多项著作权。法院同时支持了原告要求浙报集团在《钱塘晚报》上刊登赔礼道歉声明的主张，并判令浙报集团赔偿原告经济损失6000元。

【案件分析】

一、被告的行为侵犯了原告的保护作品完整权

根据我国《著作权法》的规定，保护作品完整权是保护作品不受歪曲、篡改的权利。换言之，著作权人对自己的作品有权禁止他人擅自歪曲、篡改。

保护作品完整权与著作权中的修改权比较相似，二者都属于著作权人的人身权利，注重保护著作权人的精神利益。但通常情况下，侵犯保护作品完整权的行为比侵犯修改权的行为更为严重，其行为已不是简单的修改，而是达到了歪曲、篡改的程度，会造成作者在作品中所表达思想被曲解。因此，一般认为保护作品完整权是修改权的延伸。司法实践中，侵犯保护作品完整权的行为一定会构成对修改权的侵犯，而侵犯修改权的行为不一定侵犯保护作品完整权。

本案中，被告浙报集团对原告摄影作品中作为陪衬的前景——京杭大运河画面的大部分进行了删除，在原作背景上添加了烟花。被告对原告照片的这些改动，已经背离了原告创作作品的初衷，达到了歪曲、篡

改的程度，违背了原告在原作品中的表达和思想，因此构成对原告保护作品完整权的侵犯。

二、浙报集团的抗辩为何没有得到法院支持

案件审理中，被告浙报集团提出其发布的涉案广告是公益广告，且广告中的照片另有他人提供，据此认为自己不应承担责任。

浙报集团的抗辩理由没有法律依据。第一，我国《著作权法》规定的"法定许可"或"合理使用"他人作品的情形中并不包含公益宣传，故浙报集团不能以其发布的是公益广告作为不侵权的依据。第二，根据《广告法》及相关法律的规定，浙报集团作为侵权广告的经营者，应对其广告内容负责，即使广告中的侵权照片是第三方提供的，浙报集团也应当履行审查义务，对广告使用作品的来源进行审查。如因广告经营者未履行审查义务而导致广告中出现侵权内容的，广告经营者难逃法律责任。在本案中，浙报集团是涉案报纸的经营者，也是侵权广告的发布者，应对其广告内容侵犯他人著作权的行为负责。

【案件启示】

一、通过合法渠道获得他人作品

新媒体技术的发展，使得作品的传播方式更加多样化，尤其对于视觉艺术作品而言，完全可以通过网络直接观看甚至下载获得。需要出版单位、广告主和广大网民注意的是，网络上唾手可及的图片并不代表可以随意下载使用，擅自使用就很有可能承担侵权风险。

那么当使用者在互联网或电子出版物上发现自己希望使用的美术、摄影作品后，如何找到著作权人提供合法授权呢？可以采取的方法有三种：第一，是自行联系。如相关作品已有作者单位和署名信息，建议使用者直接与作者取得联系，洽商授权许可事宜。第二，通过相关组织。如果使用者仅获知了作品著作权人姓名，因通讯方式不详无法直接联系，可以通过相关摄影家协会或摄影著作权集体管理组织寻求帮助，借助上述组织庞大的摄影家信息网络，与著作权人取得联系获得授权。第三，通过专业图片库采购图片版权。如果希望使用的图片没有任何权利信息，建议使用者通过专业图片库找寻版权信息。经过甄别，图片库拥有版权的，可以直接采购使用；如图片库也没有版权，建议选择题材类似、内容相近的作品进行替代，避免未经许可、擅自使用带来的侵权风险。

二、公益广告使用作品也需尊重他人知识产权

为公共利益作出贡献虽是公民应尽的道德义务，但并不代表服务于公共利益的公益广告可以损害公民的私权利。我国《著作权法》规定了可以不经著作权人许可使用作品的"法定许可"和"合理使用"情况，但公益广告使用作品并不在此范围之内。换言之，公益广告使用作品也需要授权许可。

当前，以公益广告形式扬正气、树新风已被越来越多的社会机构采用，也为绝大多数的公众认可，公益广告使用他人作品的情况快速增多。本案是公益广告发布者擅自使用作品侵权的较典型案例，但实践中，还有很多公益广告主以公益目的最终说服著作权人授权免费使用作品的案例。因此，在社会生活中，公益广告出于公益就更不应损害他人权益。反之，广告主自觉尊重知识产权的意识，往往会换来著作权人的理解和支持，最终取得共赢。

（案例提供：浙江省文联　撰写：闫晓璐　修改：谭礴、张杰）

红学家周汝昌诉中国铁通集团有限公司侵犯著作权纠纷案

【案情介绍】

周汝昌是我国资深红学家、著名学者、书法家和诗人，从事《红楼梦》研究达六十余年，创作了大量的诗词书法作品。

2002年7月，周汝昌在天津杨柳青画社出版的《清装红楼梦人物诗画集》一书中，给赵成伟所画美术作品《豆官》题诗《十二官总题》，署名为笔名"悲石"。

2007年，周汝昌发现中国铁通集团有限公司贵州分公司（以下简称：贵州分公司）未经其许可，在志号为GZTT-04-11（3-2）的电话卡正面印刷了《豆官》画作以及《十二官总题》一诗。发现这一情况后，周汝昌立即向贵州分公司主张权利，双方于2007年6月7日达成和解并签订"和解协议书"，协议书载明："鉴于乙方（贵州分公司）制作的志号为GZTT-04-11（3-

1)、(3-2)、(3-3)的电话卡使用了甲方（周汝昌）创作的诗歌、书法作品……双方达成如下和解协议：1.贵州分公司在2007年6月30日之前向甲方周汝昌支付人民币45000元……"

2009年，周汝昌又发现贵州分公司未经许可，在发行的另一志号为GZTT-04-10（3-2）的电话卡上使用了自己的作品《十二官总题》，并且遮挡了该作品的署名"悲石"。于是，周汝昌委托代理人购买了涉案电话卡，发现该卡除正面嵌入电子芯片外，其余与志号为GZTT-04-11（3-2）的电话卡完全一致，电话卡背面注明："中国铁通集团贵州分公司2004.10发行，GZTT-04-10（3-2）（志号）"。

在与贵州分公司协商无果的情况下，周汝昌将贵州分公司的总公司中国铁通集团有限公司起诉至法院，认为中国铁通集团有限公司下属的贵州分公司未经周汝昌允许，在其发行的志号为GZTT-04-10（3-2）的电话卡上使用了原告创作并书写的咏红诗《十二官总题》，并且遮挡了原告的署名"悲石"，侵犯了原告对其文字、书法作品享有的署名权、复制权、发行权和获得报酬权，故要求中国铁通集团有限公司在《法制日报》中缝以外版面上刊登声明，向原告赔礼道歉，并赔偿经济损失人民币1万元。

中国铁通集团有限公司则认为，周汝昌提供的证据不足以证明其是涉案作品的作者"悲石"；并且中国铁通集团有限公司贵州分公司曾经在未查明周汝昌系该作品之著作权人的情况下就该作品与周汝昌达成赔偿协议并实际履行，故即便侵权成立，本案也属于对侵权行为的重复处理，不同意周汝昌的诉讼请求。

最终，法院判决支持了周汝昌的主要诉讼请求：判令中国铁通集团有限公司在《法制日报》中缝以外版面向周汝昌赔礼道歉，并赔偿周汝昌经济损失人民币7500元。

【案件分析】

本案的争议焦点主要是：涉案作品署名"悲石"是否是周汝昌；以及在贵州分公司已经根据"和解协议"对使用周汝昌作品做出赔偿后，周汝昌能否就新发现的同类使用行为再次要求赔偿。

一、关于作者署名权的认定

根据我国《著作权法》的规定，署名权是著作权人的一项非常重要的人身权利，是作者在作品上表明身份的权利。署名权是个广义的概念，既包括作者在作品上署真名、艺名、笔名或假名的权利，也包括作者不署名的权利。可见，在作品上署笔名也是作者行使署名权的一种方式。

在文学艺术领域，艺术家们署笔名、艺名的情况非常常见。本案就是艺术家周汝昌以自己的字号署笔名的情况，是其行使署名权的合法方式。

至于在作品上署的名并非作者真实姓名的情况下如何认定作者，可以根据《最高人民法院关于审理著作权民事纠纷案件适用法律若干问题的解释》第七条的规定进行判断。根据该规定，在作品上署名的自然人、法人或者其他组织是著作权人，除非他人提供相反证据。著作权人可以通过提供涉及著作权的底稿、原件、合法出版物、著作权登记证书、认证机构出具的证明、取得权利的合同等证明自己的身份。

在本案中，中国铁通集团有限公司虽然对周汝昌是涉案作品的作者提出质疑，但并没有提交相反证据支持这一主张。而周汝昌通过提交合法的出版物《清装红楼梦人物诗画集》（周汝昌诗、赵成伟绘）和《诗红墨翠——周汝昌咏红手迹》证明了自己既是"悲石"，又是涉案作品的著作权人。因此，根据法律的规定，在没有其他相反证据的情况下，法院认定周汝昌系涉案作品的著作权人。

二、贵州分公司的行为构成两次不同的侵权

中国铁通集团有限公司认为，其贵州分公司已经根据"和解协议"

针对未经许可使用周汝昌作品的行为做出了赔偿，周汝昌不得就同一侵权行为重复要求赔偿。

本案的侵权行为与贵州分公司和周汝昌在"和解协议"中所涉的侵权行为是否属于同一侵权行为，需要从侵权的构成要件来判定。一般来说，侵权的构成要件包括：违法行为、损害结果、因果关系和过错四个要件。根据构成要件，中国铁通集团有限公司是在不同的时间、不同志号的电话卡上，未经许可使用周汝昌的作品，实施的是两次违法行为。虽然两次行为侵犯的客体都是周汝昌先生同一作品的著作权，但是却给周汝昌造成了两次不同的损害结果。

因此，中国铁通集团有限公司的主张是在法律上站不住脚的，双方之前达成的"和解协议"仅仅是对中国铁通集团有限公司的第一次侵权行为做出的约定，对第二次侵权行为没有约束力。换一个角度，针对本案中的侵权行为，周汝昌仍有权要求侵权方中国铁通集团有限公司承担责任。

【案件启示】

一、选择适格的被告

本案中，给周汝昌造成侵权的主体是贵州分公司，但在诉讼时，列为被告的却是中国铁通集团有限公司。这其中涉及的是民事诉讼中诉讼主体的资格问题。

根据我国法律的规定，民事诉讼主体包括：公民、法人和其他组织。而根据《公司法》的规定，分公司不具有法人资格，也不具有承担民事责任的能力。因此，分公司不能作为诉讼主体参加诉讼，而应选择其总公司参加诉讼并承担民事责任。

在本案中，侵权行为的实施者虽然是贵州分公司，但是贵州分公司没有法人资格，因而也不具有民事诉讼主体资格，故在诉讼中应选择其总公司作为诉讼主体，承担相应民事责任。

需要注意的是，与分公司不同的子公司是具有法人资格的，能够独立承担民事责任。因此如果与某公司的子公司发生了纠纷，当事人可以直接将该子公司列为被告。

二、积极应对科技新形势下的侵权行为

在电话卡上侵权使用作品，是一种典型的新的侵权方式。随着科技发展和时代进步，与之类似的侵权形态日新月异。广大文艺工作者在面对新技术侵权时，不应有畏惧心理，并需要细致地做好维权的准备。一方面，保留好证明自己权利的证据，能证明作者身份的底稿、原件、合法出版物和著作权登记证书等，对于发表在网络上的作品，可以通过加密、水印等技术方式进行署名，证明自己的权利。另一方面，及时搜集侵权的证据。对于销售侵权商品的侵权行为，可以通过实地购买，网络订购并保留侵权实物、发票以及网上订购单的方式获得证据；对于网络出现侵权可能随时被删除的，著作权人可以通过公证进行证据固定和保全。

（撰写：闫晓璐　修改：谭礌、张杰）

阎致中诉酷溜网侵犯戏剧作品著作权纠纷案

【案情介绍】

阎致中系戏剧《活碌碡趣事》(以下简称:《活》剧)剧本的作者。2006年5月,阎致中就该剧进行了著作权登记。

2009年,阎致中发现,酷溜网(北京)信息技术有限公司(以下简称:酷溜网)经营的酷溜网(www.ku6.com)未经许可,在其网上传播《活》剧视频。

为了获得起诉证据,阎致中于2009年3月23日,对酷溜网传播《活》剧的情况进行了证据保全公证。取得证据后,阎致中将酷溜网诉至法院,认为酷溜网的行为侵犯了自己对《活》剧作品的发表权、署名权、复制权、信息网络传播权、表演权和获得报酬权等权利,请求法院判令:被告酷溜网停止侵权,消除影响,公开赔礼道歉;赔偿经济损失20000元及合理开支(包括证据保全费、交通费、通讯费)2000元等。

法院审理后认定,酷溜网的行为构成侵权,判令酷溜网立即停止传播侵犯阎致中著作权的视频文件,并向阎致中书面致歉;赔偿阎致中经济损失及合理诉讼支出共计 5000 元。

【案件分析】

在认定酷溜网是否构成侵权的问题上,本案有两个核心问题:一、涉案视频是由酷溜网上传还是由网友上传;二、酷溜网是否存在过错。

一、谁是上传者——网络服务提供商的举证责任

在庭审中,酷溜网认可《活》剧著作权人系阎致中,并承认涉案视频文件使用了阎致中的《活》剧剧本。但双方对于涉案视频的上传者存在争议:网页显示涉案视频是由"酷六大观园"上传。但对于"酷六大观园"的身份,阎致中认为它就是酷溜网,酷溜网认为是自行注册的网友。上传者是谁直接决定酷溜网会承担怎样的侵权责任,而谁来证明上传者的身份,这一问题涉及信息网络传播权纠纷中的举证责任。

我国民事诉讼的举证责任原则是:当事人对自己的主张有责任提供证据加以证明;如有具体法律规定或司法解释对举证责任分配作出明确规定的,则应遵照法律或司法解释的规定;如遇法律或司法解释未做规定的情况,则法院依据公平原则和诚实信用原则确定举证责任。

法院依照以上原则,认为酷溜网作为网站经营者,掌握"酷六大观园"的注册资料等信息,从举证能力和举证责任上看,酷溜网如欲证明"酷六大观园"是普通网友,应提供"酷六大观园"的注册资料以便法院核实。因在诉讼阶段,酷溜网没有提供相应的证据证明上传者"酷六大官园"是普通网友而非酷溜网,酷溜网应承担举证不能的后果。法院因此认定酷溜网系侵权视频的上传者。

二、对网络服务提供商举证责任的规定

由于案件审理时还没有专门的法律对网络服务提供商的举证责任作出规定,法院在审理时是依照前述内容中民事诉讼举证的基本原则来确

定被告酷溜网的举证责任的。

2013年开始实施的最高人民法院《关于审理侵害信息网络传播权民事纠纷案件适用法律若干问题的规定》在民事诉讼举证责任的分配原则基础上对信息网络传播权民事纠纷中原、被告的举证责任作出了更加细化的规定。根据该解释第六条,原告在起诉时,只要有初步证据证明网络服务提供商提供了侵权作品即可,而网络服务提供商应对自己仅提供了网络服务而没有提供侵权作品,承担举证责任。

在信息网络侵权案件中,网络服务提供商通常掌握着侵权行为人的网络注册资料,从网络服务提供商和被侵权方举证责任能力来看,这一规定符合民事诉讼中举证责任的分配原则,也与本案法院的审判结果一致。

三、网络服务提供商的合理注意义务和较高的注意义务

作为对网络服务提供商引用"避风港"原则来免责的限制,法律要求网络服务提供商应尽到合理的注意义务,即"红旗"原则(如果侵犯信息网络传播权的事实是显而易见的,就像是红旗一样飘扬,网络服务提供商就不能以不知道侵权的理由来推脱责任)。

但是在特殊情况下,法律还规定了网络服务提供商负有较高的注意义务。根据司法解释的相关规定,网络服务提供商如果通过网络用户提供的作品、表演、录音录像制品直接获得经济利益的,该网络服务提供者对其网站中侵害他人信息网络传播权的行为,负有较高的注意义务。其中,直接获得经济利益包括:对特定作品、表演、录音录像制品投放广告获取收益,或者获取与其传播的作品、表演、录音录像制品存在其他特定联系的经济利益。

本案中,酷溜网在涉案视频文件播放页面设置了广告,并以此获得了经济利益,因此酷溜网对于该视频是否侵权负有较高的注意义务。但酷溜网公司除登载"版权及隐私声明"、"使用协议"等文件外,未对明显可能侵权的涉案视频文件履行任何实际审查义务,亦没有履行应尽的

较高注意义务，在主观上也存在过错。

【案件启示】

一、作者如何主张戏剧剧本权利

我国《著作权法》对戏剧的保护包括对戏剧剧本的保护。实践中，剧本作者可以从以下方面进行维权：1.向未经许可改编自己剧本作品的主体主张改编权。需要注意的是，他人对戏剧作品的改编形式并不局限于戏剧，现实中将戏剧作品改编成小说、电影、舞台剧甚至Flash动画的现象也很常见。针对不同形式的改编，只要剧本著作权人有理由证明改编的作品是基于自己的剧本作品而完成，就可以向其主张权利。2.向未经许可上传根据自己剧本创作的戏剧视频的网站主张侵犯信息网络传播权。通过本案判决不难看出，未经剧本作者许可，上传由其剧本创作的戏剧视频，构成对剧本著作权人的侵犯。当然，如果传播的戏剧视频的制作者没有经过著作权人的许可，著作权人同时可以向视频制作者主张侵权。

二、著作权人在信息网络侵权案中的举证规则和技巧

"谁主张谁举证"是民事诉讼举证的一般原则，其意思是当事人对自己提出的主张有提供证据的义务，以证明主张的案件事实成立，否则将承担不利的诉讼后果。结合民事诉讼的一般举证原则和信息网络传播权侵权纠纷的特点，在信息网络传播权侵权纠纷中，原、被告通常应承担以下举证责任。

作为原告的作者需要提供的证据包括：1.自己是著作权人，包括创作底稿、著作权登记证书等；2.侵权事实，即作品在网络上传播的事实，这一证据一般需要原告通过公证机构进行保全。

在诉讼中，被告通常会以一些理由进行抗辩，例如原告不是著作权人，被告是网络服务提供商而非网络内容提供者，被告不存在主观过错等。针对以上的抗辩，被告需要承担的举证责任包括：1.如果被告否认原

告的著作权人身份，应提供证据证明著作权人另有其人；2.网络内容提供者另有其人的证明；3.被告履行了注意义务，不存在过错的证明。

　　作者在进行信息网络传播权诉讼时，应注意这些举证规则，合理向对方提出提供证据的要求或申请法院调取证据，充分做好证据准备，以取得最有利的诉讼结果。

（撰写：刘检玲　修改：谭礵、张杰、闫晓璐）

姚天、冯丹诉天津顶津食品有限公司、林志颖、中央电视台侵犯音乐作品著作权纠纷案

【案情介绍】

2004年10月,由冯丹作词、姚天作曲的音乐作品《诱惑力》创作完成。从2004年底至2006年两年中,姚天在北京工商大学、北京科技职业学院、中华女子学院、2006年Maxell校园组合创意音乐大赛京津地区比赛、Calm Music 2006 "通利杯"校园乐队大赛等众多场合,多次表演了《诱惑力》这部作品。2006年4月5日,姚天将《诱惑力》上传至原创中国网,参加了"'原创中国'2006年度歌坛十大新人评选"活动。2007年5月17日,姚天再次将《诱惑力》通过互联网传递到校园新鲜人广告(北京)有限公司,参加了"伊利优酸乳2007大学生音乐节"活动。

2008年7月,姚天、冯丹发现,天津顶津食品有限公司在宣传产品"康师傅冰绿茶"时,在中央电视台所用的广告歌曲《胜利滋味》,未经许可擅自使用了

127

《诱惑力》的乐曲，改编了《诱惑力》的歌词。该《胜利滋味》由"康师傅冰绿茶"的形象代言人台湾歌手林志颖演唱。林志颖使用这首歌曲进行表演亦未取得姚天、冯丹的许可。

前述康师傅冰绿茶广告歌曲《胜利滋味》，在中央电视台CCTV1、CCTV3、CCTV6、CCTV8等多个频道进行了连续播出，同时还在众多地方电视台、知名网站、户内（外）广告播出和发布。

姚天、冯丹在与天津顶津食品有限公司、中央电视台交涉无果后向法院提起诉讼，状告天津顶津食品有限公司、林志颖、中央电视台侵犯其著作权，要求法院判令三被告停止侵权，公开赔礼道歉，消除影响，赔偿经济损失。

法院经审理认为，原告姚天、冯丹分别为《诱惑力》的词曲作者，并享有相应的词曲作品的著作权；康师傅冰绿茶广告在未经著作权人许可的情况下，使用共计八小节《诱惑力》曲调部分的行为，分别侵犯了《诱惑力》的曲作者姚天的署名权、复制权、表演权、广播权；对于《诱惑力》词作者冯丹提出的认为康师傅冰绿茶广告构成对其歌词部分著作权的侵犯，法院未予支持。

一审法院判决被告天津顶津食品有限公司、林志颖、中央电视台立即停止侵犯原告姚天对《诱惑力》曲调部分所享有的著作权；被告天津顶津食品有限公司通过书面方式向原告姚天赔礼道歉，赔偿原告姚天经济损失2万元。

被告天津顶津食品有限公司向北京市高级人民法院提起上诉，二审法院经审理依法维持了一审判决。

【案件分析】

一、歌曲作品的著作权人

一首歌曲通常由曲调和歌词部分组成。一般认为，歌曲中的曲调属于音乐作品的一种形式，而歌词则属于文学作品。因此，歌曲作品可以认为是音乐作品和文字作品的综合。

按照《著作权法》对作品作者的规定，创作作品的公民是作者。通常情况下，歌曲的作者就是创作歌曲的人。但在歌曲的创作中，一首歌既可以是由同一个主体完成的，即词作者和曲作者为同一人；也可能分别由不同的主体完成，如作曲家先谱好一首曲子，另由他人来填词。当一首歌曲的歌词和曲调的创作者是不同主体的情况下，该歌曲就成为词作者与曲作者的合作作品，词曲作者共同对该歌曲享有著作权。此外，当曲调部分和歌词分别符合《著作权法》关于作品的规定时，曲调和歌词还构成独立的作品，单独受到《著作权法》保护，其词作者和曲作者分别对歌曲的歌词和曲调享有著作权。

在本案中，涉案歌曲作品《诱惑力》曲调部分由作者姚天创作完成，歌词部分由冯丹完成，曲调部分和歌词部分均可以构成《著作权法》意义上的独立作品，因此，二人能够分别对歌曲的曲调和歌词享有相应的著作权。

二、原告须举证证明自己是著作权人

根据《著作权法》关于作者及作者身份的相关规定，著作权人可以通过提交底稿、原件、合法出版物、著作权登记证书、认证机构出具的证明、取得权利的合同等，来证明自己对作品的所有权。

本案中原告方高度重视证明著作权权利主体的举证工作，以不同的证据形式，从不同的角度对权利主体做了充分的证明。案件审理中，原告方提交了创作手稿、演出录像、参加评选活动的证明、公证证明、"数字音乐版权注册证书"、"著作权登记证书"、"音乐版权合同"、"签约歌手曲目单"、证人证言等所有能证明著作权归属的证据。而正如原告方所预料的，各被告在诉讼过程中一直不认可原告的权利主体地位，想借此逃避侵权责任。但各被告均未能向法庭提交相反证据以证明自己的主张。而原告方通过完整的证据链，最终让法院认定了原告冯丹、姚天分别是《诱惑力》的词曲作者并享有相应的词曲著作权这一事实。

结合本案的具体情况看，把一个充满迷雾的权利归属问题通过司法程序予以厘清和确认，这一点对原告至关重要，是本案的关键焦点，也是维护著作权的法律前提。

三、被告的行为构成对涉案歌曲曲调的侵权

根据《著作权法》第十条的规定，著作权人依法享有的署名权、修改权、保护作品完整权等人身权利及复制权、发行权、表演权等财产权利，除法律特殊规定外，任何人未经著作权人许可，都不得以复制、发行、表演等方式对作品进行使用，否则构成对著作权人相关权利的侵犯。

根据上文的分析，鉴于涉案歌曲《诱惑力》的歌词著作权人为冯丹，曲调的著作权人为姚天，侵权广告是否构成对涉案歌曲著作权的侵犯，则需要分别从歌词和曲调两个方面进行判断。

通过原告提交的涉案广告播放的视频文件等相关证据，以及原告创作的歌曲《诱惑力》与侵权歌曲《胜利滋味》的比对材料等证据，可以看出，侵权广告使用了八小节涉案歌曲《诱惑力》的曲调，但重新谱写了歌词，即未使用原歌词也未在原歌词基础上进行改编。因此，涉案广告歌曲其实仅仅侵犯了《诱惑力》曲作者的著作权，并非侵犯词作者的著作权。

法院最终也认定被告侵犯了曲作者姚天的著作权，没有侵犯词作者冯丹的著作权。

【案件启示】

一、词曲创作者应该积极维护自己原创作品的著作权，在维权的过程中要高度重视举证、质证等诉讼环节的重要性。

在著作权法律意识日益增强的今天，本案让社会公众认识到，音乐作品的著作权是词曲作者一项核心的民事权利，词曲作者的著作权在遭到知名企业、知名歌手侵犯的情况下，应有信心积极通过法律途径保护自己的合法权益。

同时也提醒著作权人，鉴于音乐作品的特殊性和著作权理论及实践的抽象与复杂性，权利人在维权时应充分认识到著作权诉讼的难度，积极、专业地做好取证、举证、质证等各项诉讼工作，必要时多向专业律师寻求法律帮助。本案中，原告维权胜诉的关键就是要充分考虑如何通过多角度充分举证，证明自己是音乐作品的著作权人，以及通过证据来说明广告使用音乐作品的行为是侵权行为。

二、词曲作者在遭遇侵权时应准确辨析侵犯了谁的权利

通过本案法院的审判思路和判决结果，能够帮助广大词曲作者梳理出司法机关对音乐作品侵权认定的逻辑脉络。

当一首音乐作品由不同的人谱曲、作词，即词曲作者并非同一人时，曲调和歌词能够分别构成受法律保护的独立作品。如发现第三人未经许可对音乐作品进行改编和传播时，需要根据情况区别对待：如果未做任何改动使用了词和曲，则毫无疑问地侵犯了词作者和曲作者的权利；如果仅对曲调进行了改编或使用，而重新填了歌词，且新的歌词没有对原歌词构成改编，通常情况下，这种行为仅仅侵犯了曲作者的权利；同理，如果是为原歌词重新谱曲，新老曲调截然不同，那么第三人也只是侵犯了词作者的权利。

所以，广大词曲作者在遭遇涉嫌侵权的行为时，切勿独自盲目维权，应首先明确有没有侵犯其权利，侵犯了哪些权利。概括起来可以这样简单理解，侵权作品是否对我创作的部分进行了改编、使用，如果有则构成侵权，如果没有就很有可能不构成侵权。如果情况复杂难以直接判断，则建议通过专业法律服务机构寻求帮助。

（撰写：张杰　修改：谭礴、闫晓璐）

单田芳诉黑龙江肯度广告有限公司、黑龙江某报纸侵犯著作权案

【案情介绍】

单田芳，我国著名评书表演艺术大师，从艺半个多世纪以来，共录制、播出《三国演义》、《明英烈》、《少帅春秋》、《七杰小五义》等100余部评书，共计15000余集，整理编著了17套28种传统评书文字书稿，开评书走向市场的先河，在我国曲艺界享有盛誉。

2010年春，拥有评书表演大师单田芳著作权的单田芳艺术传播有限责任公司（以下简称：单田芳艺术公司）发现，黑龙江省肯度广告有限公司（以下简称：肯度公司）在黑龙江某报纸中缝发布广告，以营利为目的，将单田芳艺术公司享有著作权的《童林传》、《薛家将》、《三侠剑》、《九一八风云》等18部评书作品制作成《经典评书大系》产品大肆向公众销售。而单田芳艺术公司从未许可该公司使用以上18部评书作品。故单田芳艺术公司将肯度公司及发布广告的黑龙江某报纸诉

至法院，请求立即停止对涉案作品的侵害，并赔偿经济损失及制止侵权所支出的合理费用共计80万元。

肯度公司认为，作为涉案产品的广告主和销售者，其在黑龙江某报纸刊登广告并进行销售的产品是案外人白佳欣因抵偿广告欠款向其提供的出版物，其对该出版物涉嫌侵权并不知情，且通过"抵货协议"足以表明涉案产品具有合法来源，因此，按照我国《民法》规定，作为善意第三人，即使销售的产品涉嫌侵权，也不应承担赔偿责任。而黑龙江某报纸则认为：根据其与肯度公司签署的"广告代理合同"，肯度公司独家承揽了该报纸的广告经营权，肯度公司既是涉案作品的广告主也是广告经营者，根据合同中的免责条款，报业集团不应承担侵权责任。

一审法院审理认定：肯度公司存在侵权行为，报业集团需承担连带责任；但单田芳公司请求的赔偿数额过高，判决肯度公司赔偿经济损失1.5万元；案件受理费12114.16元，由肯度公司与报业集团共同负担1000元，单田芳公司负担余额。单田芳公司不服一审提起上诉，认为其主张80万元经济损失证据充分，应当予以支持，但二审法院驳回了其上诉请求，维持原判。

【案件分析】

本案中，单田芳向法院出具的"声明书"和"公证书"表明，其已经将涉案产品《经典评书大系》中所收纳作品的著作权转让给单田芳艺术公司，并许可单田芳艺术公司以自己名义对外统一行使权利并进行诉讼维权，因此，在诉讼主体资格方面，肯度公司与黑龙江某报纸均无异议。案件的争议焦点在于：

一、债权人销售抵账侵权出版物的责任认定

债务人以货物抵偿欠款，债权人对抵偿货物进行销售并从中获利，都是我国法律允许的民商事行为。但如果债权人销售的是侵权制品，只有在其出于"善意"的情况下，方能免责。所谓"善意"是指销售者并不具有识别能力和相关专业知识，造成在不知情的情况下销售了侵权产品，即没有"明知"的过错。根据《著作权法》、《最高人民法院关于审理著作权民事纠纷案件适用法律若干问题的解释》等法律文件规定，销售行为出于"善意"的唯一法定标准就是该产品具有"合法来源"。

在出版物销售领域，结合《出版管理条例》和《音像制品管理条例》等法规的规定，销售者要证明其销售的出版物具有"合法来源"，需要在两方面加以把握：一方面，该出版物应当是由具备出版资质的单位所出版的合法出版物；另一方面，出版物应当来自经出版行政主管部门批准、取得《出版物经营许可证》的发行机构，例如通过发票证明是从新华书店购买的图书。反之，如果不是合法出版物或来自非合法渠道，都将被认定为不具有"合法来源"，销售者需承担侵权责任。

本案中，肯度公司所销售的涉案作品来自案外人白佳欣，白佳欣虽与肯度公司签署了"抵货协议"，并承诺抵账标的物的合法性，但无法证明作为抵账标的物的《经典评书大系》是合法出版物，亦无法证明《经典评书大系》来自出版行政主管部门批准、取得《出版物经营许可证》的发行机构。因此，肯度公司关于其所售产品具有"合法来源"的主张未获法院支持，应当承担侵权责任。

二、权利人实际损失额的证据认定

概括我国现行著作权法律及相关司法解释的规定，知识产权侵权损害赔偿额的确定主要有三项依据：1.权利人因侵权所遭受的实际损失；2.侵权人因侵权所获得的非法利益；3."酌定赔偿"，即当权利人的实际损失和侵权人的违法所得均无法直接认定，且没有合理的许可使用费可供参照时，由法院根据侵权行为的性质和情节等因素，在50万元的法定幅度范围内酌情确定赔偿的数额。此外，权利人为调查、制止侵权所支付的合理费用，也在法律规定的赔偿之列。

对于著作权人而言，举证侵权人的非法获利是极为困难的，所以在诉讼中多数著作权人选择举证实际损失。一般情况下，法院计算著作权人的实际损失可以按照侵权行为发生后其利润减少的数量为依据；也可依据原告合理的许可使用费计算，但必须由著作权人承担举证责任，提交的证明也应当与损失额及合理许可使用费具有直接对应的关系。

　　本案中，单田芳艺术公司提供了其与案外人鸿达以太公司 2001 年签订的一份协议，意图通过协议表明单田芳 2 部评书作品用于录制电子出版物的合理许可使用费为 4.5 万元，并指出按照当时经济水平计算，18 部评书的许可使用费应当是 40.5 万元；且随着经济发展，涉诉时许可使用费必然高出 40.5 万元。此外，单田芳艺术公司还指出，黑龙江单田芳广播书场随播广告的价格是 10 万元/月，涉诉侵权产品销售遍及黑龙江省，购买者因此不需要再收听广播，必然因收听率下降导致广告费下降，势必给单田芳造成经济损失。但法院认为单田芳艺术公司提交的证据不足以作为确定实际损失的依据。首先，其与案外人鸿达以太公司签订的协议，是关于制作电子出版物的授权，许可价格包括制作权、出版发行权、网络传播权、在包装和宣传中使用单田芳肖像和签名的权利，而本案肯度公司除了有销售侵权作品的行为外，没有其他侵犯单田芳著作权的行为，因此，从该协议中反映的版权许可价格与侵权行为的合理许可使用费没有直接对应关系；其次，根据协议，鸿达以太公司获得单田芳 2 部评书三年非专有许可使用权，而肯度公司销售侵权制品的时间为五个月，即便按照协议标准计算，单部作品、单项权利在一年内的许可使用费也无法达到单田芳公司主张的 2.25 万元；再次，该协议缺乏已经履行的相关证据，也不足以证实其与鸿达以太公司的授权行为真实有效。此外，就单田芳艺术公司提出参照广告费收入确定实际损失的主张，因为单田芳艺术公司起诉的侵权行为是销售，该行为造成的后果应该是该公司同类产品销售收入的减少，与广告经营收入没有必然联系，所以，按照现行法律无法得到支持。

　　综合以上因素，终审法院认为单田芳公司提供的证据不能准确证明其实际损失的具体数额，在违法所得额亦无法准确计算的情况下，只有综合侵权行为性质、侵权人主观过错、侵权行为持续时间、地域范围和造成的后果，以及为制止侵权行为多支付的必要、合理开支，依法确定了 1.5 万元的赔偿数额。

【案件启示】

一、证明实际损失需有准确的证据支撑

在司法诉讼活动中，著作权人希望通过主张"实际损失"的方式，获得较高数额的赔偿，但按照我国现行法律制度和司法解释关于举证责任分配的规定，著作权人因侵权行为遭受的损失应当由其自己举证证明，且相关证据一定要与损失额的计算有对应关系或起到直接参照作用，才能被法院支持。实践中，许多著作权人由于法律知识和诉讼技巧的不足，难以提供易被法院采信，又对己方有利的证据。以本案为例，单田芳公司虽出具了与案外人的评书作品许可使用协议，但该协议在许可权利种类、周期、地域等关键内容上与案件的侵权行为不具有可比性，未被采信。但如果单田芳公司在诉讼前，与其他销售商签有类似的正版制品发行销售合同，并能证明复制品销量减少的数量或者因侵权行为导致许可使用合同不能履行或难以正常履行产生的预期利润损失，则法院判决的赔偿额可能会有较大的变化。

二、在司法诉讼中主张高赔偿额应谨慎

我国现行民事赔偿推行的是权利人损失多少，侵权人就赔偿多少的"填平主义"原则。相对于惩罚性原则，"填平原则"执行较低的赔偿标准。而广大文艺家普遍认为作品凝聚了自己的情感、智慧、时间与精力，对盗版有切肤之痛，希望通过高额处罚和赔偿震慑侵权，因而容易产生情与法的矛盾。但人民法院进行司法活动，以事实为依据，以法律为准绳，文艺家应理性开展维权诉讼，切勿因愤恨情绪而随意主张高额赔偿。因为，主张高额赔偿将使得诉讼费等比增长，律师费等相关开支也很有可能增加，如果没有足够充分的证据支撑赔偿数额，就很容易出

现"赢了官司，不赢钱"的情况。

三、文化产品销售商需加强确权意识

当前，侵权盗版分子的侵权技术和方法越来越先进，手段和方式越来越隐蔽，一方面让文艺家难以发现和识别；另一方面，也蒙蔽了不少文化产品销售商，让披着"正版"外衣的侵权制品通过难以察觉的方式流入文化市场，从中渔利，损害的却是艺术家和守法经营者的利益。与此同时，随着市场经济的深入，文化产品销售商通过资产置换、欠款抵账、财产质押方式收货的情况也越来越多，这些产品鱼龙混杂，不少涉嫌侵权。文化产品销售商稍有不慎，就有可能成为盗版者的"替罪羊"，承担侵权赔偿责任。因此，广大文化产品销售商应擦亮眼睛，在验货环节，加强确权意识和有关能力的培养。在日常采购中，尽量选择来自正规出版单位和合法渠道的出版物，并保留采购票据；在通过其他途径收货时，如对方无法提供来自具有《出版物经营许可证》发行机构出具的原始票据凭证，则尽量让其提供授权凭证；遇到售价高昂的名人、名家专著、专辑时，更应谨慎，可通过文联、相关集体管理组织联系著作权人，核对授权信息。如存在侵权隐患，建议及时退货或与产品出让方协商，承担损失。通过以上途径，树立"懂法、守法"意识，在保障自身权益的同时，进一步保障艺术家的合法权益，促进文化市场的健康有序发展。

（撰写：马力海、闫晓璐）

舞蹈作品《千手观音》侵犯《吉祥天女》著作权纠纷案

【案情介绍】

2005年的春晚,舞蹈作品《千手观音》一炮走红,打动了亿万观众的心。春晚之后,《千手观音》进行了著作权登记,作者为张继钢。2006年9月22日,原战友歌舞团著名编导茅迪芳将总政歌舞团团长张继钢、中国残疾人艺术团告上法庭,起诉《千手观音》抄袭其作品《吉祥天女》。茅迪芳表示:《千手观音》的创意来源于自己二十年前的作品《吉祥天女》,在将自己1987年版的《吉祥天女》与2005年版的《千手观音》两部作品进行比较后,茅女士认为2005年版的《千手观音》有26处与1987年版的《吉祥天女》的舞蹈动作和设计是完全相同的。

北京市海淀区人民法院经审理认为,《千手观音》与《吉祥天女》是本质上不同的两个舞蹈,不构成实质相似,两者在主题立意、舞蹈结构、音乐、人物形态、舞蹈画面、动作韵律、表演情绪、舞美服饰等各个方面，均存在本质上的不同。海淀区人民法院依照《著作权法》以及《著作权法实施条例》的相关规定，判决驳回原告茅迪芳的全部诉讼请求。

【案件分析】

本案是一起典型的著作权复制权纠纷。根据我国《著作权法》的规定，复制权是指以印刷、复印、拓印、录音、录像、翻录、翻拍等方式将作品制作一份或者多份的权利。

关于著作权复制权纠纷，通常是指一方主张另一方的作品是对自己作品的复制、剽窃。法院在审理这类案件时一般要判断两个要件：1. 被告作品与原告作品构成实质性相似；2. 被告有接触到原告作品的可能。

就本案来说，对于实质性相似要件，原、被告律师有不同看法：

原告律师认为：1. 就作品结构而言，舞段整体性相同的数目多达5处；2. 就作品道具而言：长指甲、手中眼虽然有细节不同，但观效几乎是一样的；3. 就舞蹈的动作语汇而言，例如基本动作、队形变化、舞台流动存在多处一致；4. 就舞蹈作品音乐而言，音乐结构与节奏变化高度相似；5.《吉祥天女》和《千手观音》的大量截图证明二者在静态造型上相似；6. 舞蹈作品保护的是动作的独创性而不是动作的速度。

被告律师认为：1. 舞蹈是动态的艺术，不能拿静止的图片说话；2. 如果从动态形态中比较作品，单一的舞姿、队形、某种音乐质感、某一片段篇章画面、动律出现一致不意味着本质上的相似，当不同的音素组合在一起时，两部作品就发生质的变化。在两部作品中就表现出了这个特点，比如动作相似，但动律不同造成两种艺术效果，再如虽然都是多个舞姿但编排逻辑不同，呈现也完全不一样；3. 两者在主题立意、舞蹈结构、音乐、人物形态、舞蹈画面、动作韵律、表演情绪、舞美服饰等各个方面，均存在本质上的不同，不构成实质性相似。

在本案中，法院认为要从静态比较、动态比较、诸多形式要素间比较等方面进行判断。

一、静态比较

法院在静态比较中通过原告提交的两部作品的姿态对比图认为两部作品动作造型不同，静态造型相同或相似，但不存在"实质性相似"。产生相同或相似造型的原因是：1.有些姿态相似但动作不同；2.在相同或相似的动作中有些动作与佛像图片中的动作相似；3.有些相同或近似的动作来源于其他舞蹈；4.还有些相同或近似的动作来源于京戏或传统舞蹈。

二、动态比较

在动态比较中，法院在相同音乐背景下对两部作品进行比较，并改变作品音乐节奏，使动作速度发生改变后对两部作品进行动态比较。

1.相同音乐背景下两部作品比较，茅迪芳在对比版DVD中都使用《吉祥天女》舞蹈的背景音乐进行比较；2.改变作品音乐节奏，从而使动作速度发生改变（如：对比版DVD中的3分20秒至3分26秒的内容是将2005版《千手观音》中4分24秒至4分27秒"孔雀大开屏"集体造型动作，放慢7秒）。

三、诸多形式要素间进行比较

《吉祥天女》与《千手观音》的背景音乐、舞美、灯光、演员服装等均不相同。音乐、服装、舞美、灯光都可以与动作结合表达特定的主题和思想情感，以音乐为例，当两部作品都使用《吉祥天女》作为舞蹈音乐，这时《千手观音》的动作编排完全无法匹配，且如若按照《吉祥天女》的音乐，必须要对《千手观音》的动作节奏进行改变，即这种相似性是建立在改变某一样本动作的节奏要素上的。又比如，将作品服装进行统一，以《吉祥天女》的服装设计植入《千手观音》的作品中，这时的艺术效果发生了质的改变。因而在进行样本比较时，是一个全态的比较，单独的相似与实质性相似是两个不同的标准，不能否定任何一方的作品具有独创性。

在区分思想与表达的基础上，本案通过对两个作品进行全态比较的过程中，在论证两个作品表达上的"实质性相似"与否用了几个显要要素：1. 姿态造型：《吉祥天女》舞蹈是12只手，4条腿造型，手臂摊开，《千手观音》舞蹈是多人多手，群臂似摩天轮状，两者手腿的数量、造型、手姿均不同；2. 动律：《吉祥天女》舞蹈动作的动律在胯，《千手观音》舞蹈的动律在膝；3. 动势：《吉祥天女》舞蹈动作是起势，《千手观音》舞蹈动作是落式；4. 节奏：单一瞬间动作与由单一动作动机发展变化或持续几倍时间（3分钟）；5. 速度：把原动作进行速度改变，使动作的本质发生改变。原告（茅迪芳）在对比版DVD中，进行了舞蹈动作速度的处理，速度上的形变，使双方样本的动作慢放或快进从而造成某种视觉上的错觉，这种相似性是在不忠于原作品事实的基础上的；6. 音乐：在不同音乐背景下呈现动作，动作品质改变。原告（茅迪芳）在对比版DVD中以《吉祥天女》的音乐为背景分析《千手观音》的部分舞动；7. 连接：两个以上连续性的舞蹈动作可表达某一特定情绪、意思、特点、形象或具有符号象征意味的完整动作片段的比较；8. 手部设计：长指甲和手中眼。《吉祥天女》中的手中眼是红色铁质物，象征着红宝石，被告舞蹈中的手中眼有眼白、眼珠，突出"千眼"形象；9. 音、灯、服、美：舞蹈的背景音乐、舞美、灯光、演员服装等均不相同。

【案件启示】

包括舞蹈作品在内的各种文学艺术作品的创作都离不开借鉴，可以说创作本身就是对前人作品素材的创造性组合，任何创作中或多或少都能找到前人作品的影子。因此，一方面，借鉴对于文艺创作很重要，另一方面，剽窃不仅为文艺工作者所不齿，也是《著作权法》所明令禁止的行为。那么如何正当地借鉴前人作品，既随心所欲又不逾矩成为广大文艺工作者们应当搞清楚的问题。正如上文所说，前人作品中不是所有的内容都受到《著作权法》的保护，思想表达二分法、合并原则、公有领域等制度都给借鉴指引了合法的路径。

大胆借鉴他人思想，避免使用他人表达。思想不受作者垄断，表达才受到作者的垄断。因此，可以大胆地借鉴他人的思想，避免使用他人的表达。思想是指仅存在于人大脑中的智力活动的结果。美国版权法第102条第2款对思想的外延进行了界定，即"作品中一切属于想法、程序、过程、系统、运作方法、概念、原理及发现的部分"。因此，像舞蹈作品中的创意、主旨、立意等等都不受到保护，被告律师所主张的"两者在主题立意相同"也就没有意义，因为主题立意本身就不为作者所垄断，他人当然可以任意"抄袭"，而不构成侵权。相反，表达则是《著作权法》保护的核心，因此广大文艺工作者在进行创作时，要避免使用他人的表达，如特定的语句，特定的人物造型，特定的场景设置等等，这些都为作者所垄断，未经许可不得使用。

大胆使用通用表达。虽然表达是《著作权法》所保护的对象，为作者所垄断，但是对于一些内容的表达已经形成了通用、惯用的形式，或者对同一思想采用另一种表达明显要造成更多的成本等等，这种表达和思想在实践中形成了"合为一体"的状态，不能够拆分，或者拆分明显不合理，这时这种表达不能被垄断，否则就会造成人们难以正当表达其思想的结果，这就是《著作权法》理论上的合并原则。这种情况往往出现在科学、技术领域。例如《著作权法》第五条第一款第三项规定历法、通用数表、通用表格和公式不受《著作权法》的保护。又如舞蹈作品中的四分之一拍、四分之三拍等等都是通用的表达，不被独占，适用合并原则。

大胆借鉴已过著作权保护期的表达，但要注意注明来源。著作权中的多数权利内容是有期限的，《著作权法》第二十条规定："作者的署名权、修改权、保护作品完整权的保护期不受限制。"第二十一条规定："公民的作品，其发表权、本法第十条第一款第（五）项至第（十七）项规定的权利的保护期为作者终生及其死亡后五十年，截止于作者死亡后第五十年的 12 月 31 日；如果是合作作品，截止于最后死亡的作者死亡后第五十年的 12 月 31 日。法人或者其他组织的作品、著作权（署名权除外）由法人或者其他组织享有的职务作品，其发表权、本法第十条第一款第（五）项至第（十七）项规定的权利的保护期为五十年，截止于作品首次发表后第五十年的 12 月 31 日，但作品自创作完成后五十年内未发表的，本法不再保护。电影作品和以类似摄制电影的方法创作的作品、摄影作品，其发表权、本法第十条第一款第（五）项至第（十七）项规定的权利的保护期为五十年，截止于作品首次发表后第五十年的 12 月 31 日，但作品自创作完成后五十年内未发表的，本法不再保护。"因此对于已经过了保护期的作品（如电影作品发表之后的第五十一年的 1 月 1 日起），可以不经作者许可就进行复制、改编、放映等等，但是要注意表明该作品的作者，不得用侮辱的方式使用该作品。一旦过了保护期，作品即进入公有领域，大家都可以使用，广大文艺工作者可以放心地进行使用他人已过保护期的作品。

（案例提供：中国舞蹈家协会　撰写：张萍　修改：闫晓璐）

舞剧《大梦敦煌》剧本侵犯小说著作权纠纷案

【案情介绍】

1987年,许维根据传奇故事及有关史料,以敦煌为题材创作了《沙月恨》等6篇小说并汇集成册,以《敦煌传奇》为书名,由甘肃人民出版社出版。该书于1988年获全国少数民族省区文艺读物优秀图书一等奖,1990年11月出版社重新设计封面,增加彩色插图后再版。1991年,该书获甘肃省委、省政府颁发的第二届甘肃省优秀图书奖。

1998年10月,由北京舞蹈学院教授陈维亚担任总编导、总政歌舞团团长张千一担任作曲,中国艺术研究院舞蹈研究所所长冯双白参与舞剧《敦煌》第一稿的文字撰写,由中央及地方的名家一同组成了该舞剧的创作班子。经过采风、研讨等活动,于1998年形成了舞剧的第一稿轮廓。同年11月北京歌舞剧院又邀请了总政歌舞团编导赵大鸣参与文学剧本的修改工作。至1999

年11月，四幕古典舞剧《大梦敦煌》文学剧本完成。《大梦敦煌》文学剧本完成后，总编导陈维亚开始了舞剧音乐长度表即舞剧《大梦敦煌》的结构台本的撰写。国家级作曲家张千一根据舞剧结构台本的要求，和青年作曲家张小平、张宏光三人共同创作完成了舞剧的音乐创作。总编导陈维亚及助理沈晨和北京歌舞剧院的卢家驹、万长徵、杜筱梅三位编导共同创作完成了舞剧的舞蹈设计和编排。国家一级舞美设计师高广健和北京歌舞剧院舞美设计师李建国共同创作完成了舞剧的舞台美术创作。后又聘请舞美、灯光、服装等国家级设计师完成一系列的制作。

2000年4月24日，舞剧《大梦敦煌》在北京中国剧院首演，之后开始了在全国各地乃至世界各地的演出。

许维看到该剧演出时，认为该剧在人物设置、故事情节和故事反映的年代上是对《沙月恨》的剽窃和翻版。后许维发现舞剧的"说明书"的主创人员名单上写着编剧赵大鸣（执笔）、苏孝林。嗣后，许维对《大梦敦煌》版权问题向有关部门提出质疑，未果。2002年6月，许维以歌舞剧院、苏孝林、赵大鸣侵犯其小说《沙月恨》的著作权为由提起诉讼。

审理中，法院还委托中国版权保护中心对小说《沙月恨》与舞剧《大梦敦煌》两部作品的异同作出对比鉴定。合议庭归纳本案的争议焦点为：1.《大梦敦煌》在创作前，许维和苏孝林是否有过接触，是否谈到过小说《沙月恨》的故事情节；2.《大梦敦煌》的创作过程及创作内容是否真实；3.小说《沙月恨》和舞剧《大梦敦煌》的时代背景、故事情节、具体人物设置、故事情节的发展线索是否相同；4.舞剧《大梦敦煌》是否侵犯了小说《沙月恨》的著作权，被告是否应当因此承担停止侵权、赔偿50万元经济损失及10万元精神损失费的法律责任。

该案经历了许维一审败诉，许维上诉、发回重审后，最终以原、被告达成和解，许维撤诉而了结。

【案件分析】

本案是一起舞剧剧本是否侵犯小说作品著作权的案例。舞剧《大梦敦煌》剧本与小说《沙月恨》在诸多方面的相似性是引发这起纠纷的主要原因。

舞剧《大梦敦煌》与小说《沙月恨》同属叙事类文艺作品,由时代背景、地理环境、主要人物设置及相互关系、故事情节、主题思想、故事脉络主干等内容表现出的相关性,成为案件庭审过程中的焦点。这个案件比较集中地反映了持文学创作视角的剧作者和持舞蹈创作视角的编导,对舞剧核心价值各自偏守一隅的认知角度。我们通过案件庭审的内容对比一下由被告舞剧编导方、原告文学作品方、法院、中国版权保护中心鉴定委员会等不同方面,对于该案件反映出的舞剧与文学创作之间存在的主要观点分歧。

一、舞剧编导立场

1. 舞蹈创作与文学创作不能相互混淆,文学台本或故事情节是用舞蹈讲故事的一个前提基础,但不是主要的审美对象。除了一个优秀的文学台本,独具匠心的舞蹈设计,选择调用适宜的其他艺术手段并协调统一进行创作,这一切的总和才能最终构成一个完整的舞蹈或者舞剧作品。

2. 大型舞剧制作需要在人力、财力、物力、时间各方面的投入,符合"额头上的汗水"原则。舞剧结构上一般分为四幕八场,每一场都有若干舞段,包含独舞、双人舞、三人舞、群舞等各种舞段模式、场面调度与编舞总量远远大于文字内容的表述,需要一个庞杂的组织机构才能运转。而大型舞剧作为综合舞台艺术形式,不是各艺术手段独立创作的内容的简单合并的关系,而是需要一个"总导演"进行总体布局与把握,需要在总导演全面艺术操控能力的基础上完成一个完整的作品,这是大型舞剧的特点。

3. 即使完全按故事去编舞剧,也无法避免一个崭新的创作过程,因为观众看到的已经不是用文字表达的故事，而是一台用音乐、舞蹈以及舞台美术构成的戏剧。故事从它变成舞剧的那一刻起，便有了脱胎换骨的改变。

二、文学创作者立场

1.文学是母体，是戏剧、影视和舞剧创作的源头。在文艺创作中，经常发生从文学原创作品中改编、演绎为电影、戏剧、舞剧等形式的文艺作品的侵权行为。这就需要不同艺术门类的专家共同作出鉴定。由于本案是涉及舞剧对小说的剽窃，为了防止艺术门类保护主义的发生，本案的鉴定委员会应该由有较高文艺理论水平和较强创作实践的文学方面的专家（作家）与舞剧编导共同组成，尤其是要有较强创作实践的文学方面的专家（作家）的参与。

2.《沙月恨》与《大梦敦煌》完全讲述的是同一个故事，是在没有任何史传记载和民间故事作依据的情况下，存在四个相似之处：（1）文本是对同一个时空环境下的故事进行创作，即时代与地域均不谋而合；（2）主要人物角色的设计与人物之间的关系高度一致；（3）故事的起承转合，即情节发展脉络一致；（4）具体的情节与戏剧冲突一致。此外依据相似性判定原则中的"接触性"，双方存在接触事实，被告创作者与原告创作者在准备创作《大梦敦煌》之前有过具体的沟通与接触，并由原告设想描述过文本内容。

3.本案属于既改变作品类型，又利用小说文本原创的情节、内容，改头换面后当做自己独立创作的高级抄袭。从小说到舞剧的创作实质上是进行了形式转变，把由文字语言构成的文本表达，变换成由舞蹈动作完成的身体语言的表达。当然，有一些具体的情节表达上进行的变换具有隐蔽性，但并不能否认两个作品实质内容的一致，即巧妙地完成了高级抄袭。

三、中国版权保护中心鉴定委员会

依据"关于《沙月恨》与《大梦敦煌》异同性比对鉴定报告"（第

056号）所出具的鉴定结论："通过比对，我们认为《沙月恨》和舞剧《大梦敦煌》均是以爱情悲剧为主线，并且在女主人公名字以及一些故事情节上存在相似之处，但两作品在故事情节发展线索，具体人物刻画以及主要情节表达上都是不相同的。"

四、法庭议定

综合原、被告双方的观点及鉴定结论，法院认为，小说《沙月恨》和舞剧《大梦敦煌》虽然在故事情节上有相似之处，但两者存在以下不同：1. 两个作品的主题立意不同；2. 两个作品的故事脉络不同；3. 两个作品的人物设置及人物刻画不同；4. 小说是文学叙事而舞剧则是表演者身体的叙事，它用"肢体语言"来表达故事和情感。舞剧除了文学剧本外，还存在着音乐、舞蹈、舞台美术、灯光、服装设计等艺术形式的创造性智力劳动成果。因此小说《沙月恨》和舞剧《大梦敦煌》的表达方式不同。从本案查明的事实和鉴定结论来看，小说《沙月恨》和舞剧《大梦敦煌》看似表达的都是男女主人公的爱情发展变化与结果，但事实上由于艺术手段的完全不同，构成了表达结果呈现与审美价值的巨大差异。因故，舞剧《大梦敦煌》没有构成对小说《沙月恨》著作权的侵犯。

【案件启示】

舞剧创作过程第一核心要素是舞蹈创作的过程。舞剧创作的主体——总导演一般是由舞蹈编导构成，以舞剧创作实践的过程分析（舞剧《大梦敦煌》案例也给出了这个过程的描述）：编导从舞剧创作的先期策划阶段就会进行总体构思——考虑题材选择，即剧本的核心故事内容，按设计的幕场次的操作方式架构情节，整体考虑音乐的质感与色彩，通盘考虑创作人员的班底的搭建等一系列具体的前期工作。总编导会按照舞蹈表现的重点，要求剧作家及其他主创人员以舞段的构思为中心统一思想，这个过程有时甚至表现为总编导在剧作家、舞蹈导演的帮助下自己动手修改舞剧剧本。事实上创作的出发点是围绕着舞蹈进行的，并反映在具体创作中形成舞剧作品的表达，存在着双向建构的事实。

事实上，在关于舞剧著作权的侵权案例中，涉及的典型问题即舞剧著作权的客体对象的内涵与外延均不清晰明确。在实务诉讼过程中，不同的法律人士对具体事实的法律解释确实存在显著差异。原因是立法本身对于作品类型的文字描述存在"舞剧"种类缺失，既有的戏剧概念又不是建立在一个更为广义的剧种概念的基础上。从立法的基本思路上看，就作品类型通过列举的表述给出一个宏观框架，具有足够的包容性，并在具体的案例诉讼过程中运用已有的框架性法律条文，结合必要的专家鉴定，作出具体的司法解释。但是在涉及舞剧著作权侵犯的诉讼过程中，由舞剧艺术形式的综合特性决定其所包容的形式要素涉及的作品种类则跨了文学（剧本）、戏剧（结构）、舞蹈、音乐、美术、雕塑、建筑等多个类别。不同司法机构，以及选取结构不同的专家组成的鉴定机构得出的意见，在某种意义上，违背了《著作权法》的立法初衷，也不利于舞剧艺术的创造。本文认为舞剧作品是舞蹈作品的核心作品类型，因而构成了舞蹈作品著作权保护的一个主要客体对象，厘清舞剧作品的内涵对于界定舞剧作品的保护向度与如何进行保护，提供了必备的理论基础。舞剧《大梦敦煌》与小说《沙月恨》案例反映出持文学创作视角的剧作者和持舞蹈创作视角的编导对舞剧核心价值各自偏守一隅的认知角度。其主要原因不是法律条文是否体现了司法公正的简单层面，而是在已发生的舞剧案例中的司法实践并未同舞剧创作研究本身联系起来，没有解决舞剧创作中的核心价值问题，因而无从体现法律的要旨与公正公平的立法原则。同时法律本身存在的立法规则上的不统一，也进一步证明，《著作权法》理论具体应用是需要各艺术门类补充完善的。

（案例提供：中国舞蹈家协会　撰写：张萍）

中国杂技团有限公司《俏花旦·集体空竹》被侵权案

【案情介绍】

《俏花旦·集体空竹》是中国杂技团代表节目。该节目由中国杂技团导演何晓彬、张瑞静担任编导，系职务作品，著作权归中国杂技团所有。中国杂技团同时委任杜鸣任音乐编配，宋立担任服装设计。

《俏花旦·集体空竹》节目将传统的抖空竹技艺与中国京剧中的"花旦"元素、跳步、碎步圆场、翎子等进行重组编排，具有很强的独创性。该节目于2004年9月创作完成，同年10月在北京市东城区天地剧场首演。2004年11月，在第6届中国武汉光谷国际杂技艺术节上，该节目荣获"黄鹤金奖"；2005年2月，在第26届法国巴黎"明日"世界杂技节上，该节目又以第一名的成绩荣获最高奖——"法兰西共和国总统奖"；2007年，《俏花旦·集体空竹》参加了为全球华人瞩目的中央电视台春节联欢晚会，并在观众最喜爱的节目评选中荣获"戏曲曲艺及其他类节目一等奖"。自问世之后,《俏花旦·集体空竹》作为中国杂技团的品牌节目,多次随中央领导出访各国,承担重要国事活动的演出任务,并频繁参加各种对外文化交流和境内外商业演出,创造了可观的经济收益。

2006年,中国杂技团因改制被撤销,中国杂技团享有的《俏花旦·集体空竹》节目的著作权由中国杂技团有限公司所有,其债权债务亦由中国杂技团有限公司承担。2007年,《俏花旦·集体空竹》节目的三个版本(武汉版、法国版、春晚版)进行了著作权登记。

在《俏花旦·集体空竹》节目赢得广泛喜爱的同时,浙江某杂技团自2006年5月开始在境外演出杂技节目《天女散花·空竹》,该节目在编排、音乐、服饰等方面与中国杂技团的《俏花旦·集体空竹》如出一辙,系仿演"克隆版"。据当地报纸和网站报道,该团空竹节目作为大型杂技专场晚会"天堂风情"的主要节目,曾于2006年5月赴美国纽约、洛杉矶、新泽西州进行交流演出11天;同年7月前往俄罗斯进行商业演出20天。该团团长对记者说,这些节目曾赴意大利、日本、泰国、法国、澳大利亚、英国、荷兰、奥地利、比利时、卢森堡、美国、德国、瑞士等国家及我国港澳地区演出。此类行为给中国杂技团造成了极大的经济、名誉损失。

2007年,中国杂技团有限公司在调查取证并获得了相关证据后,发律师函至浙江某杂技团,告知侵权事宜,并于同年10月24日,举行了《俏花旦·集体空竹》著作权专家论证会。国家版权局、中国文联维权办、中国政法大学的领导和专家,部分多年从事知识产权法律业务的资深律师,《中国文化报》、《中国知识产权报》、《北京日报》、《北京青年报》等媒体记者,以及《俏花旦·集体空竹》的部分主创人员出席会议。与会人士从各个角度对案情进行了认真讨论与深入分析。之后,《中国文化报》、《中国知识产权报》、《北京日报》、《北京青年报》等媒体对该事件进行了报道,中国保护知识产权网、中国知识产权在线、浙江文化信息网等多家网站进行了转载。

该事件在中国杂技界产生了不小的影响。之后，中国杂技团有限公司考虑到同行间的影响，本着情、理、法相统一的原则，未将该事件诉诸法庭，而是与该团进行了深入有效的沟通，之后该团体未再演出该空竹节目。

2010年，《俏花旦·集体空竹》节目因其突出的独创性和中国杂技团有限公司对该节目著作权卓有成效的保护，荣获"世界知识产权组织版权金奖"。

【案件分析】

中国杂技团一直以来对原创节目及剧目的知识产权保护工作非常重视。2007年，自发现《俏花旦·集体空竹》节目被侵权后，就积极搜集了大量证据，如编导关于《俏花旦·集体空竹》属于职务作品的声明，《俏花旦·集体空竹》音乐创作、服装设计著作权归属协议，《俏花旦·集体空竹》首演录像光盘，演出各项获奖证书、视频等，《俏花旦·集体空竹》服饰设计照片，浙江某杂技团该空竹节目录像光盘，《俏花旦·集体空竹》与该空竹节目编排文字与编排相同点说明，《俏花旦·集体空竹》与该空竹节目音乐相同点文字说明等资料，为侵权诉讼进行充分准备，然后发律师函至浙江某杂技团。

同时，中国杂技团也充分意识到这一事件不仅仅是杂技团体之间的简单模仿、抄袭，缺乏知识产权意识，缺乏对原创作品的尊重已经成为影响杂技界发展的一个重要因素。该侵权案件可作为杂技知识产权方面的典型案例，展开深入讨论，唤起业内人士对知识产权问题的重视。因此，同年10月24日，中国杂技团有限公司邀请知识产权部门及法律方面人士，举行了《俏花旦·集体空竹》著作权专家论证会。

论证会上，中国杂技团有限公司的领导介绍了案情，并出示了相关证据。与会领导、专家以及媒体代表就此进行了认真讨论和深入分析，一致认为，中国杂技团投入大量人力、物力、财力创排的《俏花旦·集体空竹》，是创意独特、近乎完美的艺术精品，依据相关法律，中国杂技团有限公司享有其著作权。浙江某杂技团演出克隆版的空竹节目，在所演出的杂技项目——空竹一致的情况下，仿用了《俏花旦·集体空竹》的独创编排，包括京剧花旦跳步、碎步圆场、上下场顺序、动作连接、队形等，还配以《俏花旦·集体空竹》专门设计的服饰、伴奏音乐、灯光舞美等，使得两个节目极为相似，极易造成一般观众的混淆。此举既未取得中国杂技团有限公司的许可，亦未支付报酬，违反了《著作权法》相关条款规定，显然侵犯了中国杂技团有限公司享有的著作权。

虽然最后未被诉诸法庭，但是中国杂技团有限公司维护自身合法权益的行为得到了来自上级单位以及社会各界的支持。这一事件通过舆论宣传给业界带来的影响力已经远远超过了案件本身。

【案件启示】

在《俏花旦·集体空竹》著作权事件讨论中，也引发了知识产权管理部门及法律方面专家对杂技节目著作权保护问题的深入思考，比如杂技节目的版权保护究竟保护什么等问题。中国杂技团有限公司始终认为，拥有自主知识产权的文化产品乃企业核心竞争力之所在，系企业生存、发展的命脉，也是支持杂技行业良性发展的关键。保护知识产权是规范文化市场秩序、发展文化创意产业、保护民族文化创新的客观需要，是文艺工作者共同的责任。

长期以来杂技行业内知识产权观念比较淡漠，中国杂技团有限公司率先在同行业内发起维权行动，不但是维护自身合法权益的需要，其激起的关于杂技节目著作权的讨论，有着深入的意义。中国杂技团有限公司也希望同行单位能够尊重他人的艺术创作成果和享有的著作权，在同行业之间形成良性的交流机制。

（案例提供：中国杂技家协会）

法律汇编

法律汇编

【法律】

中华人民共和国民法通则

（1986年4月12日第六届全国人民代表大会第四次会议通过 根据2009年8月27日第十一届全国人民代表大会常务委员会第十次会议《关于修改部分法律的决定》修正）

第一章 基本原则

第一条 为了保障公民、法人的合法的民事权益，正确调整民事关系，适应社会主义现代化建设事业发展的需要，根据宪法和我国实际情况，总结民事活动的实践经验，制定本法。

第二条 中华人民共和国民法调整平等主体的公民之间、法人之间、公民和法人之间的财产关系和人身关系。

第三条 当事人在民事活动中的地位平等。

第四条 民事活动应当遵循自愿、公平、等价有偿、诚实信用的原则。

第五条 公民、法人的合法的民事权益受法律保护，任何组织和个人不得侵犯。

第六条　民事活动必须遵守法律，法律没有规定的，应当遵守国家政策。

第七条　民事活动应当尊重社会公德，不得损害社会公共利益，破坏国家经济计划，扰乱社会经济秩序。

（注：根据 2009 年 8 月 27 日发布的《全国人民代表大会常务委员会关于修改部分法律的决定》，此条修改为"民事活动应当尊重社会公德，不得损害社会公共利益，扰乱社会经济秩序。"）

第八条　在中华人民共和国领域内的民事活动，适用中华人民共和国法律，法律另有规定的除外。

本法关于公民的规定，适用于在中华人民共和国领域内的外国人、无国籍人，法律另有规定的除外。

第二章　公民（自然人）

第一节　民事权利能力和民事行为能力

第九条　公民从出生时起到死亡时止，具有民事权利能力，依法享有民事权利，承担民事义务。

第十条　公民的民事权利能力一律平等。

第十一条　18 周岁以上的公民是成年人，具有完全民事行为能力，可以独立进行民事活动，是完全民事行为能力人。

16 周岁以上不满 18 周岁的公民，以自己的劳动收入为主要生活来源的，视为完全民事行为能力人。

第十二条　10 周岁以上的未成年人是限制民事行为能力人，可以进行与他的年龄、智力相适应的民事活动；其他民事活动由他的法定代理人代理，或者征得他的法定代理人的同意。

不满 10 周岁的未成年人是无民事行为能力人，由他的法定代理人代理民事活动。

第十三条　不能辨认自己行为的精神病人是无民事行为能力人，由他的法定代理人代理民事活动。

不能完全辨认自己行为的精神病人是限制民事行为能力人，可以进行与他的精神健康状况相适应的民事活动；其他民事活动由他的法定代理人代理，或者征得他的法定代理人的同意。

第十四条　无民事行为能力人、限制民事行为能力人的监护人是他的法定代理人。

第十五条　公民以他的户籍所在地的居住地为住所，经常居住地与住所不一致的，经常居住地视为住所。

第二节　监　护

第十六条　未成年人的父母是未成年人的监护人。

未成年人的父母已经死亡或者没有监护能力的，由下列人员中有监护能力的人担任监护人：

（一）祖父母、外祖父母；

（二）兄、姐；

（三）关系密切的其他亲属、朋友愿意承担监护责任，经未成年人的父、母的所在单位或者未成年人住所地的居民委员会、村民委员会同意的。

对担任监护人有争议的，由未成年人的父、母的所在单位或者未成年人住所地的居民委员会、村民委员会在近亲属中指定。对指定不服提起诉讼的，由人民法院裁决。

没有第一款、第二款规定的监护人的，由未成年人的父、母的所在单位或者未成年人住所地的居民委员会、村民委员会或者民政部门担任监护人。

第十七条　无民事行为能力或者限制民事行为能力的精神病人，由下列人员担任监护人：

（一）配偶；

（二）父母；

（三）成年子女；

（四）其他近亲属；

（五）关系密切的其他亲属、朋友愿意承担监护责任，经精神病人的所在单位或者住所地的居民委员会、村民委员会同意的。

对担任监护人有争议的，由精神病人的所在单位或者住所地的居民委员会、村民委员会在近亲属中指定。对指定不服提起诉讼的，由人民法院裁决。

没有第一款规定的监护人的，由精神病人的所在单位或者住所地的居民委员会、村民委员会或者民政部门担任监护人。

第十八条　监护人应当履行监护职责，保护被监护人的人身、财产及其他合法权益，除为被监护人的利益外，不得处理被监护人的财产。

监护人依法履行监护的权利，受法律保护。

监护人不履行监护职责或者侵害被监护人的合法权益的，应当承担责任；给被监护人造成财产损失的，应当赔偿损失。人民法院可以根据有关人员或者有关单位的申请，撤销监护人的资格。

第十九条　精神病人的利害关系人，可以向人民法院申请宣告精神病人为无民事行为能力人或者限制民事行为能力人。

被人民法院宣告为无民事行为能力人或者限制民事行为能力人的，根据他健康恢复的状况，经本人或者利害关系人申请，人民法院可以宣告他为限制民事行为能力人或者完全民事行为能力人。

第三节　宣告失踪和宣告死亡

第二十条　公民下落不明满2年的，利害关系人可以向人民法院申请宣告他为失踪人。

战争期间下落不明的，下落不明的时间从战争结束之日起计算。

第二十一条　失踪人的财产由他的配偶、父母、成年子女或者关系密切的其他亲属、朋友代管。代管有争议的，没有以上规定的人或者以上规定的人无能力代管的，由人民法院指定的人代管。

失踪人所欠税款、债务和应付的其他费用，由代管人从失踪人的财产中支付。

第二十二条　被宣告失踪的人重新出现或者确知他的下落，经本人或者利害关系人申请，人民法院应当撤销对他的失踪宣告。

第二十三条　公民有下列情形之一的，利害关系人可以向人民法院申请宣告他死亡：

（一）下落不明满4年的；

（二）因意外事故下落不明，从事故发生之日起满2年的。

战争期间下落不明的，下落不明的时间从战争结束之日起计算。

第二十四条　被宣告死亡的人重新出现或者确知他没有死亡，经本人或者利害关系人申请，人民法院应当撤销对他的死亡宣告。

有民事行为能力人在被宣告死亡期间实施的民事法律行为有效。

第二十五条　被撤销死亡宣告的人有权请求返还财产。依照继承法取得他的财产的公民或者组织，应当返还原物；原物不存在的，给予适当补偿。

第四节　个体工商户、农村承包经营户

第二十六条　公民在法律允许的范围内，依法经核准登记，从事工商业经营的，为个体工商户。个体工商户可以起字号。

第二十七条　农村集体经济组织的成员，在法律允许的范围内，按照承包合同规定从事商品经营的，为农村承包经营户。

第二十八条　个体工商户、农村承包经营户的合法权益，受法律保护。

第二十九条　个体工商户、农村承包经营户的债务，个人经营的，以个人财产承担；家庭经营的，以家庭财产承担。

第五节　个人合伙

第三十条　个人合伙是指两个以上公民按照协议，各自提供资金、实物、技术等，合伙经营、共同劳动。

第三十一条　合伙人应当对出资数额、盈余分配、债务承担、入伙、退伙、合伙终止等事项，订立书面协议。

第三十二条　合伙人投入的财产，由合伙人统一管理和使用。

合伙经营积累的财产，归合伙人共有。

第三十三条　个人合伙可以起字号，依法经核准登记，在核准登记的经营范围内从事经营。

第三十四条 个人合伙的经营活动，由合伙人共同决定，合伙人有执行和监督的权利。

合伙人可以推举负责人。合伙负责人和其他人员的经营活动，由全体合伙人承担民事责任。

第三十五条 合伙的债务，由合伙人按照出资比例或者协议的约定，以各自的财产承担清偿责任。

合伙人对合伙的债务承担连带责任，法律另有规定的除外。偿还合伙债务超过自己应当承担数额的合伙人，有权向其他合伙人追偿。

第三章 法　人

第一节　一般规定

第三十六条 法人是具有民事权利能力和民事行为能力，依法独立享有民事权利和承担民事义务的组织。

法人的民事权利能力和民事行为能力，从法人成立时产生，到法人终止时消灭。

第三十七条 法人应当具备下列条件：

（一）依法成立；

（二）有必要的财产或者经费；

（三）有自己的名称、组织机构和场所；

（四）能够独立承担民事责任。

第三十八条 依照法律或者法人组织章程规定，代表法人行使职权的负责人，是法人的法定代表人。

第三十九条 法人以它的主要办事机构所在地为住所。

第四十条 法人终止，应当依法进行清算，停止清算范围外的活动。

第二节　企业法人

第四十一条 全民所有制企业、集体所有制企业有符合国家规定的资金数额,有组织章程、组织机构和场所,能够独立承担民事责任,经主管机关核准登记,取得法人资格。

在中华人民共和国领域内设立的中外合资经营企业、中外合作经营企业和外资企业,具备法人条件的,依法经工商行政管理机关核准登记,取得中国法人资格。

第四十二条 企业法人应当在核准登记的经营范围内从事经营。

第四十三条 企业法人对它的法定代表人和其他工作人员的经营活动,承担民事责任。

第四十四条 企业法人分立、合并或者有其他重要事项变更,应当向登记机关办理登记并公告。

企业法人分立、合并,它的权利和义务由变更后的法人享有和承担。

第四十五条 企业法人由于下列原因之一终止:

(一)依法被撤销;

(二)解散;

(三)依法宣告破产;

(四)其他原因。

第四十六条 企业法人终止,应当向登记机关办理注销登记并公告。

第四十七条 企业法人解散,应当成立清算组织,进行清算。企业法人被撤销、被宣告破产的,应当由主管机关或者人民法院组织有关机关和有关人员成立清算组织,进行清算。

第四十八条 全民所有制企业法人以国家授予它经营管理的财产承担民事责任。集体所有制企业法人以企业所有的财产承担民事责任。中外合资经营企业法人、中外合作经营企业法人和外资企业法人以企业所有的财产承担民事责任,法律另有规定的除外。

第四十九条 企业法人有下列情形之一的,除法人承担责任外,对法定代表人可以给予行政处分、罚款,构成犯罪的,依法追究刑事责任:

(一)超出登记机关核准登记的经营范围从事非法经营的;

（二）向登记机关、税务机关隐瞒真实情况、弄虚作假的；

（三）抽逃资金、隐匿财产逃避债务的；

（四）解散、被撤销、被宣告破产后，擅自处理财产的；

（五）变更、终止时不及时申请办理登记和公告，使利害关系人遭受重大损失的；

（六）从事法律禁止的其他活动，损害国家利益或者社会公共利益的。

第三节 机关、事业单位和社会团体法人

第五十条 有独立经费的机关从成立之日起，具有法人资格。

具备法人条件的事业单位、社会团体，依法不需要办理法人登记的，从成立之日起，具有法人资格；依法需要办理法人登记的，经核准登记，取得法人资格。

第四节 联 营

第五十一条 企业之间或者企业、事业单位之间联营，组成新的经济实体，独立承担民事责任、具备法人条件的，经主管机关核准登记，取得法人资格。

第五十二条 企业之间或者企业、事业单位之间联营，共同经营、不具备法人条件的，由联营各方按照出资比例或者协议的约定，以各自所有的或者经营管理的财产承担民事责任。依照法律的规定或者协议的约定负连带责任的，承担连带责任。

第五十三条 企业之间或者企业、事业单位之间联营，按照合同的约定各自独立经营的，它的权利和义务由合同约定，各自承担民事责任。

第四章 民事法律行为和代理

第一节 民事法律行为

第五十四条 民事法律行为是公民或者法人设立、变更、终止民事权利和民事义务的合法行为。

第五十五条 民事法律行为应当具备下列条件：

（一）行为人具有相应的民事行为能力；

（二）意思表示真实；

（三）不违反法律或者社会公共利益。

第五十六条　民事法律行为可以采取书面形式、口头形式或者其他形式。法律规定用特定形式的，应当依照法律规定。

第五十七条　民事法律行为从成立时起具有法律约束力。行为人非依法律规定或者取得对方同意，不得擅自变更或者解除。

第五十八条　下列民事行为无效：

（一）无民事行为能力人实施的；

（二）限制民事行为能力人依法不能独立实施的；

（三）一方以欺诈、胁迫的手段或者乘人之危，使对方在违背真实意思的情况下所为的；

（四）恶意串通，损害国家、集体或者第三人利益的；

（五）违反法律或者社会公共利益的；

（六）经济合同违反国家指令性计划的；

（七）以合法形式掩盖非法目的的。

无效的民事行为，从行为开始起就没有法律约束力。

（注：根据2009年8月27日发布的《全国人民代表大会常务委员会关于修改部分法律的决定》，此条第一款第六项被废止。）

第五十九条　下列民事行为，一方有权请求人民法院或者仲裁机关予以变更或者撤销：

（一）行为人对行为内容有重大误解的；

（二）显失公平的。

被撤销的民事行为从行为开始起无效。

第六十条　民事行为部分无效，不影响其他部分的效力的，其他部分仍然有效。

第六十一条　民事行为被确认为无效或者被撤销后，当事人因该行为取得的财产，应当返还给受损失的一方。有过错的一方应当赔偿对方因此所受的损失，双方都有过错的，应当各自承担相应的责任。

双方恶意串通，实施民事行为损害国家的、集体的或者第三人的利益的，应当追缴双方取得的财产，收归国家、集体所有或者返还第三人。

第六十二条 民事法律行为可以附条件，附条件的民事法律行为在符合所附条件时生效。

第二节 代 理

第六十三条 公民、法人可以通过代理人实施民事法律行为。

代理人在代理权限内，以被代理人的名义实施民事法律行为。被代理人对代理人的代理行为，承担民事责任。

依照法律规定或者按照双方当事人约定，应当由本人实施的民事法律行为，不得代理。

第六十四条 代理包括委托代理、法定代理和指定代理。

委托代理人按照被代理人的委托行使代理权，法定代理人依照法律的规定行使代理权，指定代理人按照人民法院或者指定单位的指定行使代理权。

第六十五条 民事法律行为的委托代理，可以用书面形式，也可以用口头形式。法律规定用书面形式的，应当用书面形式。

书面委托代理的授权委托书应当载明代理人的姓名或者名称、代理事项、权限和期间，并由委托人签名或者盖章。

委托书授权不明的，被代理人应当向第三人承担民事责任，代理人负连带责任。

第六十六条 没有代理权、超越代理权或者代理权终止后的行为，只有经过被代理人的追认，被代理人才承担民事责任。未经追认的行为，由行为人承担民事责任。本人知道他人以本人名义实施民事行为而不作否认表示的，视为同意。

代理人不履行职责而给被代理人造成损害的，应当承担民事责任。

代理人和第三人串通，损害被代理人的利益的，由代理人和第三人负连带责任。

第三人知道行为人没有代理权、超越代理权或者代理权已终止还与行为人实施民事行为给他人造成损害的，由第三人和行为人负连带责任。

第六十七条　代理人知道被委托代理的事项违法仍然进行代理活动的，或者被代理人知道代理人的代理行为违法不表示反对的，由被代理人和代理人负连带责任。

第六十八条　委托代理人为被代理人的利益需要转托他人代理的，应当事先取得被代理人的同意。事先没有取得被代理人同意的，应当在事后及时告诉被代理人，如果被代理人不同意，由代理人对自己所转托的人的行为负民事责任，但在紧急情况下，为了保护被代理人的利益而转托他人代理的除外。

第六十九条　有下列情形之一的，委托代理终止：

（一）代理期间届满或者代理事务完成；

（二）被代理人取消委托或者代理人辞去委托；

（三）代理人死亡；

（四）代理人丧失民事行为能力；

（五）作为被代理人或者代理人的法人终止。

第七十条　有下列情形之一的，法定代理或者指定代理终止：

（一）被代理人取得或者恢复民事行为能力；

（二）被代理人或者代理人死亡；

（三）代理人丧失民事行为能力；

（四）指定代理的人民法院或者指定单位取消指定；

（五）由其他原因引起的被代理人和代理人之间的监护关系消灭。

第五章　民事权利

第一节　财产所有权和与财产所有权有关的财产权

第七十一条　财产所有权是指所有人依法对自己的财产享有占有、使用、收益和处分的权利。

第七十二条　财产所有权的取得，不得违反法律规定。

按照合同或者其他合法方式取得财产的，财产所有权从财产交付时起转移，法律另有规定或者当事人另有约定的除外。

第七十三条 国家财产属于全民所有。

国家财产神圣不可侵犯，禁止任何组织或者个人侵占、哄抢、私分、截留、破坏。

第七十四条 劳动群众集体组织的财产属于劳动群众集体所有，包括：

（一）法律规定为集体所有的土地和森林、山岭、草原、荒地、滩涂等；

（二）集体经济组织的财产；

（三）集体所有的建筑物、水库、农田水利设施和教育、科学、文化、卫生、体育等设施；

（四）集体所有的其他财产。

集体所有的土地依照法律属于村农民集体所有，由村农业生产合作社等农业集体经济组织或者村民委员会经营、管理。已经属于乡（镇）农民集体经济组织所有的，可以属于乡（镇）农民集体所有。

集体所有的财产受法律保护，禁止任何组织或者个人侵占、哄抢、私分、破坏或者非法查封、扣押、冻结、没收。

第七十五条 公民的个人财产，包括公民的合法收入、房屋、储蓄、生活用品、文物、图书资料、林木、牲畜和法律允许公民所有的生产资料以及其他合法财产。

公民的合法财产受法律保护，禁止任何组织或者个人侵占、哄抢、破坏或者非法查封、扣押、冻结、没收。

第七十六条 公民依法享有财产继承权。

第七十七条 社会团体包括宗教团体的合法财产受法律保护。

第七十八条 财产可以由两个以上的公民、法人共有。

共有分为按份共有和共同共有。按份共有人按照各自的份额，对共有财产分享权利，分担义务。共同共有人对共有财产享有权利，承担义务。

按份共有财产的每个共有人有权要求将自己的份额分出或者转让。但在出售时，其他共有人在同等条件下，有优先购买的权利。

第七十九条 所有人不明的埋藏物、隐藏物，归国家所有。接收单位应当对上缴的单位或者个人，给予表扬或者物质奖励。

拾得遗失物、漂流物或者失散的饲养动物，应当归还失主，因此而支出的费用由失主偿还。

第八十条 国家所有的土地，可以依法由全民所有制单位使用，也可以依法确定由集体所有制单位使用，国家保护它的使用、收益的权利；使用单位有管理、保护、合理利用的义务。

公民、集体依法对集体所有的或者国家所有由集体使用的土地的承包经营权，受法律保护。承包双方的权利和义务，依照法律由承包合同规定。

土地不得买卖、出租、抵押或者以其他形式非法转让。

第八十一条 国家所有的森林、山岭、草原、荒地、滩涂、水面等自然资源，可以依法由全民所有制单位使用，也可以依法确定由集体所有制单位使用，国家保护它的使用、收益的权利；使用单位有管理、保护、合理利用的义务。

国家所有的矿藏，可以依法由全民所有制单位和集体所有制单位开采，也可以依法由公民采挖。国家保护合法的采矿权。

公民、集体依法对集体所有的或者国家所有由集体使用的森林、山岭、草原、荒地、滩涂、水面的承包经营权，受法律保护。承包双方的权利和义务，依照法律由承包合同规定。

国家所有的矿藏、水流，国家所有的和法律规定属于集体所有的林地、山岭、草原、荒地、滩涂不得买卖、出租、抵押或者以其他形式非法转让。

第八十二条 全民所有制企业对国家授予它经营管理的财产依法享有经营权，受法律保护。

第八十三条 不动产的相邻各方，应当按照有利生产、方便生活、团结互助、公平合理的精神，正确处理截水、排水、通行、通风、采光等方面的相邻关系。给相邻方造成妨碍或者损失的，应当停止侵害，排除妨碍，赔偿损失。

第二节 债　权

第八十四条　债是按照合同的约定或者依照法律的规定，在当事人之间产生的特定的权利和义务关系。享有权利的人是债权人，负有义务的人是债务人。

债权人有权要求债务人按照合同的约定或者依照法律的规定履行义务。

第八十五条　合同是当事人之间设立、变更、终止民事关系的协议。依法成立的合同，受法律保护。

第八十六条　债权人为2人以上的，按照确定的份额分享权利。债务人为2人以上的，按照确定的份额分担义务。

第八十七条　债权人或者债务人一方人数为2人以上的，依照法律的规定或者当事人的约定，享有连带权利的每个债权人，都有权要求债务人履行义务；负有连带义务的每个债务人，都负有清偿全部债务的义务，履行了义务的人，有权要求其他负有连带义务的人偿付他应当承担的份额。

第八十八条　合同的当事人应当按照合同的约定，全部履行自己的义务。

合同中有关质量、期限、地点或者价款约定不明确，按照合同有关条款内容不能确定，当事人又不能通过协商达成协议的，适用下列规定：

（一）质量要求不明确的，按照国家质量标准履行，没有国家质量标准的，按照通常标准履行。

（二）履行期限不明确的，债务人可以随时向债权人履行义务，债权人也可以随时要求债务人履行义务，但应当给对方必要的准备时间。

（三）履行地点不明确，给付货币的，在接受给付一方的所在地履行，其他标的在履行义务一方的所在地履行。

（四）价款约定不明确的，按照国家规定的价格履行；没有国家规定价格的，参照市场价格或者同类物品的价格或者同类劳务的报酬标准履行。

合同对专利申请权没有约定的，完成发明创造的当事人享有申请权。

合同对科技成果的使用权没有约定的，当事人都有使用的权利。

第八十九条　依照法律的规定或者按照当事人的约定，可以采用下列方式担保债务的履行：

（一）保证人向债权人保证债务人履行债务，债务人不履行债务的，按照约定由保证人履行或者承担连带责任；保证人履行债务后，有权向债务人追偿。

（二）债务人或者第三人可以提供一定的财产作为抵押物。债务人不履行债务的，债权人有权依照法律的规定以抵押物折价或者以变卖抵押物的价款优先得到偿还。

（三）当事人一方在法律规定的范围内可以向对方给付定金。债务人履行债务后，定金应当抵作价款或者收回。给付定金的一方不履行债务的，无权要求返还定金；接受定金的一方不履行债务的，应当双倍返还定金。

（四）按照合同约定一方占有对方的财产，对方不按照合同给付应付款项超过约定期限的，占有人有权留置该财产，依照法律的规定以留置财产折价或者以变卖该财产的价款优先得到偿还。

第九十条　合法的借贷关系受法律保护。

第九十一条　合同一方将合同的权利、义务全部或者部分转让给第三人的，应当取得合同另一方的同意，并不得牟利。依照法律规定应当由国家批准的合同，需经原批准机关批准。但是，法律另有规定或者原合同另有约定的除外。

第九十二条　没有合法根据，取得不当利益，造成他人损失的，应当将取得的不当利益返还受损失的人。

第九十三条　没有法定的或者约定的义务，为避免他人利益受损失进行管理或者服务的，有权要求受益人偿付由此而支付的必要费用。

第三节　知识产权

第九十四条　公民、法人享有著作权（版权），依法有署名、发表、出版、获得报酬等权利。

第九十五条　公民、法人依法取得的专利权受法律保护。

第九十六条　法人、个体工商户、个人合伙依法取得的商标专用权受法律保护。

第九十七条　公民对自己的发现享有发现权。发现人有权申请领取发现证书、奖金或者其他奖励。

公民对自己的发明或者其他科技成果,有权申请领取荣誉证书、奖金或者其他奖励。

第四节　人身权

第九十八条　公民享有生命健康权。

第九十九条　公民享有姓名权,有权决定、使用和依照规定改变自己的姓名,禁止他人干涉、盗用、假冒。

法人、个体工商户、个人合伙享有名称权。企业法人、个体工商户、个人合伙有权使用、依法转让自己的名称。

第一百条　公民享有肖像权,未经本人同意,不得以营利为目的使用公民的肖像。

第一百零一条　公民、法人享有名誉权,公民的人格尊严受法律保护,禁止用侮辱、诽谤等方式损害公民、法人的名誉。

第一百零二条　公民、法人享有荣誉权,禁止非法剥夺公民、法人的荣誉称号。

第一百零三条　公民享有婚姻自主权,禁止买卖、包办婚姻和其他干涉婚姻自由的行为。

第一百零四条　婚姻、家庭、老人、母亲和儿童受法律保护。

残疾人的合法权益受法律保护。

第一百零五条　妇女享有同男子平等的民事权利。

第六章　民事责任

第一节　一般规定

第一百零六条　公民、法人违反合同或者不履行其他义务的,应当承担民事责任。

公民、法人由于过错侵害国家的、集体的财产,侵害他人财产、人身的,应当承担民事责任。

没有过错,但法律规定应当承担民事责任的,应当承担民事责任。

第一百零七条　因不可抗力不能履行合同或者造成他人损害的，不承担民事责任，法律另有规定的除外。

第一百零八条　债务应当清偿。暂时无力偿还的，经债权人同意或者人民法院裁决，可以由债务人分期偿还。有能力偿还拒不偿还的，由人民法院判决强制偿还。

第一百零九条　因防止、制止国家的、集体的财产或者他人的财产、人身遭受侵害而使自己受到损害的，由侵害人承担赔偿责任，受益人也可以给予适当的补偿。

第一百一十条　对承担民事责任的公民、法人需要追究行政责任的，应当追究行政责任；构成犯罪的，对公民、法人的法定代表人应当依法追究刑事责任。

第二节　违反合同的民事责任

第一百一十一条　当事人一方不履行合同义务或者履行合同义务不符合约定条件的，另一方有权要求履行或者采取补救措施，并有权要求赔偿损失。

第一百一十二条　当事人一方违反合同的赔偿责任，应当相当于另一方因此所受到的损失。

当事人可以在合同中约定，一方违反合同时，向另一方支付一定数额的违约金；也可以在合同中约定对于违反合同而产生的损失赔偿额的计算方法。

第一百一十三条　当事人双方都违反合同的，应当分别承担各自应负的民事责任。

第一百一十四条　当事人一方因另一方违反合同受到损失的，应当及时采取措施防止损失的扩大；没有及时采取措施致使损失扩大的，无权就扩大的损失要求赔偿。

第一百一十五条　合同的变更或者解除，不影响当事人要求赔偿损失的权利。

第一百一十六条　当事人一方由于上级机关的原因，不能履行合同义务的，应当按照合同约定向另一方赔偿损失或者采取其他补救措施，再由上级机关对它因此受到的损失负责处理。

第三节 侵权的民事责任

第一百一十七条 侵占国家的、集体的财产或者他人财产的，应当返还财产，不能返还财产的，应当折价赔偿。

损坏国家的、集体的财产或者他人财产的，应当恢复原状或者折价赔偿。

受害人因此遭受其他重大损失的，侵害人并应当赔偿损失。

第一百一十八条 公民、法人的著作权（版权）、专利权、商标专用权、发现权、发明权和其他科技成果权受到剽窃、篡改、假冒等侵害的，有权要求停止侵害，消除影响，赔偿损失。

第一百一十九条 侵害公民身体造成伤害的，应当赔偿医疗费、因误工减少的收入、残废者生活补助费等费用；造成死亡的，并应当支付丧葬费、死者生前扶养的人必要的生活费等费用。

第一百二十条 公民的姓名权、肖像权、名誉权、荣誉权受到侵害的，有权要求停止侵害，恢复名誉，消除影响，赔礼道歉，并可以要求赔偿损失。

法人的名称权、名誉权、荣誉权受到侵害的，适用前款规定。

第一百二十一条 国家机关或者国家机关工作人员在执行职务中，侵犯公民、法人的合法权益造成损害的，应当承担民事责任。

第一百二十二条 因产品质量不合格造成他人财产、人身损害的，产品制造者、销售者应当依法承担民事责任。运输者、仓储者对此负有责任的，产品制造者、销售者有权要求赔偿损失。

第一百二十三条 从事高空、高压、易燃、易爆、剧毒、放射性、高速运输工具等对周围环境有高度危险的作业造成他人损害的，应当承担民事责任；如果能够证明损害是由受害人故意造成的，不承担民事责任。

第一百二十四条 违反国家保护环境防止污染的规定，污染环境造成他人损害的，应当依法承担民事责任。

第一百二十五条 在公共场所、道旁或者通道上挖坑、修缮安装地下设施等，没有设置明显标志和采取安全措施造成他人损害的，施工人应当承担民事责任。

第一百二十六条　建筑物或者其他设施以及建筑物上的搁置物、悬挂物发生倒塌、脱落、坠落造成他人损害的，它的所有人或者管理人应当承担民事责任，但能够证明自己没有过错的除外。

第一百二十七条　饲养的动物造成他人损害的，动物饲养人或者管理人应当承担民事责任；由于受害人的过错造成损害的，动物饲养人或者管理人不承担民事责任；由于第三人的过错造成损害的，第三人应当承担民事责任。

第一百二十八条　因正当防卫造成损害的，不承担民事责任。正当防卫超过必要的限度，造成不应有的损害的，应当承担适当的民事责任。

第一百二十九条　因紧急避险造成损害的，由引起险情发生的人承担民事责任。如果危险是由自然原因引起的，紧急避险人不承担民事责任或者承担适当的民事责任。因紧急避险采取措施不当或者超过必要的限度，造成不应有的损害的，紧急避险人应当承担适当的民事责任。

第一百三十条　2人以上共同侵权造成他人损害的，应当承担连带责任。

第一百三十一条　受害人对于损害的发生也有过错的，可以减轻侵害人的民事责任。

第一百三十二条　当事人对造成损害都没有过错的，可以根据实际情况，由当事人分担民事责任。

第一百三十三条　无民事行为能力人、限制民事行为能力人造成他人损害的，由监护人承担民事责任。监护人尽了监护责任的，可以适当减轻他的民事责任。

有财产的无民事行为能力人、限制民事行为能力人造成他人损害的，从本人财产中支付赔偿费用。不足部分，由监护人适当赔偿，但单位担任监护人的除外。

第四节　承担民事责任的方式

第一百三十四条　承担民事责任的方式主要有：

（一）停止侵害；

（二）排除妨碍；

（三）消除危险；

（四）返还财产；

（五）恢复原状；

（六）修理、重作、更换；

（七）赔偿损失；

（八）支付违约金；

（九）消除影响、恢复名誉；

（十）赔礼道歉。

以上承担民事责任的方式，可以单独适用，也可以合并适用。

人民法院审理民事案件，除适用上述规定外，还可以予以训诫、责令具结悔过、收缴进行非法活动的财物和非法所得，并可以依照法律规定处以罚款、拘留。

第七章　诉讼时效

第一百三十五条　向人民法院请求保护民事权利的诉讼时效期间为2年，法律另有规定的除外。

第一百三十六条　下列的诉讼时效期间为1年：

（一）身体受到伤害要求赔偿的；

（二）出售质量不合格的商品未声明的；

（三）延付或者拒付租金的；

（四）寄存财物被丢失或者损毁的。

第一百三十七条　诉讼时效期间从知道或者应当知道权利被侵害时起计算。但是，从权利被侵害之日起超过20年的，人民法院不予保护。有特殊情况的，人民法院可以延长诉讼时效期间。

第一百三十八条　超过诉讼时效期间，当事人自愿履行的，不受诉讼时效限制。

第一百三十九条　在诉讼时效期间的最后6个月内，因不可抗力或者其他障碍不能行使请求权的，诉讼时效中止。从中止时效的原因消除之日起，诉讼时效期间继续计算。

第一百四十条　诉讼时效因提起诉讼、当事人一方提出要求或者同意履行义务而中断。从中断时起，诉讼时效期间重新计算。

第一百四十一条　法律对诉讼时效另有规定的，依照法律规定。

第八章　涉外民事关系的法律适用

第一百四十二条　涉外民事关系的法律适用，依照本章的规定确定。

中华人民共和国缔结或者参加的国际条约同中华人民共和国的民事法律有不同规定的，适用国际条约的规定，但中华人民共和国声明保留的条款除外。

中华人民共和国法律和中华人民共和国缔结或者参加的国际条约没有规定的，可以适用国际惯例。

第一百四十三条　中华人民共和国公民定居国外的，他的民事行为能力可以适用定居国法律。

第一百四十四条　不动产的所有权，适用不动产所在地法律。

第一百四十五条　涉外合同的当事人可以选择处理合同争议所适用的法律，法律另有规定的除外。

涉外合同的当事人没有选择的，适用与合同有最密切联系的国家的法律。

第一百四十六条　侵权行为的损害赔偿，适用侵权行为地法律。当事人双方国籍相同或者在同一国家有住所的，也可以适用当事人本国法律或者住所地法律。

中华人民共和国法律不认为在中华人民共和国领域外发生的行为是侵权行为的，不作为侵权行为处理。

第一百四十七条　中华人民共和国公民和外国人结婚适用婚姻缔结地法律，离婚适用受理案件的法院所在地法律。

第一百四十八条　扶养适用与被扶养人有最密切联系的国家的法律。

第一百四十九条　遗产的法定继承，动产适用被继承人死亡时住所地法律，不动产适用不动产所在地法律。

第一百五十条　依照本章规定适用外国法律或者国际惯例的，不得违背中华人民共和国的社会公共利益。

第九章　附　则

第一百五十一条　民族自治地方的人民代表大会可以根据本法规定的原则，结合当地民族的特点，制定变通的或者补充的单行条例或者规定。自治区人民代表大会制定的，依照法律规定报全国人民代表大会常务委员会批准或者备案；自治州、自治县人民代表大会制定的，报省、自治区人民代表大会常务委员会批准。

第一百五十二条　本法生效以前，经省、自治区、直辖市以上主管机关批准开办的全民所有制企业，已经向工商行政管理机关登记的，可以不再办理法人登记，即具有法人资格。

第一百五十三条　本法所称的"不可抗力"，是指不能预见、不能避免并不能克服的客观情况。

第一百五十四条　民法所称的期间按照公历年、月、日、小时计算。

规定按照小时计算期间的，从规定时开始计算。规定按照日、月、年计算期间的，开始的当天不算入，从下一天开始计算。

期间的最后一天是星期日或者其他法定休假日的，以休假日的次日为期间的最后一天。

期间的最后一天的截止时间为24点。有业务时间的，到停止业务活动的时间截止。

第一百五十五条　民法所称的"以上"、"以下"、"以内"、"届满"，包括本数；所称的"不满"、"以外"，不包括本数。

第一百五十六条　本法自1987年1月1日起施行。

中华人民共和国侵权责任法

（2009年12月26日第十一届全国人民代表大会常务委员会第十二次会议通过　2009年12月26日中华人民共和国主席令第21号公布　自2010年7月1日起施行）

第一章　一般规定

第一条　为保护民事主体的合法权益，明确侵权责任，预防并制裁侵权行为，促进社会和谐稳定，制定本法。

第二条　侵害民事权益，应当依照本法承担侵权责任。

本法所称民事权益，包括生命权、健康权、姓名权、名誉权、荣誉权、肖像权、隐私权、婚姻自主权、监护权、所有权、用益物权、担保物权、著作权、专利权、商标专用权、发现权、股权、继承权等人身、财产权益。

第三条　被侵权人有权请求侵权人承担侵权责任。

第四条　侵权人因同一行为应当承担行政责任或者刑事责任的，不影响依法承担侵权责任。

因同一行为应当承担侵权责任和行政责任、刑事责任，侵权人的财产不足以支付的，先承担侵权责任。

第五条　其他法律对侵权责任另有特别规定的，依照其规定。

第二章 责任构成和责任方式

第六条 行为人因过错侵害他人民事权益，应当承担侵权责任。

根据法律规定推定行为人有过错，行为人不能证明自己没有过错的，应当承担侵权责任。

第七条 行为人损害他人民事权益，不论行为人有无过错，法律规定应当承担侵权责任的，依照其规定。

第八条 二人以上共同实施侵权行为，造成他人损害的，应当承担连带责任。

第九条 教唆、帮助他人实施侵权行为的，应当与行为人承担连带责任。

教唆、帮助无民事行为能力人、限制民事行为能力人实施侵权行为的，应当承担侵权责任；该无民事行为能力人、限制民事行为能力人的监护人未尽到监护责任的，应当承担相应的责任。

第十条 二人以上实施危及他人人身、财产安全的行为，其中一人或者数人的行为造成他人损害，能够确定具体侵权人的，由侵权人承担责任；不能确定具体侵权人的，行为人承担连带责任。

第十一条 二人以上分别实施侵权行为造成同一损害，每个人的侵权行为都足以造成全部损害的，行为人承担连带责任。

第十二条 二人以上分别实施侵权行为造成同一损害，能够确定责任大小的，各自承担相应的责任；难以确定责任大小的，平均承担赔偿责任。

第十三条 法律规定承担连带责任的，被侵权人有权请求部分或者全部连带责任人承担责任。

第十四条 连带责任人根据各自责任大小确定相应的赔偿数额；难以确定责任大小的，平均承担赔偿责任。

支付超出自己赔偿数额的连带责任人，有权向其他连带责任人追偿。

第十五条 承担侵权责任的方式主要有：

（一）停止侵害；

（二）排除妨碍；

（三）消除危险；

（四）返还财产；

（五）恢复原状；

（六）赔偿损失；

（七）赔礼道歉；

（八）消除影响、恢复名誉。

以上承担侵权责任的方式，可以单独适用，也可以合并适用。

第十六条 侵害他人造成人身损害的，应当赔偿医疗费、护理费、交通费等为治疗和康复支出的合理费用，以及因误工减少的收入。造成残疾的，还应当赔偿残疾生活辅助具费和残疾赔偿金。造成死亡的，还应当赔偿丧葬费和死亡赔偿金。

第十七条 因同一侵权行为造成多人死亡的，可以以相同数额确定死亡赔偿金。

第十八条 被侵权人死亡的，其近亲属有权请求侵权人承担侵权责任。被侵权人为单位，该单位分立、合并的，承继权利的单位有权请求侵权人承担侵权责任。

被侵权人死亡的，支付被侵权人医疗费、丧葬费等合理费用的人有权请求侵权人赔偿费用，但侵权人已支付该费用的除外。

第十九条 侵害他人财产的，财产损失按照损失发生时的市场价格或者其他方式计算。

第二十条 侵害他人人身权益造成财产损失的，按照被侵权人因此受到的损失赔偿；被侵权人的损失难以确定，侵权人因此获得利益的，按照其获得的利益赔偿；侵权人因此获得的利益难以确定，被侵权人和侵权人就赔偿数额协商不一致，向人民法院提起诉讼的，由人民法院根据实际情况确定赔偿数额。

第二十一条 侵权行为危及他人人身、财产安全的，被侵权人可以请求侵权人承担停止侵害、排除妨碍、消除危险等侵权责任。

第二十二条　侵害他人人身权益，造成他人严重精神损害的，被侵权人可以请求精神损害赔偿。

第二十三条　因防止、制止他人民事权益被侵害而使自己受到损害的，由侵权人承担责任。侵权人逃逸或者无力承担责任，被侵权人请求补偿的，受益人应当给予适当补偿。

第二十四条　受害人和行为人对损害的发生都没有过错的，可以根据实际情况，由双方分担损失。

第二十五条　损害发生后，当事人可以协商赔偿费用的支付方式。协商不一致的，赔偿费用应当一次性支付；一次性支付确有困难的，可以分期支付，但应当提供相应的担保。

第三章　不承担责任和减轻责任的情形

第二十六条　被侵权人对损害的发生也有过错的，可以减轻侵权人的责任。

第二十七条　损害是因受害人故意造成的，行为人不承担责任。

第二十八条　损害是因第三人造成的，第三人应当承担侵权责任。

第二十九条　因不可抗力造成他人损害的，不承担责任。法律另有规定的，依照其规定。

第三十条　因正当防卫造成损害的，不承担责任。正当防卫超过必要的限度，造成不应有的损害的，正当防卫人应当承担适当的责任。

第三十一条　因紧急避险造成损害的，由引起险情发生的人承担责任。如果危险是由自然原因引起的，紧急避险人不承担责任或者给予适当补偿。紧急避险采取措施不当或者超过必要的限度，造成不应有的损害的，紧急避险人应当承担适当的责任。

第四章　关于责任主体的特殊规定

第三十二条　无民事行为能力人、限制民事行为能力人造成他人损害的，由监护人承担侵权责任。监护人尽到监护责任的，可以减轻其侵权责任。

有财产的无民事行为能力人、限制民事行为能力人造成他人损害的，从本人财产中支付赔偿费用。不足部分，由监护人赔偿。

第三十三条　完全民事行为能力人对自己的行为暂时没有意识或者失去控制造成他人损害有过错的，应当承担侵权责任；没有过错的，根据行为人的经济状况对受害人适当补偿。

完全民事行为能力人因醉酒、滥用麻醉药品或者精神药品对自己的行为暂时没有意识或者失去控制造成他人损害的，应当承担侵权责任。

第三十四条　用人单位的工作人员因执行工作任务造成他人损害的，由用人单位承担侵权责任。

劳务派遣期间，被派遣的工作人员因执行工作任务造成他人损害的，由接受劳务派遣的用工单位承担侵权责任；劳务派遣单位有过错的，承担相应的补充责任。

第三十五条　个人之间形成劳务关系，提供劳务一方因劳务造成他人损害的，由接受劳务一方承担侵权责任。提供劳务一方因劳务自己受到损害的，根据双方各自的过错承担相应的责任。

第三十六条　网络用户、网络服务提供者利用网络侵害他人民事权益的，应当承担侵权责任。

网络用户利用网络服务实施侵权行为的，被侵权人有权通知网络服务提供者采取删除、屏蔽、断开链接等必要措施。网络服务提供者接到通知后未及时采取必要措施的，对损害的扩大部分与该网络用户承担连带责任。

网络服务提供者知道网络用户利用其网络服务侵害他人民事权益，未采取必要措施的，与该网络用户承担连带责任。

第三十七条　宾馆、商场、银行、车站、娱乐场所等公共场所的管理人或者群众性活动的组织者，未尽到安全保障义务，造成他人损害的，应当承担侵权责任。

因第三人的行为造成他人损害的，由第三人承担侵权责任；管理人或者组织者未尽到安全保障义务的，承担相应的补充责任。

第三十八条　无民事行为能力人在幼儿园、学校或者其他教育机构学习、生活期间受到人身损害的，幼儿园、学校或者其他教育机构应当承担责任，但能够证明尽到教育、管理职责的，不承担责任。

第三十九条　限制民事行为能力人在学校或者其他教育机构学习、生活期间受到人身损害，学校或者其他教育机构未尽到教育、管理职责的，应当承担责任。

第四十条　无民事行为能力人或者限制民事行为能力人在幼儿园、学校或者其他教育机构学习、生活期间，受到幼儿园、学校或者其他教育机构以外的人员人身损害的，由侵权人承担侵权责任；幼儿园、学校或者其他教育机构未尽到管理职责的，承担相应的补充责任。

第五章　产品责任

第四十一条　因产品存在缺陷造成他人损害的，生产者应当承担侵权责任。

第四十二条　因销售者的过错使产品存在缺陷，造成他人损害的，销售者应当承担侵权责任。

销售者不能指明缺陷产品的生产者也不能指明缺陷产品的供货者的，销售者应当承担侵权责任。

第四十三条　因产品存在缺陷造成损害的，被侵权人可以向产品的生产者请求赔偿，也可以向产品的销售者请求赔偿。

产品缺陷由生产者造成的，销售者赔偿后，有权向生产者追偿。

因销售者的过错使产品存在缺陷的，生产者赔偿后，有权向销售者追偿。

第四十四条　因运输者、仓储者等第三人的过错使产品存在缺陷，造成他人损害的，产品的生产者、销售者赔偿后，有权向第三人追偿。

第四十五条　因产品缺陷危及他人人身、财产安全的，被侵权人有权请求生产者、销售者承担排除妨碍、消除危险等侵权责任。

第四十六条　产品投入流通后发现存在缺陷的，生产者、销售者应当及时采取警示、召回等补救措施。未及时采取补救措施或者补救措施不力造成损害的，应当承担侵权责任。

第四十七条　明知产品存在缺陷仍然生产、销售，造成他人死亡或者健康严重损害的，被侵权人有权请求相应的惩罚性赔偿。

第六章　机动车交通事故责任

第四十八条　机动车发生交通事故造成损害的，依照道路交通安全法的有关规定承担赔偿责任。

第四十九条　因租赁、借用等情形机动车所有人与使用人不是同一人时，发生交通事故后属于该机动车一方责任的，由保险公司在机动车强制保险责任限额范围内予以赔偿。不足部分，由机动车使用人承担赔偿责任；机动车所有人对损害的发生有过错的，承担相应的赔偿责任。

第五十条　当事人之间已经以买卖等方式转让并交付机动车但未办理所有权转移登记，发生交通事故后属于该机动车一方责任的，由保险公司在机动车强制保险责任限额范围内予以赔偿。不足部分，由受让人承担赔偿责任。

第五十一条　以买卖等方式转让拼装或者已达到报废标准的机动车，发生交通事故造成损害的，由转让人和受让人承担连带责任。

第五十二条　盗窃、抢劫或者抢夺的机动车发生交通事故造成损害的，由盗窃人、抢劫人或者抢夺人承担赔偿责任。保险公司在机动车强制保险责任限额范围内垫付抢救费用的，有权向交通事故责任人追偿。

第五十三条　机动车驾驶人发生交通事故后逃逸，该机动车参加强制保险的，由保险公司在机动车强制保险责任限额范围内予以赔偿；机动车不明或者该机动车未参加强制保险，需要支付被侵权人人身伤亡的抢救、丧葬等费用的，由道路交通事故社会救助基金垫付。道路交通事故社会救助基金垫付后，其管理机构有权向交通事故责任人追偿。

第七章　医疗损害责任

第五十四条　患者在诊疗活动中受到损害，医疗机构及其医务人员有过错的，由医疗机构承担赔偿责任。

第五十五条 医务人员在诊疗活动中应当向患者说明病情和医疗措施。需要实施手术、特殊检查、特殊治疗的，医务人员应当及时向患者说明医疗风险、替代医疗方案等情况，并取得其书面同意；不宜向患者说明的，应当向患者的近亲属说明，并取得其书面同意。

医务人员未尽到前款义务，造成患者损害的，医疗机构应当承担赔偿责任。

第五十六条 因抢救生命垂危的患者等紧急情况，不能取得患者或者其近亲属意见的，经医疗机构负责人或者授权的负责人批准，可以立即实施相应的医疗措施。

第五十七条 医务人员在诊疗活动中未尽到与当时的医疗水平相应的诊疗义务，造成患者损害的，医疗机构应当承担赔偿责任。

第五十八条 患者有损害，因下列情形之一的，推定医疗机构有过错：

（一）违反法律、行政法规、规章以及其他有关诊疗规范的规定；

（二）隐匿或者拒绝提供与纠纷有关的病历资料；

（三）伪造、篡改或者销毁病历资料。

第五十九条 因药品、消毒药剂、医疗器械的缺陷，或者输入不合格的血液造成患者损害的，患者可以向生产者或者血液提供机构请求赔偿，也可以向医疗机构请求赔偿。患者向医疗机构请求赔偿的，医疗机构赔偿后，有权向负有责任的生产者或者血液提供机构追偿。

第六十条 患者有损害，因下列情形之一的，医疗机构不承担赔偿责任：

（一）患者或者其近亲属不配合医疗机构进行符合诊疗规范的诊疗；

（二）医务人员在抢救生命垂危的患者等紧急情况下已经尽到合理诊疗义务；

（三）限于当时的医疗水平难以诊疗。

前款第一项情形中，医疗机构及其医务人员也有过错的，应当承担相应的赔偿责任。

第六十一条 医疗机构及其医务人员应当按照规定填写并妥善保管住院志、医嘱单、检验报告、手术及麻醉记录、病理资料、护理记录、医疗费用等病历资料。

患者要求查阅、复制前款规定的病历资料的，医疗机构应当提供。

第六十二条 医疗机构及其医务人员应当对患者的隐私保密。泄露患者隐私或者未经患者同意公开其病历资料，造成患者损害的，应当承担侵权责任。

第六十三条 医疗机构及其医务人员不得违反诊疗规范实施不必要的检查。

第六十四条 医疗机构及其医务人员的合法权益受法律保护。干扰医疗秩序，妨害医务人员工作、生活的，应当依法承担法律责任。

第八章 环境污染责任

第六十五条 因污染环境造成损害的，污染者应当承担侵权责任。

第六十六条 因污染环境发生纠纷，污染者应当就法律规定的不承担责任或者减轻责任的情形及其行为与损害之间不存在因果关系承担举证责任。

第六十七条 两个以上污染者污染环境，污染者承担责任的大小，根据污染物的种类、排放量等因素确定。

第六十八条 因第三人的过错污染环境造成损害的，被侵权人可以向污染者请求赔偿，也可以向第三人请求赔偿。污染者赔偿后，有权向第三人追偿。

第九章 高度危险责任

第六十九条 从事高度危险作业造成他人损害的，应当承担侵权责任。

第七十条 民用核设施发生核事故造成他人损害的，民用核设施的经营者应当承担侵权责任，但能够证明损害是因战争等情形或者受害人故意造成的，不承担责任。

第七十一条 民用航空器造成他人损害的，民用航空器的经营者应当承担侵权责任，但能够证明损害是因受害人故意造成的，不承担责任。

第七十二条 占有或者使用易燃、易爆、剧毒、放射性等高度危险物造成他人损害的，占有人或者使用人应当承担侵权责任，但能够证明损害是因受害人故意或者不可抗力造成的，不承担责任。被侵权人对损害的发生有重大过失的，可以减轻占有人或者使用人的责任。

第七十三条　从事高空、高压、地下挖掘活动或者使用高速轨道运输工具造成他人损害的，经营者应当承担侵权责任，但能够证明损害是因受害人故意或者不可抗力造成的，不承担责任。被侵权人对损害的发生有过失的，可以减轻经营者的责任。

第七十四条　遗失、抛弃高度危险物造成他人损害的，由所有人承担侵权责任。所有人将高度危险物交由他人管理的，由管理人承担侵权责任；所有人有过错的，与管理人承担连带责任。

第七十五条　非法占有高度危险物造成他人损害的，由非法占有人承担侵权责任。所有人、管理人不能证明对防止他人非法占有尽到高度注意义务的，与非法占有人承担连带责任。

第七十六条　未经许可进入高度危险活动区域或者高度危险物存放区域受到损害，管理人已经采取安全措施并尽到警示义务的，可以减轻或者不承担责任。

第七十七条　承担高度危险责任，法律规定赔偿限额的，依照其规定。

第十章　饲养动物损害责任

第七十八条　饲养的动物造成他人损害的，动物饲养人或者管理人应当承担侵权责任，但能够证明损害是因被侵权人故意或者重大过失造成的，可以不承担或者减轻责任。

第七十九条　违反管理规定，未对动物采取安全措施造成他人损害的，动物饲养人或者管理人应当承担侵权责任。

第八十条　禁止饲养的烈性犬等危险动物造成他人损害的，动物饲养人或者管理人应当承担侵权责任。

第八十一条　动物园的动物造成他人损害的，动物园应当承担侵权责任，但能够证明尽到管理职责的，不承担责任。

第八十二条　遗弃、逃逸的动物在遗弃、逃逸期间造成他人损害的，由原动物饲养人或者管理人承担侵权责任。

第八十三条 因第三人的过错致使动物造成他人损害的,被侵权人可以向动物饲养人或者管理人请求赔偿,也可以向第三人请求赔偿。动物饲养人或者管理人赔偿后,有权向第三人追偿。

第八十四条 饲养动物应当遵守法律,尊重社会公德,不得妨害他人生活。

第十一章 物件损害责任

第八十五条 建筑物、构筑物或者其他设施及其搁置物、悬挂物发生脱落、坠落造成他人损害,所有人、管理人或者使用人不能证明自己没有过错的,应当承担侵权责任。所有人、管理人或者使用人赔偿后,有其他责任人的,有权向其他责任人追偿。

第八十六条 建筑物、构筑物或者其他设施倒塌造成他人损害的,由建设单位与施工单位承担连带责任。建设单位、施工单位赔偿后,有其他责任人的,有权向其他责任人追偿。

因其他责任人的原因,建筑物、构筑物或者其他设施倒塌造成他人损害的,由其他责任人承担侵权责任。

第八十七条 从建筑物中抛掷物品或者从建筑物上坠落的物品造成他人损害,难以确定具体侵权人的,除能够证明自己不是侵权人的外,由可能加害的建筑物使用人给予补偿。

第八十八条 堆放物倒塌造成他人损害,堆放人不能证明自己没有过错的,应当承担侵权责任。

第八十九条 在公共道路上堆放、倾倒、遗撒妨碍通行的物品造成他人损害的,有关单位或者个人应当承担侵权责任。

第九十条 因林木折断造成他人损害,林木的所有人或者管理人不能证明自己没有过错的,应当承担侵权责任。

第九十一条 在公共场所或者道路上挖坑、修缮安装地下设施等,没有设置明显标志和采取安全措施造成他人损害的,施工人应当承担侵权责任。

窨井等地下设施造成他人损害，管理人不能证明尽到管理职责的，应当承担侵权责任。

第十二章 附 则

第九十二条 本法自 2010 年 7 月 1 日起施行。

中华人民共和国著作权法

（1990年9月7日第七届全国人民代表大会常务委员会第十五次会议通过 根据2001年10月27日第九届全国人民代表大会常务委员会第二十四次会议《关于修改〈中华人民共和国著作权法〉的决定》第一次修正 根据2010年2月26日第十一届全国人民代表大会常务委员会第十三次会议《关于修改〈中华人民共和国著作权法〉的决定》第二次修正）

第一章　总　则

第一条　为保护文学、艺术和科学作品作者的著作权，以及与著作权有关的权益，鼓励有益于社会主义精神文明、物质文明建设的作品的创作和传播，促进社会主义文化和科学事业的发展与繁荣，根据宪法制定本法。

第二条　中国公民、法人或者其他组织的作品，不论是否发表，依照本法享有著作权。

外国人、无国籍人的作品根据其作者所属国或者经常居住地国同中国签订的协议或者共同参加的国际条约享有的著作权，受本法保护。

外国人、无国籍人的作品首先在中国境内出版的，依照本法享有著作权。

未与中国签订协议或者共同参加国际条约的国家的作者以及无国籍人的作品首次在中国参加的国际条约的成员国出版的，或者在成员国和非成员国同时出版的，受本法保护。

第三条　本法所称的作品，包括以下列形式创作的文学、艺术和自然科学、社会科学、工程技术等作品：

（一）文字作品；

（二）口述作品；

（三）音乐、戏剧、曲艺、舞蹈、杂技艺术作品；

（四）美术、建筑作品；

（五）摄影作品；

（六）电影作品和以类似摄制电影的方法创作的作品；

（七）工程设计图、产品设计图、地图、示意图等图形作品和模型作品；

（八）计算机软件；

（九）法律、行政法规规定的其他作品。

第四条　著作权人行使著作权，不得违反宪法和法律，不得损害公共利益。国家对作品的出版、传播依法进行监督管理。

第五条　本法不适用于：

（一）法律、法规，国家机关的决议、决定、命令和其他具有立法、行政、司法性质的文件，及其官方正式译文；

（二）时事新闻；

（三）历法、通用数表、通用表格和公式。

第六条　民间文学艺术作品的著作权保护办法由国务院另行规定。

第七条　国务院著作权行政管理部门主管全国的著作权管理工作；各省、自治区、直辖市人民政府的著作权行政管理部门主管本行政区域的著作权管理工作。

第八条　著作权人和与著作权有关的权利人可以授权著作权集体管理组织行使著作权或者与著作权有关的权利。著作权集体管理组织被授权后，可以以自己的名义为著作权人和与著作权有关的权利人主张权利，并可以作为当事人进行涉及著作权或者与著作权有关的权利的诉讼、仲裁活动。

著作权集体管理组织是非营利性组织，其设立方式、权利义务、著作权许可使用费的收取和分配，以及对其监督和管理等由国务院另行规定。

第二章 著作权

第一节 著作权人及其权利

第九条 著作权人包括：

（一）作者；

（二）其他依照本法享有著作权的公民、法人或者其他组织。

第十条 著作权包括下列人身权和财产权：

（一）发表权，即决定作品是否公之于众的权利；

（二）署名权，即表明作者身份，在作品上署名的权利；

（三）修改权，即修改或者授权他人修改作品的权利；

（四）保护作品完整权，即保护作品不受歪曲、篡改的权利；

（五）复制权，即以印刷、复印、拓印、录音、录像、翻录、翻拍等方式将作品制作一份或者多份的权利；

（六）发行权，即以出售或者赠与方式向公众提供作品的原件或者复制件的权利；

（七）出租权，即有偿许可他人临时使用电影作品和以类似摄制电影的方法创作的作品、计算机软件的权利，计算机软件不是出租的主要标的的除外；

（八）展览权，即公开陈列美术作品、摄影作品的原件或者复制件的权利；

（九）表演权，即公开表演作品，以及用各种手段公开播送作品的表演的权利；

（十）放映权，即通过放映机、幻灯机等技术设备公开再现美术、摄影、电影和以类似摄制电影的方法创作的作品等的权利；

（十一）广播权，即以无线方式公开广播或者传播作品，以有线传播或者转播的方式向公众传播广播的作品，以及通过扩音器或者其他传送符号、声音、图像的类似工具向公众传播广播的作品的权利；

（十二）信息网络传播权，即以有线或者无线方式向公众提供作品，使公众可以在其个人选定的时间和地点获得作品的权利；

（十三）摄制权，即以摄制电影或者以类似摄制电影的方法将作品固定在载体上的权利；

（十四）改编权，即改变作品，创作出具有独创性的新作品的权利；

（十五）翻译权，即将作品从一种语言文字转换成另一种语言文字的权利；

（十六）汇编权，即将作品或者作品的片段通过选择或者编排，汇集成新作品的权利；

（十七）应当由著作权人享有的其他权利。

著作权人可以许可他人行使前款第（五）项至第（十七）项规定的权利，并依照约定或者本法有关规定获得报酬。

著作权人可以全部或者部分转让本条第一款第（五）项至第（十七）项规定的权利，并依照约定或者本法有关规定获得报酬。

第二节　著作权归属

第十一条　著作权属于作者，本法另有规定的除外。

创作作品的公民是作者。

由法人或者其他组织主持，代表法人或者其他组织意志创作，并由法人或者其他组织承担责任的作品，法人或者其他组织视为作者。

如无相反证明，在作品上署名的公民、法人或者其他组织为作者。

第十二条　改编、翻译、注释、整理已有作品而产生的作品，其著作权由改编、翻译、注释、整理人享有，但行使著作权时不得侵犯原作品的著作权。

第十三条　两人以上合作创作的作品，著作权由合作作者共同享有。没有参加创作的人，不能成为合作作者。

合作作品可以分割使用的，作者对各自创作的部分可以单独享有著作权，但行使著作权时不得侵犯合作作品整体的著作权。

第十四条　汇编若干作品、作品的片段或者不构成作品的数据或者其他材料，对其内容的选择或者编排体现独创性的作品，为汇编作品，其著作权由汇编人享有，但行使著作权时，不得侵犯原作品的著作权。

第十五条　电影作品和以类似摄制电影的方法创作的作品的著作权由制片者享有，但编剧、导演、摄影、作词、作曲等作者享有署名权，并有权按照与制片者签订的合同获得报酬。

电影作品和以类似摄制电影的方法创作的作品中的剧本、音乐等可以单独使用的作品的作者有权单独行使其著作权。

第十六条　公民为完成法人或者其他组织工作任务所创作的作品是职务作品，除本条第二款的规定以外，著作权由作者享有，但法人或者其他组织有权在其业务范围内优先使用。作品完成两年内，未经单位同意，作者不得许可第三人以与单位使用的相同方式使用该作品。

有下列情形之一的职务作品，作者享有署名权，著作权的其他权利由法人或者其他组织享有，法人或者其他组织可以给予作者奖励：

（一）主要是利用法人或者其他组织的物质技术条件创作，并由法人或其他组织承担责任的工程设计图、产品设计图、地图、计算机软件等职务作品；

（二）法律、行政法规规定或者合同约定著作权由法人或者其他组织享有的职务作品。

第十七条　受委托创作的作品，著作权的归属由委托人和受托人通过合同约定。合同未作明确约定或者没有订立合同的，著作权属于受托人。

第十八条　美术等作品原件所有权的转移，不视为作品著作权的转移，但美术作品原件的展览权由原件所有人享有。

第十九条　著作权属于公民的，公民死亡后，其本法第十条第一款第（五）项至第（十七）项规定的权利在本法规定的保护期内，依照继承法的规定转移。

著作权属于法人或者其他组织的，法人或者其他组织变更、终止后，其本法第十条第一款第（五）项至第（十七）项规定的权利在本法规定的保护期内，由承受其权利义务的法人或者其他组织享有；没有承受其权利义务的法人或者其他组织的，由国家享有。

第三节　权利的保护期

第二十条　作者的署名权、修改权、保护作品完整权的保护期不受限制。

第二十一条　公民的作品，其发表权、本法第十条第一款第（五）项至第（十七）项规定的权利的保护期为作者终生及其死亡后五十年，截止于作者死亡后第五十年的12月31日；如果是合作作品，截止于最后死亡的作者死亡后第五十年的12月31日。

法人或者其他组织的作品、著作权（署名权除外）由法人或者其他组织享有的职务作品，其发表权、本法第十条第一款第（五）项至第（十七）项规定的权利的保护期为五十年，截止于作品首次发表后第五十年的12月31日，但作品自创作完成后五十年内未发表的，本法不再保护。

电影作品和以类似摄制电影的方法创作的作品、摄影作品，其发表权、本法第十条第一款第（五）项至第（十七）项规定的权利的保护期为五十年，截止于作品首次发表后第五十年的12月31日，但作品自创作完成后五十年内未发表的，本法不再保护。

第四节　权利的限制

第二十二条　在下列情况下使用作品，可以不经著作权人许可，不向其支付报酬，但应当指明作者姓名、作品名称，并且不得侵犯著作权人依照本法享有的其他权利：

（一）为个人学习、研究或者欣赏，使用他人已经发表的作品；

（二）为介绍、评论某一作品或者说明某一问题，在作品中适当引用他人已经发表的作品；

（三）为报道时事新闻，在报纸、期刊、广播电台、电视台等媒体中不可避免地再现或者引用已经发表的作品；

（四）报纸、期刊、广播电台、电视台等媒体刊登或者播放其他报纸、期刊、广播电台、电视台等媒体已经发表的关于政治、经济、宗教问题的时事性文章，但作者声明不许刊登、播放的除外；

（五）报纸、期刊、广播电台、电视台等媒体刊登或者播放在公众集会上发表的讲话，但作者声明不许刊登、播放的除外；

（六）为学校课堂教学或者科学研究，翻译或者少量复制已经发表的作品，供教学或者科研人员使用，但不得出版发行；

（七）国家机关为执行公务在合理范围内使用已经发表的作品；

（八）图书馆、档案馆、纪念馆、博物馆、美术馆等为陈列或者保存版本的需要，复制本馆收藏的作品；

（九）免费表演已经发表的作品，该表演未向公众收取费用，也未向表演者支付报酬；

（十）对设置或者陈列在室外公共场所的艺术作品进行临摹、绘画、摄影、录像；

（十一）将中国公民、法人或者其他组织已经发表的以汉语言文字创作的作品翻译成少数民族语言文字作品在国内出版发行；

（十二）将已经发表的作品改成盲文出版。

前款规定适用于对出版者、表演者、录音录像制作者、广播电台、电视台的权利的限制。

第二十三条 为实施九年制义务教育和国家教育规划而编写出版教科书，除作者事先声明不许使用的外，可以不经著作权人许可，在教科书中汇编已经发表的作品片段或者短小的文字作品、音乐作品或者单幅的美术作品、摄影作品，但应当按照规定支付报酬，指明作者姓名、作品名称，并且不得侵犯著作权人依照本法享有的其他权利。

前款规定适用于对出版者、表演者、录音录像制作者、广播电台、电视台的权利的限制。

第三章　著作权许可使用和转让合同

第二十四条 使用他人作品应当同著作权人订立许可使用合同，本法规定可以不经许可的除外。

许可使用合同包括下列主要内容：

（一）许可使用的权利种类；

（二）许可使用的权利是专有使用权或者非专有使用权；

（三）许可使用的地域范围、期间；

（四）付酬标准和办法；

（五）违约责任；

（六）双方认为需要约定的其他内容。

第二十五条　转让本法第十条第一款第（五）项至第（十七）项规定的权利，应当订立书面合同。

权利转让合同包括下列主要内容：

（一）作品的名称；

（二）转让的权利种类、地域范围；

（三）转让价金；

（四）交付转让价金的日期和方式；

（五）违约责任；

（六）双方认为需要约定的其他内容。

第二十六条　以著作权出质的，由出质人和质权人向国务院著作权行政管理部门办理出质登记。

第二十七条　许可使用合同和转让合同中著作权人未明确许可、转让的权利，未经著作权人同意，另一方当事人不得行使。

第二十八条　使用作品的付酬标准可以由当事人约定，也可以按照国务院著作权行政管理部门会同有关部门制定的付酬标准支付报酬。当事人约定不明确的，按照国务院著作权行政管理部门会同有关部门制定的付酬标准支付报酬。

第二十九条　出版者、表演者、录音录像制作者、广播电台、电视台等依照本法有关规定使用他人作品的，不得侵犯作者的署名权、修改权、保护作品完整权和获得报酬的权利。

第四章　出版、表演、录音录像、播放

第一节　图书、报刊的出版

第三十条　图书出版者出版图书应当和著作权人订立出版合同，并支付报酬。

第三十一条　图书出版者对著作权人交付出版的作品，按照合同约定享有的专有出版权受法律保护，他人不得出版该作品。

第三十二条　著作权人应当按照合同约定期限交付作品。图书出版者应当按照合同约定的出版质量、期限出版图书。

图书出版者不按照合同约定期限出版，应当依照本法第五十四条的规定承担民事责任。

图书出版者重印、再版作品的，应当通知著作权人，并支付报酬。图书脱销后，图书出版者拒绝重印、再版的，著作权人有权终止合同。

第三十三条　著作权人向报社、期刊社投稿的，自稿件发出之日起十五日内未收到报社通知决定刊登的，或者自稿件发出之日起三十日内未收到期刊社通知决定刊登的，可以将同一作品向其他报社、期刊社投稿。双方另有约定的除外。

作品刊登后，除著作权人声明不得转载、摘编的外，其他报刊可以转载或者作为文摘、资料刊登，但应当按照规定向著作权人支付报酬。

第三十四条　图书出版者经作者许可，可以对作品修改、删节。

报社、期刊社可以对作品作文字性修改、删节。对内容的修改，应当经作者许可。

第三十五条　出版改编、翻译、注释、整理、汇编已有作品而产生的作品，应当取得改编、翻译、注释、整理、汇编作品的著作权人和原作品的著作权人许可，并支付报酬。

第三十六条　出版者有权许可或者禁止他人使用其出版的图书、期刊的版式设计。

前款规定的权利的保护期为十年，截止于使用该版式设计的图书、期刊首次出版后第十年的12月31日。

第二节　表　演

第三十七条　使用他人作品演出，表演者（演员、演出单位）应当取得著作权人许可，并支付报酬。演出组织者组织演出，由该组织者取得著作权人许可，并支付报酬。

使用改编、翻译、注释、整理已有作品而产生的作品进行演出，应当取得改编、翻译、注释、整理作品的著作权人和原作品的著作权人许可，并支付报酬。

第三十八条　表演者对其表演享有下列权利：

（一）表明表演者身份；

（二）保护表演形象不受歪曲；

（三）许可他人从现场直播和公开传送其现场表演，并获得报酬；

（四）许可他人录音录像，并获得报酬；

（五）许可他人复制、发行录有其表演的录音录像制品，并获得报酬；

（六）许可他人通过信息网络向公众传播其表演，并获得报酬。

被许可人以前款第（三）项至第（六）项规定的方式使用作品，还应当取得著作权人许可，并支付报酬。

第三十九条　本法第三十八条第一款第（一）项、第（二）项规定的权利的保护期不受限制。

本法第三十八条第一款第（三）项至第（六）项规定的权利的保护期为五十年，截止于该表演发生后第五十年的12月31日。

第三节　录音录像

第四十条　录音录像制作者使用他人作品制作录音录像制品，应当取得著作权人许可，并支付报酬。

录音录像制作者使用改编、翻译、注释、整理已有作品而产生的作品，应当取得改编、翻译、注释、整理作品的著作权人和原作品著作权人许可，并支付报酬。

录音制作者使用他人已经合法录制为录音制品的音乐作品制作录音制品，可以不经著作权人许可，但应当按照规定支付报酬；著作权人声明不许使用的不得使用。

第四十一条　录音录像制作者制作录音录像制品，应当同表演者订立合同，并支付报酬。

第四十二条 录音录像制作者对其制作的录音录像制品，享有许可他人复制、发行、出租、通过信息网络向公众传播并获得报酬的权利；权利的保护期为五十年，截止于该制品首次制作完成后第五十年的 12 月 31 日。

被许可人复制、发行、通过信息网络向公众传播录音录像制品，还应当取得著作权人、表演者许可，并支付报酬。

第四节 广播电台、电视台播放

第四十三条 广播电台、电视台播放他人未发表的作品，应当取得著作权人许可，并支付报酬。

广播电台、电视台播放他人已发表的作品，可以不经著作权人许可，但应当支付报酬。

第四十四条 广播电台、电视台播放已经出版的录音制品，可以不经著作权人许可，但应当支付报酬。当事人另有约定的除外。具体办法由国务院规定。

第四十五条 广播电台、电视台有权禁止未经其许可的下列行为：

（一）将其播放的广播、电视转播；

（二）将其播放的广播、电视录制在音像载体上以及复制音像载体。

前款规定的权利的保护期为五十年，截止于该广播、电视首次播放后第五十年的 12 月 31 日。

第四十六条 电视台播放他人的电影作品和以类似摄制电影的方法创作的作品、录像制品，应当取得制片者或者录像制作者许可，并支付报酬；播放他人的录像制品，还应当取得著作权人许可，并支付报酬。

第五章 法律责任和执法措施

第四十七条 有下列侵权行为的，应当根据情况，承担停止侵害、消除影响、赔礼道歉、赔偿损失等民事责任：

（一）未经著作权人许可，发表其作品的；

（二）未经合作者许可，将与他人合作创作的作品当作自己单独创作的作品发表的；

（三）没有参加创作，为谋取个人名利，在他人作品上署名的；

（四）歪曲、篡改他人作品的；

（五）剽窃他人作品的；

（六）未经著作权人许可，以展览、摄制电影和以类似摄制电影的方法使用作品，或者以改编、翻译、注释等方式使用作品的，本法另有规定的除外；

（七）使用他人作品，应当支付报酬而未支付的；

（八）未经电影作品和以类似摄制电影的方法创作的作品、计算机软件、录音录像制品的著作权人或者与著作权有关的权利人许可，出租其作品或者录音录像制品的，本法另有规定的除外；

（九）未经出版者许可，使用其出版的图书、期刊的版式设计的；

（十）未经表演者许可，从现场直播或者公开传送其现场表演，或者录制其表演的；

（十一）其他侵犯著作权以及与著作权有关的权益的行为。

第四十八条　有下列侵权行为的，应当根据情况，承担停止侵害、消除影响、赔礼道歉、赔偿损失等民事责任；同时损害公共利益的，可以由著作权行政管理部门责令停止侵权行为，没收违法所得，没收、销毁侵权复制品，并可处以罚款；情节严重的，著作权行政管理部门还可以没收主要用于制作侵权复制品的材料、工具、设备等；构成犯罪的，依法追究刑事责任：

（一）未经著作权人许可，复制、发行、表演、放映、广播、汇编、通过信息网络向公众传播其作品的，本法另有规定的除外；

（二）出版他人享有专有出版权的图书的；

（三）未经表演者许可，复制、发行录有其表演的录音录像制品，或者通过信息网络向公众传播其表演的，本法另有规定的除外；

（四）未经录音录像制作者许可，复制、发行、通过信息网络向公众传播其制作的录音录像制品的，本法另有规定的除外；

（五）未经许可，播放或者复制广播、电视的，本法另有规定的除外；

（六）未经著作权人或者与著作权有关的权利人许可，故意避开或者破坏权利人为其作品、录音录像制品等采取的保护著作权或者与著作权有关的权利的技术措施的，法律、行政法规另有规定的除外；

（七）未经著作权人或者与著作权有关的权利人许可，故意删除或者改变作品、录音录像制品等的权利管理电子信息的，法律、行政法规另有规定的除外；

（八）制作、出售假冒他人署名的作品的。

第四十九条　侵犯著作权或者与著作权有关的权利的，侵权人应当按照权利人的实际损失给予赔偿；实际损失难以计算的，可以按照侵权人的违法所得给予赔偿。赔偿数额还应当包括权利人为制止侵权行为所支付的合理开支。

权利人的实际损失或者侵权人的违法所得不能确定的，由人民法院根据侵权行为的情节，判决给予五十万元以下的赔偿。

第五十条　著作权人或者与著作权有关的权利人有证据证明他人正在实施或者即将实施侵犯其权利的行为，如不及时制止将会使其合法权益受到难以弥补的损害的，可以在起诉前向人民法院申请采取责令停止有关行为和财产保全的措施。

人民法院处理前款申请，适用《中华人民共和国民事诉讼法》第九十三条至第九十六条和第九十九条的规定。

第五十一条　为制止侵权行为，在证据可能灭失或者以后难以取得的情况下，著作权人或者与著作权有关的权利人可以在起诉前向人民法院申请保全证据。

人民法院接受申请后，必须在四十八小时内作出裁定；裁定采取保全措施的，应当立即开始执行。

人民法院可以责令申请人提供担保，申请人不提供担保的，驳回申请。

申请人在人民法院采取保全措施后十五日内不起诉的，人民法院应当解除保全措施。

第五十二条　人民法院审理案件，对于侵犯著作权或者与著作权有关的权利的，可以没收违法所得、侵权复制品以及进行违法活动的财物。

第五十三条　复制品的出版者、制作者不能证明其出版、制作有合法授权的，复制品的发行者或者电影作品或者以类似摄制电影的方法创作的作品、计算机软件、录音录像制品的复制品的出租者不能证明其发行、出租的复制品有合法来源的，应当承担法律责任。

第五十四条　当事人不履行合同义务或者履行合同义务不符合约定条件的，应当依照《中华人民共和国民法通则》、《中华人民共和国合同法》等有关法律规定承担民事责任。

第五十五条　著作权纠纷可以调解，也可以根据当事人达成的书面仲裁协议或者著作权合同中的仲裁条款，向仲裁机构申请仲裁。

当事人没有书面仲裁协议，也没有在著作权合同中订立仲裁条款的，可以直接向人民法院起诉。

第五十六条　当事人对行政处罚不服的，可以自收到行政处罚决定书之日起三个月内向人民法院起诉，期满不起诉又不履行的，著作权行政管理部门可以申请人民法院执行。

第六章　附　则

第五十七条　本法所称的著作权即版权。

第五十八条　本法第二条所称的出版，指作品的复制、发行。

第五十九条　计算机软件、信息网络传播权的保护办法由国务院另行规定。

第六十条　本法规定的著作权人和出版者、表演者、录音录像制作者、广播电台、电视台的权利，在本法施行之日尚未超过本法规定的保护期的，依照本法予以保护。

本法施行前发生的侵权或者违约行为，依照侵权或者违约行为发生时的有关规定和政策处理。

第六十一条　本法自 1991 年 6 月 1 日起施行。

中华人民共和国非物质文化遗产法

（2011年2月25日第十一届全国人民代表大会常务委员会第十九次会议通过　2011年2月25日中华人民共和国主席令第42号公布　自2011年6月1日起施行）

第一章　总　则

第一条　为了继承和弘扬中华民族优秀传统文化，促进社会主义精神文明建设，加强非物质文化遗产保护、保存工作，制定本法。

第二条　本法所称非物质文化遗产，是指各族人民世代相传并视为其文化遗产组成部分的各种传统文化表现形式，以及与传统文化表现形式相关的实物和场所。包括：

（一）传统口头文学以及作为其载体的语言；

（二）传统美术、书法、音乐、舞蹈、戏剧、曲艺和杂技；

（三）传统技艺、医药和历法；

（四）传统礼仪、节庆等民俗；

（五）传统体育和游艺；

（六）其他非物质文化遗产。

属于非物质文化遗产组成部分的实物和场所，凡属文物的，适用《中华人民共和国文物保护法》的有关规定。

第三条　国家对非物质文化遗产采取认定、记录、建档等措施予以保存，对体现中华民族优秀传统文化，具有历史、文学、艺术、科学价值的非物质文化遗产采取传承、传播等措施予以保护。

第四条　保护非物质文化遗产，应当注重其真实性、整体性和传承性，有利于增强中华民族的文化认同，有利于维护国家统一和民族团结，有利于促进社会和谐和可持续发展。

第五条　使用非物质文化遗产，应当尊重其形式和内涵。

禁止以歪曲、贬损等方式使用非物质文化遗产。

第六条　县级以上人民政府应当将非物质文化遗产保护、保存工作纳入本级国民经济和社会发展规划，并将保护、保存经费列入本级财政预算。

国家扶持民族地区、边远地区、贫困地区的非物质文化遗产保护、保存工作。

第七条　国务院文化主管部门负责全国非物质文化遗产的保护、保存工作；县级以上地方人民政府文化主管部门负责本行政区域内非物质文化遗产的保护、保存工作。

县级以上人民政府其他有关部门在各自职责范围内，负责有关非物质文化遗产的保护、保存工作。

第八条　县级以上人民政府应当加强对非物质文化遗产保护工作的宣传，提高全社会保护非物质文化遗产的意识。

第九条　国家鼓励和支持公民、法人和其他组织参与非物质文化遗产保护工作。

第十条　对在非物质文化遗产保护工作中做出显著贡献的组织和个人，按照国家有关规定予以表彰、奖励。

第二章　非物质文化遗产的调查

第十一条　县级以上人民政府根据非物质文化遗产保护、保存工作需要，组织非物质文化遗产调查。非物质文化遗产调查由文化主管部门负责进行。

县级以上人民政府其他有关部门可以对其工作领域内的非物质文化遗产进行调查。

第十二条　文化主管部门和其他有关部门进行非物质文化遗产调查，应当对非物质文化遗产予以认定、记录、建档，建立健全调查信息共享机制。

文化主管部门和其他有关部门进行非物质文化遗产调查，应当收集属于非物质文化遗产组成部分的代表性实物，整理调查工作中取得的资料，并妥善保存，防止损毁、流失。其他有关部门取得的实物图片、资料复制件，应当汇交给同级文化主管部门。

第十三条　文化主管部门应当全面了解非物质文化遗产有关情况，建立非物质文化遗产档案及相关数据库。除依法应当保密的外，非物质文化遗产档案及相关数据信息应当公开，便于公众查阅。

第十四条　公民、法人和其他组织可以依法进行非物质文化遗产调查。

第十五条　境外组织或者个人在中华人民共和国境内进行非物质文化遗产调查，应当报经省、自治区、直辖市人民政府文化主管部门批准；调查在两个以上省、自治区、直辖市行政区域进行的，应当报经国务院文化主管部门批准；调查结束后，应当向批准调查的文化主管部门提交调查报告和调查中取得的实物图片、资料复制件。

境外组织在中华人民共和国境内进行非物质文化遗产调查，应当与境内非物质文化遗产学术研究机构合作进行。

第十六条　进行非物质文化遗产调查，应当征得调查对象的同意，尊重其风俗习惯，不得损害其合法权益。

第十七条　对通过调查或者其他途径发现的濒临消失的非物质文化遗产项目，县级人民政府文化主管部门应当立即予以记录并收集有关实物，或者采取其他抢救性保存措施；对需要传承的，应当采取有效措施支持传承。

第三章　非物质文化遗产代表性项目名录

第十八条　国务院建立国家级非物质文化遗产代表性项目名录，将体现中华民族优秀传统文化，具有重大历史、文学、艺术、科学价值的非物质文化遗产项目列入名录予以保护。

省、自治区、直辖市人民政府建立地方非物质文化遗产代表性项目名录，将本行政区域内体现中华民族优秀传统文化，具有历史、文学、艺术、科学价值的非物质文化遗产项目列入名录予以保护。

第十九条　省、自治区、直辖市人民政府可以从本省、自治区、直辖市非物质文化遗产代表性项目名录中向国务院文化主管部门推荐列入国家级非物质文化遗产代表性项目名录的项目。推荐时应当提交下列材料：

（一）项目介绍，包括项目的名称、历史、现状和价值；

（二）传承情况介绍，包括传承范围、传承谱系、传承人的技艺水平、传承活动的社会影响；

（三）保护要求，包括保护应当达到的目标和应当采取的措施、步骤、管理制度；

（四）有助于说明项目的视听资料等材料。

第二十条　公民、法人和其他组织认为某项非物质文化遗产体现中华民族优秀传统文化，具有重大历史、文学、艺术、科学价值的，可以向省、自治区、直辖市人民政府或者国务院文化主管部门提出列入国家级非物质文化遗产代表性项目名录的建议。

第二十一条　相同的非物质文化遗产项目，其形式和内涵在两个以上地区均保持完整的，可以同时列入国家级非物质文化遗产代表性项目名录。

第二十二条　国务院文化主管部门应当组织专家评审小组和专家评审委员会，对推荐或者建议列入国家级非物质文化遗产代表性项目名录的非物质文化遗产项目进行初评和审议。

初评意见应当经专家评审小组成员过半数通过。专家评审委员会对初评意见进行审议，提出审议意见。

评审工作应当遵循公开、公平、公正的原则。

第二十三条　国务院文化主管部门应当将拟列入国家级非物质文化遗产代

表性项目名录的项目予以公示，征求公众意见。公示时间不得少于二十日。

第二十四条　国务院文化主管部门根据专家评审委员会的审议意见和公示结果，拟订国家级非物质文化遗产代表性项目名录，报国务院批准、公布。

第二十五条　国务院文化主管部门应当组织制定保护规划，对国家级非物质文化遗产代表性项目予以保护。

省、自治区、直辖市人民政府文化主管部门应当组织制定保护规划，对本级人民政府批准公布的地方非物质文化遗产代表性项目予以保护。

制定非物质文化遗产代表性项目保护规划，应当对濒临消失的非物质文化遗产代表性项目予以重点保护。

第二十六条　对非物质文化遗产代表性项目集中、特色鲜明、形式和内涵保持完整的特定区域，当地文化主管部门可以制定专项保护规划，报经本级人民政府批准后，实行区域性整体保护。确定对非物质文化遗产实行区域性整体保护，应当尊重当地居民的意愿，并保护属于非物质文化遗产组成部分的实物和场所，避免遭受破坏。

实行区域性整体保护涉及非物质文化遗产集中地村镇或者街区空间规划的，应当由当地城乡规划主管部门依据相关法规制定专项保护规划。

第二十七条　国务院文化主管部门和省、自治区、直辖市人民政府文化主管部门应当对非物质文化遗产代表性项目保护规划的实施情况进行监督检查；发现保护规划未能有效实施的，应当及时纠正、处理。

第四章　非物质文化遗产的传承与传播

第二十八条　国家鼓励和支持开展非物质文化遗产代表性项目的传承、传播。

第二十九条　国务院文化主管部门和省、自治区、直辖市人民政府文化主管部门对本级人民政府批准公布的非物质文化遗产代表性项目，可以认定代表性传承人。

非物质文化遗产代表性项目的代表性传承人应当符合下列条件：

（一）熟练掌握其传承的非物质文化遗产；

（二）在特定领域内具有代表性，并在一定区域内具有较大影响；

（三）积极开展传承活动。

认定非物质文化遗产代表性项目的代表性传承人，应当参照执行本法有关非物质文化遗产代表性项目评审的规定，并将所认定的代表性传承人名单予以公布。

第三十条 县级以上人民政府文化主管部门根据需要，采取下列措施，支持非物质文化遗产代表性项目的代表性传承人开展传承、传播活动：

（一）提供必要的传承场所；

（二）提供必要的经费资助其开展授徒、传艺、交流等活动；

（三）支持其参与社会公益性活动；

（四）支持其开展传承、传播活动的其他措施。

第三十一条 非物质文化遗产代表性项目的代表性传承人应当履行下列义务：

（一）开展传承活动，培养后继人才；

（二）妥善保存相关的实物、资料；

（三）配合文化主管部门和其他有关部门进行非物质文化遗产调查；

（四）参与非物质文化遗产公益性宣传。

非物质文化遗产代表性项目的代表性传承人无正当理由不履行前款规定义务的，文化主管部门可以取消其代表性传承人资格，重新认定该项目的代表性传承人；丧失传承能力的，文化主管部门可以重新认定该项目的代表性传承人。

第三十二条 县级以上人民政府应当结合实际情况，采取有效措施，组织文化主管部门和其他有关部门宣传、展示非物质文化遗产代表性项目。

第三十三条 国家鼓励开展与非物质文化遗产有关的科学技术研究和非物质文化遗产保护、保存方法研究，鼓励开展非物质文化遗产的记录和非物质文化遗产代表性项目的整理、出版等活动。

第三十四条 学校应当按照国务院教育主管部门的规定，开展相关的非物质文化遗产教育。

新闻媒体应当开展非物质文化遗产代表性项目的宣传，普及非物质文化遗产知识。

第三十五条　图书馆、文化馆、博物馆、科技馆等公共文化机构和非物质文化遗产学术研究机构、保护机构以及利用财政性资金举办的文艺表演团体、演出场所经营单位等，应当根据各自业务范围，开展非物质文化遗产的整理、研究、学术交流和非物质文化遗产代表性项目的宣传、展示。

第三十六条　国家鼓励和支持公民、法人和其他组织依法设立非物质文化遗产展示场所和传承场所，展示和传承非物质文化遗产代表性项目。

第三十七条　国家鼓励和支持发挥非物质文化遗产资源的特殊优势，在有效保护的基础上，合理利用非物质文化遗产代表性项目开发具有地方、民族特色和市场潜力的文化产品和文化服务。

开发利用非物质文化遗产代表性项目的，应当支持代表性传承人开展传承活动，保护属于该项目组成部分的实物和场所。

县级以上地方人民政府应当对合理利用非物质文化遗产代表性项目的单位予以扶持。单位合理利用非物质文化遗产代表性项目的，依法享受国家规定的税收优惠。

第五章　法律责任

第三十八条　文化主管部门和其他有关部门的工作人员在非物质文化遗产保护、保存工作中玩忽职守、滥用职权、徇私舞弊的，依法给予处分。

第三十九条　文化主管部门和其他有关部门的工作人员进行非物质文化遗产调查时侵犯调查对象风俗习惯，造成严重后果的，依法给予处分。

第四十条　违反本法规定，破坏属于非物质文化遗产组成部分的实物和场所的，依法承担民事责任；构成违反治安管理行为的，依法给予治安管理处罚。

第四十一条　境外组织违反本法第十五条规定的，由文化主管部门责令改正，给予警告，没收违法所得及调查中取得的实物、资料；情节严重的，并处十万元以上五十万元以下的罚款。

境外个人违反本法第十五条第一款规定的，由文化主管部门责令改正，给予警告，没收违法所得及调查中取得的实物、资料；情节严重的，并处一万元以上五万元以下的罚款。

第四十二条　违反本法规定，构成犯罪的，依法追究刑事责任。

第六章　附　则

第四十三条　建立地方非物质文化遗产代表性项目名录的办法，由省、自治区、直辖市参照本法有关规定制定。

第四十四条　使用非物质文化遗产涉及知识产权的，适用有关法律、行政法规的规定。

对传统医药、传统工艺美术等的保护，其他法律、行政法规另有规定的，依照其规定。

第四十五条　本法自 2011 年 6 月 1 日起施行。

中华人民共和国民事诉讼法

（1991年4月9日第七届全国人民代表大会第四次会议通过 根据2007年10月28日第十届全国人民代表大会常务委员会第三十次会议《关于修改〈中华人民共和国民事诉讼法〉的决定》第一次修正 根据2012年8月31日第十一届全国人民代表大会常务委员会第二十八次会议《关于修改〈中华人民共和国民事诉讼法〉的决定》第二次修正）

第一编 总 则

第一章 任务、适用范围和基本原则

第一条 中华人民共和国民事诉讼法以宪法为根据，结合我国民事审判工作的经验和实际情况制定。

第二条 中华人民共和国民事诉讼法的任务，是保护当事人行使诉讼权利，保证人民法院查明事实，分清是非，正确适用法律，及时审理民事案件，确认民事权利义务关系，制裁民事违法行为，保护当事人的合法权益，教育公民自觉遵守法律，维护社会秩序、经济秩序，保障社会主义建设事业顺利进行。

第三条 人民法院受理公民之间、法人之间、其他组织之间以及他们相互之间因财产关系和人身关系提起的民事诉讼，适用本法的规定。

第四条　凡在中华人民共和国领域内进行民事诉讼，必须遵守本法。

第五条　外国人、无国籍人、外国企业和组织在人民法院起诉、应诉，同中华人民共和国公民、法人和其他组织有同等的诉讼权利义务。

外国法院对中华人民共和国公民、法人和其他组织的民事诉讼权利加以限制的，中华人民共和国人民法院对该国公民、企业和组织的民事诉讼权利，实行对等原则。

第六条　民事案件的审判权由人民法院行使。

人民法院依照法律规定对民事案件独立进行审判，不受行政机关、社会团体和个人的干涉。

第七条　人民法院审理民事案件，必须以事实为根据，以法律为准绳。

第八条　民事诉讼当事人有平等的诉讼权利。人民法院审理民事案件，应当保障和便利当事人行使诉讼权利，对当事人在适用法律上一律平等。

第九条　人民法院审理民事案件，应当根据自愿和合法的原则进行调解；调解不成的，应当及时判决。

第十条　人民法院审理民事案件，依照法律规定实行合议、回避、公开审判和两审终审制度。

第十一条　各民族公民都有用本民族语言、文字进行民事诉讼的权利。

在少数民族聚居或者多民族共同居住的地区，人民法院应当用当地民族通用的语言、文字进行审理和发布法律文书。

人民法院应当对不通晓当地民族通用的语言、文字的诉讼参与人提供翻译。

第十二条　人民法院审理民事案件时，当事人有权进行辩论。

第十三条　民事诉讼应当遵循诚实信用原则。

当事人有权在法律规定的范围内处分自己的民事权利和诉讼权利。

第十四条　人民检察院有权对民事诉讼实行法律监督。

第十五条　机关、社会团体、企业事业单位对损害国家、集体或者个人民事权益的行为，可以支持受损害的单位或者个人向人民法院起诉。

第十六条　民族自治地方的人民代表大会根据宪法和本法的原则，结合当地民族的具体情况，可以制定变通或者补充的规定。自治区的规定，报全国人民代表大会常务委员会批准。自治州、自治县的规定，报省或者自治区的人民代表大会常务委员会批准，并报全国人民代表大会常务委员会备案。

第二章　管　辖

第一节　级别管辖

第十七条　基层人民法院管辖第一审民事案件，但本法另有规定的除外。

第十八条　中级人民法院管辖下列第一审民事案件：

（一）重大涉外案件；

（二）在本辖区有重大影响的案件；

（三）最高人民法院确定由中级人民法院管辖的案件。

第十九条　高级人民法院管辖在本辖区有重大影响的第一审民事案件。

第二十条　最高人民法院管辖下列第一审民事案件：

（一）在全国有重大影响的案件；

（二）认为应当由本院审理的案件。

第二节　地域管辖

第二十一条　对公民提起的民事诉讼，由被告住所地人民法院管辖；被告住所地与经常居住地不一致的，由经常居住地人民法院管辖。

对法人或者其他组织提起的民事诉讼，由被告住所地人民法院管辖。

同一诉讼的几个被告住所地、经常居住地在两个以上人民法院辖区的，各该人民法院都有管辖权。

第二十二条　下列民事诉讼，由原告住所地人民法院管辖；原告住所地与经常居住地不一致的，由原告经常居住地人民法院管辖：

（一）对不在中华人民共和国领域内居住的人提起的有关身份关系的诉讼；

（二）对下落不明或者宣告失踪的人提起的有关身份关系的诉讼；

（三）对被采取强制性教育措施的人提起的诉讼；

（四）对被监禁的人提起的诉讼。

第二十三条　因合同纠纷提起的诉讼，由被告住所地或者合同履行地人民法院管辖。

第二十四条　因保险合同纠纷提起的诉讼，由被告住所地或者保险标的物所在地人民法院管辖。

第二十五条　因票据纠纷提起的诉讼，由票据支付地或者被告住所地人民法院管辖。

第二十六条　因公司设立、确认股东资格、分配利润、解散等纠纷提起的诉讼，由公司住所地人民法院管辖。

第二十七条　因铁路、公路、水上、航空运输和联合运输合同纠纷提起的诉讼，由运输始发地、目的地或者被告住所地人民法院管辖。

第二十八条　因侵权行为提起的诉讼，由侵权行为地或者被告住所地人民法院管辖。

第二十九条　因铁路、公路、水上和航空事故请求损害赔偿提起的诉讼，由事故发生地或者车辆、船舶最先到达地、航空器最先降落地或者被告住所地人民法院管辖。

第三十条　因船舶碰撞或者其他海事损害事故请求损害赔偿提起的诉讼，由碰撞发生地、碰撞船舶最先到达地、加害船舶被扣留地或者被告住所地人民法院管辖。

第三十一条　因海难救助费用提起的诉讼，由救助地或者被救助船舶最先到达地人民法院管辖。

第三十二条　因共同海损提起的诉讼，由船舶最先到达地、共同海损理算地或者航程终止地的人民法院管辖。

第三十三条　下列案件，由本条规定的人民法院专属管辖：

（一）因不动产纠纷提起的诉讼，由不动产所在地人民法院管辖；

（二）因港口作业中发生纠纷提起的诉讼，由港口所在地人民法院管辖；

（三）因继承遗产纠纷提起的诉讼，由被继承人死亡时住所地或者主要遗产所在地人民法院管辖。

第三十四条 合同或者其他财产权益纠纷的当事人可以书面协议选择被告住所地、合同履行地、合同签订地、原告住所地、标的物所在地等与争议有实际联系的地点的人民法院管辖，但不得违反本法对级别管辖和专属管辖的规定。

第三十五条 两个以上人民法院都有管辖权的诉讼，原告可以向其中一个人民法院起诉；原告向两个以上有管辖权的人民法院起诉的，由最先立案的人民法院管辖。

第三节 移送管辖和指定管辖

第三十六条 人民法院发现受理的案件不属于本院管辖的，应当移送有管辖权的人民法院，受移送的人民法院应当受理。受移送的人民法院认为受移送的案件依照规定不属于本院管辖的，应当报请上级人民法院指定管辖，不得再自行移送。

第三十七条 有管辖权的人民法院由于特殊原因，不能行使管辖权的，由上级人民法院指定管辖。

人民法院之间因管辖权发生争议，由争议双方协商解决；协商解决不了的，报请它们的共同上级人民法院指定管辖。

第三十八条 上级人民法院有权审理下级人民法院管辖的第一审民事案件；确有必要将本院管辖的第一审民事案件交下级人民法院审理的，应当报请其上级人民法院批准。

下级人民法院对它所管辖的第一审民事案件，认为需要由上级人民法院审理的，可以报请上级人民法院审理。

第三章 审判组织

第三十九条 人民法院审理第一审民事案件，由审判员、陪审员共同组成合议庭或者由审判员组成合议庭。合议庭的成员人数，必须是单数。

适用简易程序审理的民事案件，由审判员一人独任审理。

陪审员在执行陪审职务时，与审判员有同等的权利义务。

第四十条 人民法院审理第二审民事案件，由审判员组成合议庭。合议庭的成员人数，必须是单数。

发回重审的案件，原审人民法院应当按照第一审程序另行组成合议庭。

审理再审案件，原来是第一审的，按照第一审程序另行组成合议庭；原来是第二审的或者是上级人民法院提审的，按照第二审程序另行组成合议庭。

第四十一条　合议庭的审判长由院长或者庭长指定审判员一人担任；院长或者庭长参加审判的，由院长或者庭长担任。

第四十二条　合议庭评议案件，实行少数服从多数的原则。评议应当制作笔录，由合议庭成员签名。评议中的不同意见，必须如实记入笔录。

第四十三条　审判人员应当依法秉公办案。

审判人员不得接受当事人及其诉讼代理人请客送礼。

审判人员有贪污受贿，徇私舞弊，枉法裁判行为的，应当追究法律责任；构成犯罪的，依法追究刑事责任。

第四章　回　避

第四十四条　审判人员有下列情形之一的，应当自行回避，当事人有权用口头或者书面方式申请他们回避：

（一）是本案当事人或者当事人、诉讼代理人近亲属的；

（二）与本案有利害关系的；

（三）与本案当事人、诉讼代理人有其他关系，可能影响对案件公正审理的。

审判人员接受当事人、诉讼代理人请客送礼，或者违反规定会见当事人、诉讼代理人的，当事人有权要求他们回避。

审判人员有前款规定的行为的，应当依法追究法律责任。

前三款规定，适用于书记员、翻译人员、鉴定人、勘验人。

第四十五条　当事人提出回避申请，应当说明理由，在案件开始审理时提出；回避事由在案件开始审理后知道的，也可以在法庭辩论终结前提出。

被申请回避的人员在人民法院作出是否回避的决定前，应当暂停参与本案的工作，但案件需要采取紧急措施的除外。

第四十六条　院长担任审判长时的回避，由审判委员会决定；审判人员的回避，由院长决定；其他人员的回避，由审判长决定。

第四十七条　人民法院对当事人提出的回避申请，应当在申请提出的三日内，以口头或者书面形式作出决定。申请人对决定不服的，可以在接到决定时申请复议一次。复议期间，被申请回避的人员，不停止参与本案的工作。人民法院对复议申请，应当在三日内作出复议决定，并通知复议申请人。

第五章　诉讼参加人

第一节　当事人

第四十八条　公民、法人和其他组织可以作为民事诉讼的当事人。

法人由其法定代表人进行诉讼。其他组织由其主要负责人进行诉讼。

第四十九条　当事人有权委托代理人，提出回避申请，收集、提供证据，进行辩论，请求调解，提起上诉，申请执行。

当事人可以查阅本案有关材料，并可以复制本案有关材料和法律文书。查阅、复制本案有关材料的范围和办法由最高人民法院规定。

当事人必须依法行使诉讼权利，遵守诉讼秩序，履行发生法律效力的判决书、裁定书和调解书。

第五十条　双方当事人可以自行和解。

第五十一条　原告可以放弃或者变更诉讼请求。被告可以承认或者反驳诉讼请求，有权提起反诉。

第五十二条　当事人一方或者双方为二人以上，其诉讼标的是共同的，或者诉讼标的是同一种类、人民法院认为可以合并审理并经当事人同意的，为共同诉讼。

共同诉讼的一方当事人对诉讼标的有共同权利义务的，其中一人的诉讼行为经其他共同诉讼人承认，对其他共同诉讼人发生效力；对诉讼标的没有共同权利义务的，其中一人的诉讼行为对其他共同诉讼人不发生效力。

第五十三条　当事人一方人数众多的共同诉讼，可以由当事人推选代表人进行诉讼。代表人的诉讼行为对其所代表的当事人发生效力，但代表人变更、放弃诉讼请求或者承认对方当事人的诉讼请求，进行和解，必须经被代表的当事人同意。

第五十四条　诉讼标的是同一种类、当事人一方人数众多在起诉时人数尚未确定的，人民法院可以发出公告，说明案件情况和诉讼请求，通知权利人在一定期间向人民法院登记。

向人民法院登记的权利人可以推选代表人进行诉讼；推选不出代表人的，人民法院可以与参加登记的权利人商定代表人。

代表人的诉讼行为对其所代表的当事人发生效力，但代表人变更、放弃诉讼请求或者承认对方当事人的诉讼请求，进行和解，必须经被代表的当事人同意。

人民法院作出的判决、裁定，对参加登记的全体权利人发生效力。未参加登记的权利人在诉讼时效期间提起诉讼的，适用该判决、裁定。

第五十五条　对污染环境、侵害众多消费者合法权益等损害社会公共利益的行为，法律规定的机关和有关组织可以向人民法院提起诉讼。

第五十六条　对当事人双方的诉讼标的，第三人认为有独立请求权的，有权提起诉讼。

对当事人双方的诉讼标的，第三人虽然没有独立请求权，但案件处理结果同他有法律上的利害关系的，可以申请参加诉讼，或者由人民法院通知他参加诉讼。人民法院判决承担民事责任的第三人，有当事人的诉讼权利义务。

前两款规定的第三人，因不能归责于本人的事由未参加诉讼，但有证据证明发生法律效力的判决、裁定、调解书的部分或者全部内容错误，损害其民事权益的，可以自知道或者应当知道其民事权益受到损害之日起六个月内，向作出该判决、裁定、调解书的人民法院提起诉讼。人民法院经审理，诉讼请求成立的，应当改变或者撤销原判决、裁定、调解书；诉讼请求不成立的，驳回诉讼请求。

第二节　诉讼代理人

第五十七条　无诉讼行为能力人由他的监护人作为法定代理人代为诉讼。法定代理人之间互相推诿代理责任的，由人民法院指定其中一人代为诉讼。

第五十八条　当事人、法定代理人可以委托一至二人作为诉讼代理人。

下列人员可以被委托为诉讼代理人：

（一）律师、基层法律服务工作者；

（二）当事人的近亲属或者工作人员；

（三）当事人所在社区、单位以及有关社会团体推荐的公民。

第五十九条　委托他人代为诉讼，必须向人民法院提交由委托人签名或者盖章的授权委托书。

授权委托书必须记明委托事项和权限。诉讼代理人代为承认、放弃、变更诉讼请求，进行和解，提起反诉或者上诉，必须有委托人的特别授权。

侨居在国外的中华人民共和国公民从国外寄交或者托交的授权委托书，必须经中华人民共和国驻该国的使领馆证明；没有使领馆的，由与中华人民共和国有外交关系的第三国驻该国的使领馆证明，再转由中华人民共和国驻该第三国使领馆证明，或者由当地的爱国华侨团体证明。

第六十条　诉讼代理人的权限如果变更或者解除，当事人应当书面告知人民法院，并由人民法院通知对方当事人。

第六十一条　代理诉讼的律师和其他诉讼代理人有权调查收集证据，可以查阅本案有关材料。查阅本案有关材料的范围和办法由最高人民法院规定。

第六十二条　离婚案件有诉讼代理人的，本人除不能表达意思的以外，仍应出庭；确因特殊情况无法出庭的，必须向人民法院提交书面意见。

第六章　证　据

第六十三条　证据包括：

（一）当事人的陈述；

（二）书证；

（三）物证；

（四）视听资料；

（五）电子数据；

（六）证人证言；

（七）鉴定意见；

（八）勘验笔录。

证据必须查证属实，才能作为认定事实的根据。

第六十四条　当事人对自己提出的主张，有责任提供证据。

当事人及其诉讼代理人因客观原因不能自行收集的证据，或者人民法院认为审理案件需要的证据，人民法院应当调查收集。

人民法院应当按照法定程序，全面地、客观地审查核实证据。

第六十五条　当事人对自己提出的主张应当及时提供证据。

人民法院根据当事人的主张和案件审理情况，确定当事人应当提供的证据及其期限。当事人在该期限内提供证据确有困难的，可以向人民法院申请延长期限，人民法院根据当事人的申请适当延长。当事人逾期提供证据的，人民法院应当责令其说明理由；拒不说明理由或者理由不成立的，人民法院根据不同情形可以不予采纳该证据，或者采纳该证据但予以训诫、罚款。

第六十六条　人民法院收到当事人提交的证据材料，应当出具收据，写明证据名称、页数、份数、原件或者复印件以及收到时间等，并由经办人员签名或者盖章。

第六十七条　人民法院有权向有关单位和个人调查取证，有关单位和个人不得拒绝。

人民法院对有关单位和个人提出的证明文书，应当辨别真伪，审查确定其效力。

第六十八条　证据应当在法庭上出示，并由当事人互相质证。对涉及国家秘密、商业秘密和个人隐私的证据应当保密，需要在法庭出示的，不得在公开开庭时出示。

第六十九条　经过法定程序公证证明的法律事实和文书，人民法院应当作为认定事实的根据，但有相反证据足以推翻公证证明的除外。

第七十条　书证应当提交原件。物证应当提交原物。提交原件或者原物确有困难的，可以提交复制品、照片、副本、节录本。

提交外文书证，必须附有中文译本。

第七十一条　人民法院对视听资料，应当辨别真伪，并结合本案的其他证据，审查确定能否作为认定事实的根据。

第七十二条　凡是知道案件情况的单位和个人，都有义务出庭作证。有关单位的负责人应当支持证人作证。

不能正确表达意思的人，不能作证。

第七十三条　经人民法院通知，证人应当出庭作证。有下列情形之一的，经人民法院许可，可以通过书面证言、视听传输技术或者视听资料等方式作证：

（一）因健康原因不能出庭的；

（二）因路途遥远，交通不便不能出庭的；

（三）因自然灾害等不可抗力不能出庭的；

（四）其他有正当理由不能出庭的。

第七十四条　证人因履行出庭作证义务而支出的交通、住宿、就餐等必要费用以及误工损失，由败诉一方当事人负担。当事人申请证人作证的，由该当事人先行垫付；当事人没有申请，人民法院通知证人作证的，由人民法院先行垫付。

第七十五条　人民法院对当事人的陈述，应当结合本案的其他证据，审查确定能否作为认定事实的根据。

当事人拒绝陈述的，不影响人民法院根据证据认定案件事实。

第七十六条　当事人可以就查明事实的专门性问题向人民法院申请鉴定。当事人申请鉴定的，由双方当事人协商确定具备资格的鉴定人；协商不成的，由人民法院指定。

当事人未申请鉴定，人民法院对专门性问题认为需要鉴定的，应当委托具备资格的鉴定人进行鉴定。

第七十七条　鉴定人有权了解进行鉴定所需要的案件材料，必要时可以询问当事人、证人。

鉴定人应当提出书面鉴定意见，在鉴定书上签名或者盖章。

第七十八条　当事人对鉴定意见有异议或者人民法院认为鉴定人有必要出庭的，鉴定人应当出庭作证。经人民法院通知，鉴定人拒不出庭作证的，鉴定意见不得作为认定事实的根据；支付鉴定费用的当事人可以要求返还鉴定费用。

第七十九条　当事人可以申请人民法院通知有专门知识的人出庭，就鉴定人作出的鉴定意见或者专业问题提出意见。

第八十条　勘验物证或者现场，勘验人必须出示人民法院的证件，并邀请当地基层组织或者当事人所在单位派人参加。当事人或者当事人的成年家属应当到场，拒不到场的，不影响勘验的进行。

有关单位和个人根据人民法院的通知，有义务保护现场，协助勘验工作。

勘验人应当将勘验情况和结果制作笔录，由勘验人、当事人和被邀参加人签名或者盖章。

第八十一条　在证据可能灭失或者以后难以取得的情况下，当事人可以在诉讼过程中向人民法院申请保全证据，人民法院也可以主动采取保全措施。

因情况紧急，在证据可能灭失或者以后难以取得的情况下，利害关系人可以在提起诉讼或者申请仲裁前向证据所在地、被申请人住所地或者对案件有管辖权的人民法院申请保全证据。

证据保全的其他程序，参照适用本法第九章保全的有关规定。

第七章　期间、送达

第一节　期　间

第八十二条　期间包括法定期间和人民法院指定的期间。

期间以时、日、月、年计算。期间开始的时和日，不计算在期间内。

期间届满的最后一日是节假日的，以节假日后的第一日为期间届满的日期。

期间不包括在途时间，诉讼文书在期满前交邮的，不算过期。

第八十三条　当事人因不可抗拒的事由或者其他正当理由耽误期限的，在障碍消除后的十日内，可以申请顺延期限，是否准许，由人民法院决定。

第二节　送　达

第八十四条　送达诉讼文书必须有送达回证，由受送达人在送达回证上记明收到日期，签名或者盖章。

受送达人在送达回证上的签收日期为送达日期。

第八十五条　送达诉讼文书，应当直接送交受送达人。受送达人是公民的，本人不在交他的同住成年家属签收；受送达人是法人或者其他组织的，应当由法人的法定代表人、其他组织的主要负责人或者该法人、组织负责收件的人签收；受送达人有诉讼代理人的，可以送交其代理人签收；受送达人已向人民法院指定代收人的，送交代收人签收。

受送达人的同住成年家属，法人或者其他组织的负责收件的人，诉讼代理人或者代收人在送达回证上签收的日期为送达日期。

第八十六条　受送达人或者他的同住成年家属拒绝接收诉讼文书的，送达人可以邀请有关基层组织或者所在单位的代表到场，说明情况，在送达回证上记明拒收事由和日期，由送达人、见证人签名或者盖章，把诉讼文书留在受送达人的住所；也可以把诉讼文书留在受送达人的住所，并采用拍照、录像等方式记录送达过程，即视为送达。

第八十七条　经受送达人同意，人民法院可以采用传真、电子邮件等能够确认其收悉的方式送达诉讼文书，但判决书、裁定书、调解书除外。

采用前款方式送达的，以传真、电子邮件等到达受送达人特定系统的日期为送达日期。

第八十八条　直接送达诉讼文书有困难的，可以委托其他人民法院代为送达，或者邮寄送达。邮寄送达的，以回执上注明的收件日期为送达日期。

第八十九条　受送达人是军人的，通过其所在部队团以上单位的政治机关转交。

第九十条　受送达人被监禁的，通过其所在监所转交。

受送达人被采取强制性教育措施的，通过其所在强制性教育机构转交。

第九十一条　代为转交的机关、单位收到诉讼文书后，必须立即交受送达人签收，以在送达回证上的签收日期，为送达日期。

第九十二条　受送达人下落不明，或者用本节规定的其他方式无法送达的，公告送达。自发出公告之日起，经过六十日，即视为送达。

公告送达，应当在案卷中记明原因和经过。

第八章　调　解

第九十三条　人民法院审理民事案件，根据当事人自愿的原则，在事实清楚的基础上，分清是非，进行调解。

第九十四条　人民法院进行调解，可以由审判员一人主持，也可以由合议庭主持，并尽可能就地进行。

人民法院进行调解，可以用简便方式通知当事人、证人到庭。

第九十五条　人民法院进行调解，可以邀请有关单位和个人协助。被邀请的单位和个人，应当协助人民法院进行调解。

第九十六条　调解达成协议，必须双方自愿，不得强迫。调解协议的内容不得违反法律规定。

第九十七条　调解达成协议，人民法院应当制作调解书。调解书应当写明诉讼请求、案件的事实和调解结果。

调解书由审判人员、书记员署名，加盖人民法院印章，送达双方当事人。

调解书经双方当事人签收后，即具有法律效力。

第九十八条　下列案件调解达成协议，人民法院可以不制作调解书：

（一）调解和好的离婚案件；

（二）调解维持收养关系的案件；

（三）能够即时履行的案件；

（四）其他不需要制作调解书的案件。

对不需要制作调解书的协议，应当记入笔录，由双方当事人、审判人员、书记员签名或者盖章后，即具有法律效力。

第九十九条　调解未达成协议或者调解书送达前一方反悔的，人民法院应当及时判决。

第九章　保全和先予执行

第一百条　人民法院对于可能因当事人一方的行为或者其他原因，使判决难以执行或者造成当事人其他损害的案件，根据对方当事人的申请，可以裁定对其财产进行保全、责令其作出一定行为或者禁止其作出一定行为；当事人没有提出申请的，人民法院在必要时也可以裁定采取保全措施。

人民法院采取保全措施，可以责令申请人提供担保，申请人不提供担保的，裁定驳回申请。

人民法院接受申请后，对情况紧急的，必须在四十八小时内作出裁定；裁定采取保全措施的，应当立即开始执行。

第一百零一条　利害关系人因情况紧急，不立即申请保全将会使其合法权益受到难以弥补的损害的，可以在提起诉讼或者申请仲裁前向被保全财产所在地、被申请人住所地或者对案件有管辖权的人民法院申请采取保全措施。申请人应当提供担保，不提供担保的，裁定驳回申请。

人民法院接受申请后，必须在四十八小时内作出裁定；裁定采取保全措施的，应当立即开始执行。

申请人在人民法院采取保全措施后三十日内不依法提起诉讼或者申请仲裁的，人民法院应当解除保全。

第一百零二条　保全限于请求的范围，或者与本案有关的财物。

第一百零三条　财产保全采取查封、扣押、冻结或者法律规定的其他方法。人民法院保全财产后，应当立即通知被保全财产的人。

财产已被查封、冻结的，不得重复查封、冻结。

第一百零四条　财产纠纷案件，被申请人提供担保的，人民法院应当裁定解除保全。

第一百零五条　申请有错误的，申请人应当赔偿被申请人因保全所遭受的损失。

第一百零六条　人民法院对下列案件，根据当事人的申请，可以裁定先予执行：

（一）追索赡养费、扶养费、抚育费、抚恤金、医疗费用的；

（二）追索劳动报酬的；

（三）因情况紧急需要先予执行的。

第一百零七条　人民法院裁定先予执行的，应当符合下列条件：

（一）当事人之间权利义务关系明确，不先予执行将严重影响申请人的生活或者生产经营的；

（二）被申请人有履行能力。

人民法院可以责令申请人提供担保，申请人不提供担保的，驳回申请。申请人败诉的，应当赔偿被申请人因先予执行遭受的财产损失。

第一百零八条　当事人对保全或者先予执行的裁定不服的，可以申请复议一次。复议期间不停止裁定的执行。

第十章　对妨害民事诉讼的强制措施

第一百零九条　人民法院对必须到庭的被告，经两次传票传唤，无正当理由拒不到庭的，可以拘传。

第一百一十条　诉讼参与人和其他人应当遵守法庭规则。

人民法院对违反法庭规则的人，可以予以训诫，责令退出法庭或者予以罚款、拘留。

人民法院对哄闹、冲击法庭，侮辱、诽谤、威胁、殴打审判人员，严重扰乱法庭秩序的人，依法追究刑事责任；情节较轻的，予以罚款、拘留。

第一百一十一条　诉讼参与人或者其他人有下列行为之一的，人民法院可以根据情节轻重予以罚款、拘留；构成犯罪的，依法追究刑事责任：

（一）伪造、毁灭重要证据，妨碍人民法院审理案件的；

（二）以暴力、威胁、贿买方法阻止证人作证或者指使、贿买、胁迫他人作伪证的；

（三）隐藏、转移、变卖、毁损已被查封、扣押的财产，或者已被清点并责令其保管的财产，转移已被冻结的财产的；

（四）对司法工作人员、诉讼参加人、证人、翻译人员、鉴定人、勘验人、协助执行的人，进行侮辱、诽谤、诬陷、殴打或者打击报复的；

（五）以暴力、威胁或者其他方法阻碍司法工作人员执行职务的；

（六）拒不履行人民法院已经发生法律效力的判决、裁定的。

人民法院对有前款规定的行为之一的单位，可以对其主要负责人或者直接责任人员予以罚款、拘留；构成犯罪的，依法追究刑事责任。

第一百一十二条 当事人之间恶意串通，企图通过诉讼、调解等方式侵害他人合法权益的，人民法院应当驳回其请求，并根据情节轻重予以罚款、拘留；构成犯罪的，依法追究刑事责任。

第一百一十三条 被执行人与他人恶意串通，通过诉讼、仲裁、调解等方式逃避履行法律文书确定的义务的，人民法院应当根据情节轻重予以罚款、拘留；构成犯罪的，依法追究刑事责任。

第一百一十四条 有义务协助调查、执行的单位有下列行为之一的，人民法院除责令其履行协助义务外，并可以予以罚款：

（一）有关单位拒绝或者妨碍人民法院调查取证的；

（二）有关单位接到人民法院协助执行通知书后，拒不协助查询、扣押、冻结、划拨、变价财产的；

（三）有关单位接到人民法院协助执行通知书后，拒不协助扣留被执行人的收入、办理有关财产权证照转移手续、转交有关票证、证照或者其他财产的；

（四）其他拒绝协助执行的。

人民法院对有前款规定的行为之一的单位，可以对其主要负责人或者直接责任人员予以罚款；对仍不履行协助义务的，可以予以拘留；并可以向监察机关或者有关机关提出予以纪律处分的司法建议。

第一百一十五条　对个人的罚款金额，为人民币十万元以下。对单位的罚款金额，为人民币五万元以上一百万元以下。

拘留的期限，为十五日以下。

被拘留的人，由人民法院交公安机关看管。在拘留期间，被拘留人承认并改正错误的，人民法院可以决定提前解除拘留。

第一百一十六条　拘传、罚款、拘留必须经院长批准。

拘传应当发拘传票。

罚款、拘留应当用决定书。对决定不服的，可以向上一级人民法院申请复议一次。复议期间不停止执行。

第一百一十七条　采取对妨害民事诉讼的强制措施必须由人民法院决定。任何单位和个人采取非法拘禁他人或者非法私自扣押他人财产追索债务的，应当依法追究刑事责任，或者予以拘留、罚款。

第十一章　诉讼费用

第一百一十八条　当事人进行民事诉讼，应当按照规定交纳案件受理费。财产案件除交纳案件受理费外，并按照规定交纳其他诉讼费用。

当事人交纳诉讼费用确有困难的，可以按照规定向人民法院申请缓交、减交或者免交。

收取诉讼费用的办法另行制定。

第二编　审判程序

第十二章　第一审普通程序

第一节　起诉和受理

第一百一十九条　起诉必须符合下列条件：

（一）原告是与本案有直接利害关系的公民、法人和其他组织；

（二）有明确的被告；

（三）有具体的诉讼请求和事实、理由；

（四）属于人民法院受理民事诉讼的范围和受诉人民法院管辖。

第一百二十条　起诉应当向人民法院递交起诉状，并按照被告人数提出副本。

书写起诉状确有困难的，可以口头起诉，由人民法院记入笔录，并告知对方当事人。

第一百二十一条　起诉状应当记明下列事项：

（一）原告的姓名、性别、年龄、民族、职业、工作单位、住所、联系方式，法人或者其他组织的名称、住所和法定代表人或者主要负责人的姓名、职务、联系方式；

（二）被告的姓名、性别、工作单位、住所等信息，法人或者其他组织的名称、住所等信息；

（三）诉讼请求和所根据的事实与理由；

（四）证据和证据来源，证人姓名和住所。

第一百二十二条　当事人起诉到人民法院的民事纠纷，适宜调解的，先行调解，但当事人拒绝调解的除外。

第一百二十三条　人民法院应当保障当事人依照法律规定享有的起诉权利。对符合本法第一百一十九条的起诉，必须受理。符合起诉条件的，应当在七日内立案，并通知当事人；不符合起诉条件的，应当在七日内作出裁定书，不予受理；原告对裁定不服的，可以提起上诉。

第一百二十四条　人民法院对下列起诉，分别情形，予以处理：

（一）依照行政诉讼法的规定，属于行政诉讼受案范围的，告知原告提起行政诉讼；

（二）依照法律规定，双方当事人达成书面仲裁协议申请仲裁、不得向人民法院起诉的，告知原告向仲裁机构申请仲裁；

（三）依照法律规定，应当由其他机关处理的争议，告知原告向有关机关申请解决；

（四）对不属于本院管辖的案件，告知原告向有管辖权的人民法院起诉；

（五）对判决、裁定、调解书已经发生法律效力的案件，当事人又起诉的，告知原告申请再审，但人民法院准许撤诉的裁定除外；

（六）依照法律规定，在一定期限内不得起诉的案件，在不得起诉的期限内起诉的，不予受理；

（七）判决不准离婚和调解和好的离婚案件，判决、调解维持收养关系的案件，没有新情况、新理由，原告在六个月内又起诉的，不予受理。

第二节　审理前的准备

第一百二十五条　人民法院应当在立案之日起五日内将起诉状副本发送被告，被告应当在收到之日起十五日内提出答辩状。答辩状应当记明被告的姓名、性别、年龄、民族、职业、工作单位、住所、联系方式；法人或者其他组织的名称、住所和法定代表人或者主要负责人的姓名、职务、联系方式。人民法院应当在收到答辩状之日起五日内将答辩状副本发送原告。

被告不提出答辩状的，不影响人民法院审理。

第一百二十六条　人民法院对决定受理的案件，应当在受理案件通知书和应诉通知书中向当事人告知有关的诉讼权利义务，或者口头告知。

第一百二十七条　人民法院受理案件后，当事人对管辖权有异议的，应当在提交答辩状期间提出。人民法院对当事人提出的异议，应当审查。异议成立的，裁定将案件移送有管辖权的人民法院；异议不成立的，裁定驳回。

当事人未提出管辖异议，并应诉答辩的，视为受诉人民法院有管辖权，但违反级别管辖和专属管辖规定的除外。

第一百二十八条　合议庭组成人员确定后，应当在三日内告知当事人。

第一百二十九条　审判人员必须认真审核诉讼材料，调查收集必要的证据。

第一百三十条　人民法院派出人员进行调查时，应当向被调查人出示证件。调查笔录经被调查人校阅后，由被调查人、调查人签名或者盖章。

第一百三十一条　人民法院在必要时可以委托外地人民法院调查。

委托调查，必须提出明确的项目和要求。受委托人民法院可以主动补充调查。

受委托人民法院收到委托书后，应当在三十日内完成调查。因故不能完成的，应当在上述期限内函告委托人民法院。

第一百三十二条　必须共同进行诉讼的当事人没有参加诉讼的，人民法院应当通知其参加诉讼。

第一百三十三条　人民法院对受理的案件，分别情形，予以处理：

（一）当事人没有争议，符合督促程序规定条件的，可以转入督促程序；

（二）开庭前可以调解的，采取调解方式及时解决纠纷；

（三）根据案件情况，确定适用简易程序或者普通程序；

（四）需要开庭审理的，通过要求当事人交换证据等方式，明确争议焦点。

第三节　开庭审理

第一百三十四条　人民法院审理民事案件，除涉及国家秘密、个人隐私或者法律另有规定的以外，应当公开进行。

离婚案件，涉及商业秘密的案件，当事人申请不公开审理的，可以不公开审理。

第一百三十五条　人民法院审理民事案件，根据需要进行巡回审理，就地办案。

第一百三十六条　人民法院审理民事案件，应当在开庭三日前通知当事人和其他诉讼参与人。公开审理的，应当公告当事人姓名、案由和开庭的时间、地点。

第一百三十七条　开庭审理前，书记员应当查明当事人和其他诉讼参与人是否到庭，宣布法庭纪律。

开庭审理时，由审判长核对当事人，宣布案由，宣布审判人员、书记员名单，告知当事人有关的诉讼权利义务，询问当事人是否提出回避申请。

第一百三十八条　法庭调查按照下列顺序进行：

（一）当事人陈述；

（二）告知证人的权利义务，证人作证，宣读未到庭的证人证言；

（三）出示书证、物证、视听资料和电子数据；

（四）宣读鉴定意见；

（五）宣读勘验笔录。

第一百三十九条　当事人在法庭上可以提出新的证据。

当事人经法庭许可，可以向证人、鉴定人、勘验人发问。

当事人要求重新进行调查、鉴定或者勘验的，是否准许，由人民法院决定。

第一百四十条　原告增加诉讼请求，被告提出反诉，第三人提出与本案有关的诉讼请求，可以合并审理。

第一百四十一条　法庭辩论按照下列顺序进行：

（一）原告及其诉讼代理人发言；

（二）被告及其诉讼代理人答辩；

（三）第三人及其诉讼代理人发言或者答辩；

（四）互相辩论。

法庭辩论终结，由审判长按照原告、被告、第三人的先后顺序征询各方最后意见。

第一百四十二条　法庭辩论终结，应当依法作出判决。判决前能够调解的，还可以进行调解，调解不成的，应当及时判决。

第一百四十三条　原告经传票传唤，无正当理由拒不到庭的，或者未经法庭许可中途退庭的，可以按撤诉处理；被告反诉的，可以缺席判决。

第一百四十四条　被告经传票传唤，无正当理由拒不到庭的，或者未经法庭许可中途退庭的，可以缺席判决。

第一百四十五条　宣判前，原告申请撤诉的，是否准许，由人民法院裁定。

人民法院裁定不准许撤诉的，原告经传票传唤，无正当理由拒不到庭的，可以缺席判决。

第一百四十六条　有下列情形之一的，可以延期开庭审理：

（一）必须到庭的当事人和其他诉讼参与人有正当理由没有到庭的；

（二）当事人临时提出回避申请的；

（三）需要通知新的证人到庭，调取新的证据，重新鉴定、勘验，或者需要补充调查的；

（四）其他应当延期的情形。

第一百四十七条　书记员应当将法庭审理的全部活动记入笔录，由审判人员和书记员签名。

法庭笔录应当当庭宣读，也可以告知当事人和其他诉讼参与人当庭或者在五日内阅读。当事人和其他诉讼参与人认为对自己的陈述记录有遗漏或者差错的，有权申请补正。如果不予补正，应当将申请记录在案。

法庭笔录由当事人和其他诉讼参与人签名或者盖章。拒绝签名盖章的，记明情况附卷。

第一百四十八条　人民法院对公开审理或者不公开审理的案件，一律公开宣告判决。

当庭宣判的，应当在十日内发送判决书；定期宣判的，宣判后立即发给判决书。

宣告判决时，必须告知当事人上诉权利、上诉期限和上诉的法院。

宣告离婚判决，必须告知当事人在判决发生法律效力前不得另行结婚。

第一百四十九条　人民法院适用普通程序审理的案件，应当在立案之日起六个月内审结。有特殊情况需要延长的，由本院院长批准，可以延长六个月；还需要延长的，报请上级人民法院批准。

第四节　诉讼中止和终结

第一百五十条　有下列情形之一的，中止诉讼：

（一）一方当事人死亡，需要等待继承人表明是否参加诉讼的；

（二）一方当事人丧失诉讼行为能力，尚未确定法定代理人的；

（三）作为一方当事人的法人或者其他组织终止，尚未确定权利义务承受人的；

（四）一方当事人因不可抗拒的事由，不能参加诉讼的；

（五）本案必须以另一案的审理结果为依据，而另一案尚未审结的；

（六）其他应当中止诉讼的情形。

中止诉讼的原因消除后，恢复诉讼。

第一百五十一条 有下列情形之一的，终结诉讼：

（一）原告死亡，没有继承人，或者继承人放弃诉讼权利的；

（二）被告死亡，没有遗产，也没有应当承担义务的人的；

（三）离婚案件一方当事人死亡的；

（四）追索赡养费、扶养费、抚育费以及解除收养关系案件的一方当事人死亡的。

第五节 判决和裁定

第一百五十二条 判决书应当写明判决结果和作出该判决的理由。判决书内容包括：

（一）案由、诉讼请求、争议的事实和理由；

（二）判决认定的事实和理由、适用的法律和理由；

（三）判决结果和诉讼费用的负担；

（四）上诉期间和上诉的法院。

判决书由审判人员、书记员署名，加盖人民法院印章。

第一百五十三条 人民法院审理案件，其中一部分事实已经清楚，可以就该部分先行判决。

第一百五十四条 裁定适用于下列范围：

（一）不予受理；

（二）对管辖权有异议的；

（三）驳回起诉；

（四）保全和先予执行；

（五）准许或者不准许撤诉；

（六）中止或者终结诉讼；

（七）补正判决书中的笔误；

（八）中止或者终结执行；

（九）撤销或者不予执行仲裁裁决；

（十）不予执行公证机关赋予强制执行效力的债权文书；

（十一）其他需要裁定解决的事项。

对前款第一项至第三项裁定，可以上诉。

裁定书应当写明裁定结果和作出该裁定的理由。裁定书由审判人员、书记员署名，加盖人民法院印章。口头裁定的，记入笔录。

第一百五十五条 最高人民法院的判决、裁定，以及依法不准上诉或者超过上诉期没有上诉的判决、裁定，是发生法律效力的判决、裁定。

第一百五十六条 公众可以查阅发生法律效力的判决书、裁定书，但涉及国家秘密、商业秘密和个人隐私的内容除外。

第十三章 简易程序

第一百五十七条 基层人民法院和它派出的法庭审理事实清楚、权利义务关系明确、争议不大的简单的民事案件，适用本章规定。

基层人民法院和它派出的法庭审理前款规定以外的民事案件，当事人双方也可以约定适用简易程序。

第一百五十八条 对简单的民事案件，原告可以口头起诉。

当事人双方可以同时到基层人民法院或者它派出的法庭，请求解决纠纷。基层人民法院或者它派出的法庭可以当即审理，也可以另定日期审理。

第一百五十九条 基层人民法院和它派出的法庭审理简单的民事案件，可以用简便方式传唤当事人和证人、送达诉讼文书、审理案件，但应当保障当事人陈述意见的权利。

第一百六十条 简单的民事案件由审判员一人独任审理，并不受本法第一百三十六条、第一百三十八条、第一百四十一条规定的限制。

第一百六十一条 人民法院适用简易程序审理案件，应当在立案之日起三个月内审结。

第一百六十二条　基层人民法院和它派出的法庭审理符合本法第一百五十七条第一款规定的简单的民事案件，标的额为各省、自治区、直辖市上年度就业人员年平均工资百分之三十以下的，实行一审终审。

第一百六十三条　人民法院在审理过程中，发现案件不宜适用简易程序的，裁定转为普通程序。

第十四章　第二审程序

第一百六十四条　当事人不服地方人民法院第一审判决的，有权在判决书送达之日起十五日内向上一级人民法院提起上诉。

当事人不服地方人民法院第一审裁定的，有权在裁定书送达之日起十日内向上一级人民法院提起上诉。

第一百六十五条　上诉应当递交上诉状。上诉状的内容，应当包括当事人的姓名，法人的名称及其法定代表人的姓名或者其他组织的名称及其主要负责人的姓名；原审人民法院名称、案件的编号和案由；上诉的请求和理由。

第一百六十六条　上诉状应当通过原审人民法院提出，并按照对方当事人或者代表人的人数提出副本。

当事人直接向第二审人民法院上诉的，第二审人民法院应当在五日内将上诉状移交原审人民法院。

第一百六十七条　原审人民法院收到上诉状，应当在五日内将上诉状副本送达对方当事人，对方当事人在收到之日起十五日内提出答辩状。人民法院应当在收到答辩状之日起五日内将副本送达上诉人。对方当事人不提出答辩状的，不影响人民法院审理。

原审人民法院收到上诉状、答辩状，应当在五日内连同全部案卷和证据，报送第二审人民法院。

第一百六十八条　第二审人民法院应当对上诉请求的有关事实和适用法律进行审查。

第一百六十九条　第二审人民法院对上诉案件，应当组成合议庭，开庭审理。经过阅卷、调查和询问当事人，对没有提出新的事实、证据或者理由，合议庭认为不需要开庭审理的，可以不开庭审理。

第二审人民法院审理上诉案件，可以在本院进行，也可以到案件发生地或者原审人民法院所在地进行。

第一百七十条　第二审人民法院对上诉案件，经过审理，按照下列情形，分别处理：

（一）原判决、裁定认定事实清楚，适用法律正确的，以判决、裁定方式驳回上诉，维持原判决、裁定；

（二）原判决、裁定认定事实错误或者适用法律错误的，以判决、裁定方式依法改判、撤销或者变更；

（三）原判决认定基本事实不清的，裁定撤销原判决，发回原审人民法院重审，或者查清事实后改判；

（四）原判决遗漏当事人或者违法缺席判决等严重违反法定程序的，裁定撤销原判决，发回原审人民法院重审。

原审人民法院对发回重审的案件作出判决后，当事人提起上诉的，第二审人民法院不得再次发回重审。

第一百七十一条　第二审人民法院对不服第一审人民法院裁定的上诉案件的处理，一律使用裁定。

第一百七十二条　第二审人民法院审理上诉案件，可以进行调解。调解达成协议，应当制作调解书，由审判人员、书记员署名，加盖人民法院印章。调解书送达后，原审人民法院的判决即视为撤销。

第一百七十三条　第二审人民法院判决宣告前，上诉人申请撤回上诉的，是否准许，由第二审人民法院裁定。

第一百七十四条　第二审人民法院审理上诉案件，除依照本章规定外，适用第一审普通程序。

第一百七十五条　第二审人民法院的判决、裁定，是终审的判决、裁定。

第一百七十六条　人民法院审理对判决的上诉案件，应当在第二审立案之日起三个月内审结。有特殊情况需要延长的,由本院院长批准。

人民法院审理对裁定的上诉案件,应当在第二审立案之日起三十日内作出终审裁定。

第十五章 特别程序

第一节 一般规定

第一百七十七条 人民法院审理选民资格案件、宣告失踪或者宣告死亡案件、认定公民无民事行为能力或者限制民事行为能力案件、认定财产无主案件、确认调解协议案件和实现担保物权案件,适用本章规定。本章没有规定的,适用本法和其他法律的有关规定。

第一百七十八条 依照本章程序审理的案件,实行一审终审。选民资格案件或者重大、疑难的案件,由审判员组成合议庭审理;其他案件由审判员一人独任审理。

第一百七十九条 人民法院在依照本章程序审理案件的过程中,发现本案属于民事权益争议的,应当裁定终结特别程序,并告知利害关系人可以另行起诉。

第一百八十条 人民法院适用特别程序审理的案件,应当在立案之日起三十日内或者公告期满后三十日内审结。有特殊情况需要延长的,由本院院长批准。但审理选民资格的案件除外。

第二节 选民资格案件

第一百八十一条 公民不服选举委员会对选民资格的申诉所作的处理决定,可以在选举日的五日以前向选区所在地基层人民法院起诉。

第一百八十二条 人民法院受理选民资格案件后,必须在选举日前审结。

审理时,起诉人、选举委员会的代表和有关公民必须参加。

人民法院的判决书,应当在选举日前送达选举委员会和起诉人,并通知有关公民。

第三节 宣告失踪、宣告死亡案件

第一百八十三条 公民下落不明满二年，利害关系人申请宣告其失踪的，向下落不明人住所地基层人民法院提出。

申请书应当写明失踪的事实、时间和请求，并附有公安机关或者其他有关机关关于该公民下落不明的书面证明。

第一百八十四条 公民下落不明满四年，或者因意外事故下落不明满二年，或者因意外事故下落不明，经有关机关证明该公民不可能生存，利害关系人申请宣告其死亡的，向下落不明人住所地基层人民法院提出。

申请书应当写明下落不明的事实、时间和请求，并附有公安机关或者其他有关机关关于该公民下落不明的书面证明。

第一百八十五条 人民法院受理宣告失踪、宣告死亡案件后，应当发出寻找下落不明人的公告。宣告失踪的公告期间为三个月，宣告死亡的公告期间为一年。因意外事故下落不明，经有关机关证明该公民不可能生存的，宣告死亡的公告期间为三个月。

公告期间届满，人民法院应当根据被宣告失踪、宣告死亡的事实是否得到确认，作出宣告失踪、宣告死亡的判决或者驳回申请的判决。

第一百八十六条 被宣告失踪、宣告死亡的公民重新出现，经本人或者利害关系人申请，人民法院应当作出新判决，撤销原判决。

第四节 认定公民无民事行为能力、限制民事行为能力案件

第一百八十七条 申请认定公民无民事行为能力或者限制民事行为能力，由其近亲属或者其他利害关系人向该公民住所地基层人民法院提出。

申请书应当写明该公民无民事行为能力或者限制民事行为能力的事实和根据。

第一百八十八条 人民法院受理申请后，必要时应当对被请求认定为无民事行为能力或者限制民事行为能力的公民进行鉴定。申请人已提供鉴定意见的，应当对鉴定意见进行审查。

第一百八十九条 人民法院审理认定公民无民事行为能力或者限制民事行

为能力的案件，应当由该公民的近亲属为代理人，但申请人除外。近亲属互相推诿的，由人民法院指定其中一人为代理人。该公民健康情况许可的，还应当询问本人的意见。

人民法院经审理认定申请有事实根据的，判决该公民为无民事行为能力或者限制民事行为能力人；认定申请没有事实根据的，应当判决予以驳回。

第一百九十条　人民法院根据被认定为无民事行为能力人、限制民事行为能力人或者他的监护人的申请，证实该公民无民事行为能力或者限制民事行为能力的原因已经消除的，应当作出新判决，撤销原判决。

第五节　认定财产无主案件

第一百九十一条　申请认定财产无主，由公民、法人或者其他组织向财产所在地基层人民法院提出。

申请书应当写明财产的种类、数量以及要求认定财产无主的根据。

第一百九十二条　人民法院受理申请后，经审查核实，应当发出财产认领公告。公告满一年无人认领的，判决认定财产无主，收归国家或者集体所有。

第一百九十三条　判决认定财产无主后，原财产所有人或者继承人出现，在民法通则规定的诉讼时效期间可以对财产提出请求，人民法院审查属实后，应当作出新判决，撤销原判决。

第六节　确认调解协议案件

第一百九十四条　申请司法确认调解协议，由双方当事人依照人民调解法等法律，自调解协议生效之日起三十日内，共同向调解组织所在地基层人民法院提出。

第一百九十五条　人民法院受理申请后，经审查，符合法律规定的，裁定调解协议有效，一方当事人拒绝履行或者未全部履行的，对方当事人可以向人民法院申请执行；不符合法律规定的，裁定驳回申请，当事人可以通过调解方式变更原调解协议或者达成新的调解协议，也可以向人民法院提起诉讼。

第七节　实现担保物权案件

第一百九十六条　申请实现担保物权，由担保物权人以及其他有权请求实现担保物权的人依照物权法等法律，向担保财产所在地或者担保物权登记地基层人民法院提出。

第一百九十七条　人民法院受理申请后，经审查，符合法律规定的，裁定拍卖、变卖担保财产，当事人依据该裁定可以向人民法院申请执行；不符合法律规定的，裁定驳回申请，当事人可以向人民法院提起诉讼。

第十六章　审判监督程序

第一百九十八条　各级人民法院院长对本院已经发生法律效力的判决、裁定、调解书，发现确有错误，认为需要再审的，应当提交审判委员会讨论决定。

最高人民法院对地方各级人民法院已经发生法律效力的判决、裁定、调解书，上级人民法院对下级人民法院已经发生法律效力的判决、裁定、调解书，发现确有错误的，有权提审或者指令下级人民法院再审。

第一百九十九条　当事人对已经发生法律效力的判决、裁定，认为有错误的，可以向上一级人民法院申请再审；当事人一方人数众多或者当事人双方为公民的案件，也可以向原审人民法院申请再审。当事人申请再审的，不停止判决、裁定的执行。

第二百条　当事人的申请符合下列情形之一的，人民法院应当再审：

（一）有新的证据，足以推翻原判决、裁定的；

（二）原判决、裁定认定的基本事实缺乏证据证明的；

（三）原判决、裁定认定事实的主要证据是伪造的；

（四）原判决、裁定认定事实的主要证据未经质证的；

（五）对审理案件需要的主要证据，当事人因客观原因不能自行收集，书面申请人民法院调查收集，人民法院未调查收集的；

（六）原判决、裁定适用法律确有错误的；

（七）审判组织的组成不合法或者依法应当回避的审判人员没有回避的；

（八）无诉讼行为能力人未经法定代理人代为诉讼或者应当参加诉讼的当事人，因不能归责于本人或者其诉讼代理人的事由，未参加诉讼的；

（九）违反法律规定，剥夺当事人辩论权利的；

（十）未经传票传唤，缺席判决的；

（十一）原判决、裁定遗漏或者超出诉讼请求的；

（十二）据以作出原判决、裁定的法律文书被撤销或者变更的；

（十三）审判人员审理该案件时有贪污受贿，徇私舞弊，枉法裁判行为的。

第二百零一条 当事人对已经发生法律效力的调解书，提出证据证明调解违反自愿原则或者调解协议的内容违反法律的，可以申请再审。经人民法院审查属实的，应当再审。

第二百零二条 当事人对已经发生法律效力的解除婚姻关系的判决、调解书，不得申请再审。

第二百零三条 当事人申请再审的，应当提交再审申请书等材料。人民法院应当自收到再审申请书之日起五日内将再审申请书副本发送对方当事人。对方当事人应当自收到再审申请书副本之日起十五日内提交书面意见；不提交书面意见的，不影响人民法院审查。人民法院可以要求申请人和对方当事人补充有关材料，询问有关事项。

第二百零四条 人民法院应当自收到再审申请书之日起三个月内审查，符合本法规定的，裁定再审；不符合本法规定的，裁定驳回申请。有特殊情况需要延长的，由本院院长批准。

因当事人申请裁定再审的案件由中级人民法院以上的人民法院审理，但当事人依照本法第一百九十九条的规定选择向基层人民法院申请再审的除外。最高人民法院、高级人民法院裁定再审的案件，由本院再审或者交其他人民法院再审，也可以交原审人民法院再审。

第二百零五条 当事人申请再审，应当在判决、裁定发生法律效力后六个月内提出；有本法第二百条第一项、第三项、第十二项、第十三项规定情形的，自知道或者应当知道之日起六个月内提出。

第二百零六条 按照审判监督程序决定再审的案件，裁定中止原判决、裁定、调解书的执行，但追索赡养费、扶养费、抚育费、抚恤金、医疗费用、劳动报酬等案件，可以不中止执行。

第二百零七条　人民法院按照审判监督程序再审的案件，发生法律效力的判决、裁定是由第一审法院作出的，按照第一审程序审理，所作的判决、裁定，当事人可以上诉；发生法律效力的判决、裁定是由第二审法院作出的，按照第二审程序审理，所作的判决、裁定，是发生法律效力的判决、裁定；上级人民法院按照审判监督程序提审的，按照第二审程序审理，所作的判决、裁定是发生法律效力的判决、裁定。

人民法院审理再审案件，应当另行组成合议庭。

第二百零八条　最高人民检察院对各级人民法院已经发生法律效力的判决、裁定，上级人民检察院对下级人民法院已经发生法律效力的判决、裁定，发现有本法第二百条规定情形之一的，或者发现调解书损害国家利益、社会公共利益的，应当提出抗诉。

地方各级人民检察院对同级人民法院已经发生法律效力的判决、裁定，发现有本法第二百条规定情形之一的，或者发现调解书损害国家利益、社会公共利益的，可以向同级人民法院提出检察建议，并报上级人民检察院备案；也可以提请上级人民检察院向同级人民法院提出抗诉。

各级人民检察院对审判监督程序以外的其他审判程序中审判人员的违法行为，有权向同级人民法院提出检察建议。

第二百零九条　有下列情形之一的，当事人可以向人民检察院申请检察建议或者抗诉：

（一）人民法院驳回再审申请的；

（二）人民法院逾期未对再审申请作出裁定的；

（三）再审判决、裁定有明显错误的。

人民检察院对当事人的申请应当在三个月内进行审查，作出提出或者不予提出检察建议或者抗诉的决定。当事人不得再次向人民检察院申请检察建议或者抗诉。

第二百一十条　人民检察院因履行法律监督职责提出检察建议或者抗诉的

需要，可以向当事人或者案外人调查核实有关情况。

第二百一十一条　人民检察院提出抗诉的案件，接受抗诉的人民法院应当自收到抗诉书之日起三十日内作出再审的裁定；有本法第二百条第一项至第五项规定情形之一的，可以交下一级人民法院再审，但经该下一级人民法院再审的除外。

第二百一十二条　人民检察院决定对人民法院的判决、裁定、调解书提出抗诉的，应当制作抗诉书。

第二百一十三条　人民检察院提出抗诉的案件，人民法院再审时，应当通知人民检察院派员出席法庭。

第十七章　督促程序

第二百一十四条　债权人请求债务人给付金钱、有价证券，符合下列条件的，可以向有管辖权的基层人民法院申请支付令：

（一）债权人与债务人没有其他债务纠纷的；

（二）支付令能够送达债务人的。

申请书应当写明请求给付金钱或者有价证券的数量和所根据的事实、证据。

第二百一十五条　债权人提出申请后，人民法院应当在五日内通知债权人是否受理。

第二百一十六条　人民法院受理申请后，经审查债权人提供的事实、证据，对债权债务关系明确、合法的，应当在受理之日起十五日内向债务人发出支付令；申请不成立的，裁定予以驳回。

债务人应当自收到支付令之日起十五日内清偿债务，或者向人民法院提出书面异议。

债务人在前款规定的期间不提出异议又不履行支付令的，债权人可以向人民法院申请执行。

第二百一十七条　人民法院收到债务人提出的书面异议后，经审查，异议成立的，应当裁定终结督促程序，支付令自行失效。

支付令失效的，转入诉讼程序，但申请支付令的一方当事人不同意提起诉讼的除外。

第十八章 公示催告程序

第二百一十八条 按照规定可以背书转让的票据持有人，因票据被盗、遗失或者灭失，可以向票据支付地的基层人民法院申请公示催告。依照法律规定可以申请公示催告的其他事项，适用本章规定。

申请人应当向人民法院递交申请书，写明票面金额、发票人、持票人、背书人等票据主要内容和申请的理由、事实。

第二百一十九条 人民法院决定受理申请，应当同时通知支付人停止支付，并在三日内发出公告，催促利害关系人申报权利。公示催告的期间，由人民法院根据情况决定，但不得少于六十日。

第二百二十条 支付人收到人民法院停止支付的通知，应当停止支付，至公示催告程序终结。

公示催告期间，转让票据权利的行为无效。

第二百二十一条 利害关系人应当在公示催告期间向人民法院申报。

人民法院收到利害关系人的申报后，应当裁定终结公示催告程序，并通知申请人和支付人。

申请人或者申报人可以向人民法院起诉。

第二百二十二条 没有人申报的，人民法院应当根据申请人的申请，作出判决，宣告票据无效。判决应当公告，并通知支付人。自判决公告之日起，申请人有权向支付人请求支付。

第二百二十三条 利害关系人因正当理由不能在判决前向人民法院申报的，自知道或者应当知道判决公告之日起一年内，可以向作出判决的人民法院起诉。

第三编　执行程序

第十九章　一般规定

第二百二十四条　发生法律效力的民事判决、裁定，以及刑事判决、裁定中的财产部分，由第一审人民法院或者与第一审人民法院同级的被执行的财产所在地人民法院执行。

法律规定由人民法院执行的其他法律文书，由被执行人住所地或者被执行的财产所在地人民法院执行。

第二百二十五条　当事人、利害关系人认为执行行为违反法律规定的，可以向负责执行的人民法院提出书面异议。当事人、利害关系人提出书面异议的，人民法院应当自收到书面异议之日起十五日内审查，理由成立的，裁定撤销或者改正；理由不成立的，裁定驳回。当事人、利害关系人对裁定不服的，可以自裁定送达之日起十日内向上一级人民法院申请复议。

第二百二十六条　人民法院自收到申请执行书之日起超过六个月未执行的，申请执行人可以向上一级人民法院申请执行。上一级人民法院经审查，可以责令原人民法院在一定期限内执行，也可以决定由本院执行或者指令其他人民法院执行。

第二百二十七条　执行过程中，案外人对执行标的提出书面异议的，人民法院应当自收到书面异议之日起十五日内审查，理由成立的，裁定中止对该标的的执行；理由不成立的，裁定驳回。案外人、当事人对裁定不服，认为原判决、裁定错误的，依照审判监督程序办理；与原判决、裁定无关的，可以自裁定送达之日起十五日内向人民法院提起诉讼。

第二百二十八条　执行工作由执行员进行。

采取强制执行措施时，执行员应当出示证件。执行完毕后，应当将执行情况制作笔录，由在场的有关人员签名或者盖章。

人民法院根据需要可以设立执行机构。

第二百二十九条　被执行人或者被执行的财产在外地的，可以委托当地人民法院代为执行。受委托人民法院收到委托函件后，必须在十五日内开始执行，不得拒绝。执行完毕后，应当将执行结果及时函复委托人民法院；在三十日内如果还未执行完毕，也应当将执行情况函告委托人民法院。

受委托人民法院自收到委托函件之日起十五日内不执行的，委托人民法院可以请求受委托人民法院的上级人民法院指令受委托人民法院执行。

第二百三十条　在执行中，双方当事人自行和解达成协议的，执行员应当将协议内容记入笔录，由双方当事人签名或者盖章。

申请执行人因受欺诈、胁迫与被执行人达成和解协议，或者当事人不履行和解协议的，人民法院可以根据当事人的申请，恢复对原生效法律文书的执行。

第二百三十一条　在执行中，被执行人向人民法院提供担保，并经申请执行人同意的，人民法院可以决定暂缓执行及暂缓执行的期限。被执行人逾期仍不履行的，人民法院有权执行被执行人的担保财产或者担保人的财产。

第二百三十二条　作为被执行人的公民死亡的，以其遗产偿还债务。作为被执行人的法人或者其他组织终止的，由其权利义务承受人履行义务。

第二百三十三条　执行完毕后，据以执行的判决、裁定和其他法律文书确有错误，被人民法院撤销的，对已被执行的财产，人民法院应当作出裁定，责令取得财产的人返还；拒不返还的，强制执行。

第二百三十四条　人民法院制作的调解书的执行，适用本编的规定。

第二百三十五条　人民检察院有权对民事执行活动实行法律监督。

第二十章　执行的申请和移送

第二百三十六条　发生法律效力的民事判决、裁定，当事人必须履行。一方拒绝履行的，对方当事人可以向人民法院申请执行，也可以由审判员移送执行员执行。

调解书和其他应当由人民法院执行的法律文书，当事人必须履行。一方拒绝履行的，对方当事人可以向人民法院申请执行。

第二百三十七条　对依法设立的仲裁机构的裁决，一方当事人不履行的，对方当事人可以向有管辖权的人民法院申请执行。受申请的人民法院应当执行。

被申请人提出证据证明仲裁裁决有下列情形之一的，经人民法院组成合议庭审查核实，裁定不予执行：

（一）当事人在合同中没有订有仲裁条款或者事后没有达成书面仲裁协议的；

（二）裁决的事项不属于仲裁协议的范围或者仲裁机构无权仲裁的；

（三）仲裁庭的组成或者仲裁的程序违反法定程序的；

（四）裁决所根据的证据是伪造的；

（五）对方当事人向仲裁机构隐瞒了足以影响公正裁决的证据的；

（六）仲裁员在仲裁该案时有贪污受贿，徇私舞弊，枉法裁决行为的。

人民法院认定执行该裁决违背社会公共利益的，裁定不予执行。

裁定书应当送达双方当事人和仲裁机构。

仲裁裁决被人民法院裁定不予执行的，当事人可以根据双方达成的书面仲裁协议重新申请仲裁，也可以向人民法院起诉。

第二百三十八条　对公证机关依法赋予强制执行效力的债权文书，一方当事人不履行的，对方当事人可以向有管辖权的人民法院申请执行，受申请的人民法院应当执行。

公证债权文书确有错误的，人民法院裁定不予执行，并将裁定书送达双方当事人和公证机关。

第二百三十九条　申请执行的期间为二年。申请执行时效的中止、中断，适用法律有关诉讼时效中止、中断的规定。

前款规定的期间，从法律文书规定履行期间的最后一日起计算；法律文书规定分期履行的，从规定的每次履行期间的最后一日起计算；法律文书未规定履行期间的，从法律文书生效之日起计算。

第二百四十条　执行员接到申请执行书或者移交执行书，应当向被执行人发出执行通知，并可以立即采取强制执行措施。

第二十一章 执行措施

第二百四十一条 被执行人未按执行通知履行法律文书确定的义务,应当报告当前以及收到执行通知之日前一年的财产情况。被执行人拒绝报告或者虚假报告的,人民法院可以根据情节轻重对被执行人或者其法定代理人、有关单位的主要负责人或者直接责任人员予以罚款、拘留。

第二百四十二条 被执行人未按执行通知履行法律文书确定的义务,人民法院有权向有关单位查询被执行人的存款、债券、股票、基金份额等财产情况。人民法院有权根据不同情形扣押、冻结、划拨、变价被执行人的财产。人民法院查询、扣押、冻结、划拨、变价的财产不得超出被执行人应当履行义务的范围。

人民法院决定扣押、冻结、划拨、变价财产,应当作出裁定,并发出协助执行通知书,有关单位必须办理。

第二百四十三条 被执行人未按执行通知履行法律文书确定的义务,人民法院有权扣留、提取被执行人应当履行义务部分的收入。但应当保留被执行人及其所扶养家属的生活必需费用。

人民法院扣留、提取收入时,应当作出裁定,并发出协助执行通知书,被执行人所在单位、银行、信用合作社和其他有储蓄业务的单位必须办理。

第二百四十四条 被执行人未按执行通知履行法律文书确定的义务,人民法院有权查封、扣押、冻结、拍卖、变卖被执行人应当履行义务部分的财产。但应当保留被执行人及其所扶养家属的生活必需品。

采取前款措施,人民法院应当作出裁定。

第二百四十五条 人民法院查封、扣押财产时,被执行人是公民的,应当通知被执行人或者他的成年家属到场;被执行人是法人或者其他组织的,应当通知其法定代表人或者主要负责人到场。拒不到场的,不影响执行。被执行人是公民的,其工作单位或者财产所在地的基层组织应当派人参加。

对被查封、扣押的财产,执行员必须造具清单,由在场人签名或者盖章后,交被执行人一份。被执行人是公民的，也可以交他的成年家属一份。

第二百四十六条　被查封的财产，执行员可以指定被执行人负责保管。因被执行人的过错造成的损失，由被执行人承担。

第二百四十七条　财产被查封、扣押后，执行员应当责令被执行人在指定期间履行法律文书确定的义务。被执行人逾期不履行的，人民法院应当拍卖被查封、扣押的财产；不适于拍卖或者当事人双方同意不进行拍卖的，人民法院可以委托有关单位变卖或者自行变卖。国家禁止自由买卖的物品，交有关单位按照国家规定的价格收购。

第二百四十八条　被执行人不履行法律文书确定的义务，并隐匿财产的，人民法院有权发出搜查令，对被执行人及其住所或者财产隐匿地进行搜查。

采取前款措施，由院长签发搜查令。

第二百四十九条　法律文书指定交付的财物或者票证，由执行员传唤双方当事人当面交付，或者由执行员转交，并由被交付人签收。

有关单位持有该项财物或者票证的，应当根据人民法院的协助执行通知书转交，并由被交付人签收。

有关公民持有该项财物或者票证的，人民法院通知其交出。拒不交出的，强制执行。

第二百五十条　强制迁出房屋或者强制退出土地，由院长签发公告，责令被执行人在指定期间履行。被执行人逾期不履行的，由执行员强制执行。

强制执行时，被执行人是公民的，应当通知被执行人或者他的成年家属到场；被执行人是法人或者其他组织的，应当通知其法定代表人或者主要负责人到场。拒不到场的，不影响执行。被执行人是公民的，其工作单位或者房屋、土地所在地的基层组织应当派人参加。执行员应当将强制执行情况记入笔录，由在场人签名或者盖章。

强制迁出房屋被搬出的财物，由人民法院派人运至指定处所，交给被执行人。被执行人是公民的，也可以交给他的成年家属。因拒绝接收而造成的损失，由被执行人承担。

第二百五十一条 在执行中,需要办理有关财产权证照转移手续的,人民法院可以向有关单位发出协助执行通知书,有关单位必须办理。

第二百五十二条 对判决、裁定和其他法律文书指定的行为,被执行人未按执行通知履行的,人民法院可以强制执行或者委托有关单位或者其他人完成,费用由被执行人承担。

第二百五十三条 被执行人未按判决、裁定和其他法律文书指定的期间履行给付金钱义务的,应当加倍支付迟延履行期间的债务利息。被执行人未按判决、裁定和其他法律文书指定的期间履行其他义务的,应当支付迟延履行金。

第二百五十四条 人民法院采取本法第二百四十二条、第二百四十三条、第二百四十四条规定的执行措施后,被执行人仍不能偿还债务的,应当继续履行义务。债权人发现被执行人有其他财产的,可以随时请求人民法院执行。

第二百五十五条 被执行人不履行法律文书确定的义务的,人民法院可以对其采取或者通知有关单位协助采取限制出境,在征信系统记录、通过媒体公布不履行义务信息以及法律规定的其他措施。

第二十二章 执行中止和终结

第二百五十六条 有下列情形之一的,人民法院应当裁定中止执行:

(一)申请人表示可以延期执行的;

(二)案外人对执行标的提出确有理由的异议的;

(三)作为一方当事人的公民死亡,需要等待继承人继承权利或者承担义务的;

(四)作为一方当事人的法人或者其他组织终止,尚未确定权利义务承受人的;

(五)人民法院认为应当中止执行的其他情形。

中止的情形消失后,恢复执行。

第二百五十七条 有下列情形之一的,人民法院裁定终结执行:

(一)申请人撤销申请的;

（二）据以执行的法律文书被撤销的；

（三）作为被执行人的公民死亡，无遗产可供执行，又无义务承担人的；

（四）追索赡养费、扶养费、抚育费案件的权利人死亡的；

（五）作为被执行人的公民因生活困难无力偿还借款，无收入来源，又丧失劳动能力的；

（六）人民法院认为应当终结执行的其他情形。

第二百五十八条　中止和终结执行的裁定，送达当事人后立即生效。

第四编　涉外民事诉讼程序的特别规定

第二十三章　一般原则

第二百五十九条　在中华人民共和国领域内进行涉外民事诉讼，适用本编规定。本编没有规定的，适用本法其他有关规定。

第二百六十条　中华人民共和国缔结或者参加的国际条约同本法有不同规定的，适用该国际条约的规定，但中华人民共和国声明保留的条款除外。

第二百六十一条　对享有外交特权与豁免的外国人、外国组织或者国际组织提起的民事诉讼，应当依照中华人民共和国有关法律和中华人民共和国缔结或者参加的国际条约的规定办理。

第二百六十二条　人民法院审理涉外民事案件，应当使用中华人民共和国通用的语言、文字。当事人要求提供翻译的，可以提供，费用由当事人承担。

第二百六十三条　外国人、无国籍人、外国企业和组织在人民法院起诉、应诉，需要委托律师代理诉讼的，必须委托中华人民共和国的律师。

第二百六十四条　在中华人民共和国领域内没有住所的外国人、无国籍人、外国企业和组织委托中华人民共和国律师或者其他人代理诉讼，从中华人民共和国领域外寄交或者托交的授权委托书，应当经所在国公证机关证明，并经中华人民共和国驻该国使领馆认证，或者履行中华人民共和国与该所在国订立的有关条约中规定的证明手续后，才具有效力。

第二十四章　管　辖

第二百六十五条　因合同纠纷或者其他财产权益纠纷，对在中华人民共和国领域内没有住所的被告提起的诉讼，如果合同在中华人民共和国领域内签订或者履行，或者诉讼标的物在中华人民共和国领域内，或者被告在中华人民共和国领域内有可供扣押的财产，或者被告在中华人民共和国领域内设有代表机构，可以由合同签订地、合同履行地、诉讼标的物所在地、可供扣押财产所在地、侵权行为地或者代表机构住所地人民法院管辖。

第二百六十六条　因在中华人民共和国履行中外合资经营企业合同、中外合作经营企业合同、中外合作勘探开发自然资源合同发生纠纷提起的诉讼，由中华人民共和国人民法院管辖。

第二十五章　送达、期间

第二百六十七条　人民法院对在中华人民共和国领域内没有住所的当事人送达诉讼文书，可以采用下列方式：

（一）依照受送达人所在国与中华人民共和国缔结或者共同参加的国际条约中规定的方式送达；

（二）通过外交途径送达；

（三）对具有中华人民共和国国籍的受送达人，可以委托中华人民共和国驻受送达人所在国的使领馆代为送达；

（四）向受送达人委托的有权代其接受送达的诉讼代理人送达；

（五）向受送达人在中华人民共和国领域内设立的代表机构或者有权接受送达的分支机构、业务代办人送达；

（六）受送达人所在国的法律允许邮寄送达的，可以邮寄送达，自邮寄之日起满三个月，送达回证没有退回，但根据各种情况足以认定已经送达的，期间届满之日视为送达；

（七）采用传真、电子邮件等能够确认受送达人收悉的方式送达；

（八）不能用上述方式送达的，公告送达，自公告之日起满三个月，即视为送达。

第二百六十八条　被告在中华人民共和国领域内没有住所的，人民法院应当将起诉状副本送达被告，并通知被告在收到起诉状副本后三十日内提出答辩状。被告申请延期的，是否准许，由人民法院决定。

第二百六十九条　在中华人民共和国领域内没有住所的当事人，不服第一审人民法院判决、裁定的，有权在判决书、裁定书送达之日起三十日内提起上诉。被上诉人在收到上诉状副本后，应当在三十日内提出答辩状。当事人不能在法定期间提起上诉或者提出答辩状，申请延期的，是否准许，由人民法院决定。

第二百七十条　人民法院审理涉外民事案件的期间，不受本法第一百四十九条、第一百七十六条规定的限制。

第二十六章　仲　裁

第二百七十一条　涉外经济贸易、运输和海事中发生的纠纷，当事人在合同中订有仲裁条款或者事后达成书面仲裁协议，提交中华人民共和国涉外仲裁机构或者其他仲裁机构仲裁的，当事人不得向人民法院起诉。

当事人在合同中没有订有仲裁条款或者事后没有达成书面仲裁协议的，可以向人民法院起诉。

第二百七十二条　当事人申请采取保全的，中华人民共和国的涉外仲裁机构应当将当事人的申请，提交被申请人住所地或者财产所在地的中级人民法院裁定。

第二百七十三条　经中华人民共和国涉外仲裁机构裁决的，当事人不得向人民法院起诉。一方当事人不履行仲裁裁决的，对方当事人可以向被申请人住所地或者财产所在地的中级人民法院申请执行。

第二百七十四条　对中华人民共和国涉外仲裁机构作出的裁决，被申请人提出证据证明仲裁裁决有下列情形之一的，经人民法院组成合议庭审查核实，裁定不予执行：

（一）当事人在合同中没有订有仲裁条款或者事后没有达成书面仲裁协议的；

（二）被申请人没有得到指定仲裁员或者进行仲裁程序的通知，或者由于其他不属于被申请人负责的原因未能陈述意见的；

（三）仲裁庭的组成或者仲裁的程序与仲裁规则不符的；

（四）裁决的事项不属于仲裁协议的范围或者仲裁机构无权仲裁的。

人民法院认定执行该裁决违背社会公共利益的，裁定不予执行。

第二百七十五条　仲裁裁决被人民法院裁定不予执行的，当事人可以根据双方达成的书面仲裁协议重新申请仲裁，也可以向人民法院起诉。

第二十七章　司法协助

第二百七十六条　根据中华人民共和国缔结或者参加的国际条约，或者按照互惠原则，人民法院和外国法院可以相互请求，代为送达文书、调查取证以及进行其他诉讼行为。

外国法院请求协助的事项有损于中华人民共和国的主权、安全或者社会公共利益的，人民法院不予执行。

第二百七十七条　请求和提供司法协助，应当依照中华人民共和国缔结或者参加的国际条约所规定的途径进行；没有条约关系的，通过外交途径进行。

外国驻中华人民共和国的使领馆可以向该国公民送达文书和调查取证，但不得违反中华人民共和国的法律，并不得采取强制措施。

除前款规定的情况外，未经中华人民共和国主管机关准许，任何外国机关或者个人不得在中华人民共和国领域内送达文书、调查取证。

第二百七十八条　外国法院请求人民法院提供司法协助的请求书及其所附文件，应当附有中文译本或者国际条约规定的其他文字文本。

人民法院请求外国法院提供司法协助的请求书及其所附文件，应当附有该国文字译本或者国际条约规定的其他文字文本。

第二百七十九条　人民法院提供司法协助，依照中华人民共和国法律规定的程序进行。外国法院请求采用特殊方式的，也可以按照其请求的特殊方式进行，但请求采用的特殊方式不得违反中华人民共和国法律。

第二百八十条　人民法院作出的发生法律效力的判决、裁定，如果被执行人或者其财产不在中华人民共和国领域内，当事人请求执行的，可以由当事人直接向有管辖权的外国法院申请承认和执行，也可以由人民法院依照中华人民共和国缔结或者参加的国际条约的规定，或者按照互惠原则，请求外国法院承认和执行。

中华人民共和国涉外仲裁机构作出的发生法律效力的仲裁裁决，当事人请求执行的，如果被执行人或者其财产不在中华人民共和国领域内，应当由当事人直接向有管辖权的外国法院申请承认和执行。

第二百八十一条　外国法院作出的发生法律效力的判决、裁定，需要中华人民共和国人民法院承认和执行的，可以由当事人直接向中华人民共和国有管辖权的中级人民法院申请承认和执行，也可以由外国法院依照该国与中华人民共和国缔结或者参加的国际条约的规定，或者按照互惠原则，请求人民法院承认和执行。

第二百八十二条　人民法院对申请或者请求承认和执行的外国法院作出的发生法律效力的判决、裁定，依照中华人民共和国缔结或者参加的国际条约，或者按照互惠原则进行审查后，认为不违反中华人民共和国法律的基本原则或者国家主权、安全、社会公共利益的，裁定承认其效力，需要执行的，发出执行令，依照本法的有关规定执行。违反中华人民共和国法律的基本原则或者国家主权、安全、社会公共利益的，不予承认和执行。

第二百八十三条　国外仲裁机构的裁决，需要中华人民共和国人民法院承认和执行的，应当由当事人直接向被执行人住所地或者其财产所在地的中级人民法院申请，人民法院应当依照中华人民共和国缔结或者参加的国际条约，或者按照互惠原则办理。

第二百八十四条　本法自公布之日起施行，《中华人民共和国民事诉讼法（试行）》同时废止。

【法规】

中华人民共和国著作权法实施条例

（2002年8月2日中华人民共和国国务院令第359号公布 根据2011年1月8日《国务院关于废止和修改部分行政法规的决定》第一次修订 根据2013年1月30日《国务院关于修改〈中华人民共和国著作权法实施条例〉的决定》第二次修订）

第一条 根据《中华人民共和国著作权法》（以下简称著作权法），制定本条例。

第二条 著作权法所称作品，是指文学、艺术和科学领域内具有独创性并能以某种有形形式复制的智力成果。

第三条 著作权法所称创作，是指直接产生文学、艺术和科学作品的智力活动。

为他人创作进行组织工作，提供咨询意见、物质条件，或者进行其他辅助工作，均不视为创作。

第四条 著作权法和本条例中下列作品的含义：

（一）文字作品，是指小说、诗词、散文、论文等以文字形式表现的作品；

（二）口述作品，是指即兴的演说、授课、法庭辩论等以口头语言形式表现的作品；

（三）音乐作品，是指歌曲、交响乐等能够演唱或者演奏的带词或者不带词的作品；

（四）戏剧作品，是指话剧、歌剧、地方戏等供舞台演出的作品；

（五）曲艺作品，是指相声、快书、大鼓、评书等以说唱为主要形式表演的作品；

（六）舞蹈作品，是指通过连续的动作、姿势、表情等表现思想情感的作品；

（七）杂技艺术作品，是指杂技、魔术、马戏等通过形体动作和技巧表现的作品；

（八）美术作品，是指绘画、书法、雕塑等以线条、色彩或者其他方式构成的有审美意义的平面或者立体的造型艺术作品；

（九）建筑作品，是指以建筑物或者构筑物形式表现的有审美意义的作品；

（十）摄影作品，是指借助器械在感光材料或者其他介质上记录客观物体形象的艺术作品；

（十一）电影作品和以类似摄制电影的方法创作的作品，是指摄制在一定介质上，由一系列有伴音或者无伴音的画面组成，并且借助适当装置放映或者以其他方式传播的作品；

（十二）图形作品，是指为施工、生产绘制的工程设计图、产品设计图，以及反映地理现象、说明事物原理或者结构的地图、示意图等作品；

（十三）模型作品，是指为展示、试验或者观测等用途，根据物体的形状和结构，按照一定比例制成的立体作品。

第五条　著作权法和本条例中下列用语的含义：

（一）时事新闻，是指通过报纸、期刊、广播电台、电视台等媒体报道的单纯事实消息；

（二）录音制品，是指任何对表演的声音和其他声音的录制品；

（三）录像制品，是指电影作品和以类似摄制电影的方法创作的作品以外的任何有伴音或者无伴音的连续相关形象、图像的录制品；

（四）录音制作者，是指录音制品的首次制作人；

（五）录像制作者，是指录像制品的首次制作人；

（六）表演者，是指演员、演出单位或者其他表演文学、艺术作品的人。

第六条　著作权自作品创作完成之日起产生。

第七条　著作权法第二条第三款规定的首先在中国境内出版的外国人、无国籍人的作品，其著作权自首次出版之日起受保护。

第八条　外国人、无国籍人的作品在中国境外首先出版后，30日内在中国境内出版的，视为该作品同时在中国境内出版。

第九条　合作作品不可以分割使用的，其著作权由各合作作者共同享有，通过协商一致行使；不能协商一致，又无正当理由的，任何一方不得阻止他方行使除转让以外的其他权利，但是所得收益应当合理分配给所有合作作者。

第十条　著作权人许可他人将其作品摄制成电影作品和以类似摄制电影的方法创作的作品的，视为已同意对其作品进行必要的改动，但是这种改动不得歪曲篡改原作品。

第十一条　著作权法第十六条第一款关于职务作品的规定中的"工作任务"，是指公民在该法人或者该组织中应当履行的职责。

著作权法第十六条第二款关于职务作品的规定中的"物质技术条件"，是指该法人或者该组织为公民完成创作专门提供的资金、设备或者资料。

第十二条　职务作品完成两年内，经单位同意，作者许可第三人以与单位使用的相同方式使用作品所获报酬，由作者与单位按约定的比例分配。

作品完成两年的期限，自作者向单位交付作品之日起计算。

第十三条　作者身份不明的作品，由作品原件的所有人行使除署名权以外的著作权。作者身份确定后，由作者或者其继承人行使著作权。

第十四条　合作作者之一死亡后，其对合作作品享有的著作权法第十条第一款第（五）项至第（十七）项规定的权利无人继承又无人受遗赠的，由其他合作作者享有。

第十五条　作者死亡后，其著作权中的署名权、修改权和保护作品完整权由作者的继承人或者受遗赠人保护。

著作权无人继承又无人受遗赠的，其署名权、修改权和保护作品完整权由著作权行政管理部门保护。

第十六条　国家享有著作权的作品的使用，由国务院著作权行政管理部门管理。

第十七条　作者生前未发表的作品，如果作者未明确表示不发表，作者死亡后50年内，其发表权可由继承人或者受遗赠人行使；没有继承人又无人受遗赠的，由作品原件的所有人行使。

第十八条　作者身份不明的作品，其著作权法第十条第一款第（五）项至第（十七）项规定的权利的保护期截止于作品首次发表后第50年的12月31日。作者身份确定后，适用著作权法第二十一条的规定。

第十九条　使用他人作品的，应当指明作者姓名、作品名称；但是，当事人另有约定或者由于作品使用方式的特性无法指明的除外。

第二十条　著作权法所称已经发表的作品，是指著作权人自行或者许可他人公之于众的作品。

第二十一条　依照著作权法有关规定，使用可以不经著作权人许可的已经发表的作品的，不得影响该作品的正常使用，也不得不合理地损害著作权人的合法利益。

第二十二条　依照著作权法第二十三条、第三十三条第二款、第四十条第三款的规定使用作品的付酬标准，由国务院著作权行政管理部门会同国务院价格主管部门制定、公布。

第二十三条　使用他人作品应当同著作权人订立许可使用合同，许可使用的权利是专有使用权的，应当采取书面形式，但是报社、期刊社刊登作品除外。

第二十四条　著作权法第二十四条规定的专有使用权的内容由合同约定，合同没有约定或者约定不明的，视为被许可人有权排除包括著作权人在内的任何人以同样的方式使用作品；除合同另有约定外，被许可人许可第三人行使同一权利，必须取得著作权人的许可。

第二十五条　与著作权人订立专有许可使用合同、转让合同的，可以向著作权行政管理部门备案。

第二十六条　著作权法和本条例所称与著作权有关的权益，是指出版者对其出版的图书和期刊的版式设计享有的权利，表演者对其表演享有的权利，录音录像制作者对其制作的录音录像制品享有的权利，广播电台、电视台对其播放的广播、电视节目享有的权利。

第二十七条　出版者、表演者、录音录像制作者、广播电台、电视台行使权利，不得损害被使用作品和原作品著作权人的权利。

第二十八条　图书出版合同中约定图书出版者享有专有出版权但没有明确其具体内容的，视为图书出版者享有在合同有效期限内和在合同约定的地域范围内以同种文字的原版、修订版出版图书的专有权利。

第二十九条　著作权人寄给图书出版者的两份订单在6个月内未能得到履行，视为著作权法第三十二条所称图书脱销。

第三十条　著作权人依照著作权法第三十三条第二款声明不得转载、摘编其作品的，应当在报纸、期刊刊登该作品时附带声明。

第三十一条　著作权人依照著作权法第四十条第三款声明不得对其作品制作录音制品的，应当在该作品合法录制为录音制品时声明。

第三十二条　依照著作权法第二十三条、第三十三条第二款、第四十条第三款的规定，使用他人作品的，应当自使用该作品之日起2个月内向著作权人支付报酬。

第三十三条　外国人、无国籍人在中国境内的表演，受著作权法保护。

外国人、无国籍人根据中国参加的国际条约对其表演享有的权利，受著作权法保护。

第三十四条　外国人、无国籍人在中国境内制作、发行的录音制品，受著作权法保护。

外国人、无国籍人根据中国参加的国际条约对其制作、发行的录音制品享有的权利，受著作权法保护。

第三十五条　外国的广播电台、电视台根据中国参加的国际条约对其播放的广播、电视节目享有的权利，受著作权法保护。

第三十六条　有著作权法第四十八条所列侵权行为，同时损害社会公共利益的，非法经营额5万元以上的，著作权行政管理部门可处非法经营额1倍以上5倍以下的罚款；没有非法经营额或者非法经营额5万元以下的，著作权行政管理部门根据情节轻重，可处25万元以下的罚款。

第三十七条　有著作权法第四十八条所列侵权行为，同时损害社会公共利益的，由地方人民政府著作权行政管理部门负责查处。

国务院著作权行政管理部门可以查处在全国有重大影响的侵权行为。

第三十八条　本条例自2002年9月15日起施行。

著作权集体管理条例

（2004年12月28日中华人民共和国国务院令第429号公布 根据2011年1月8日《国务院关于废止和修改部分行政法规的决定》修订）

第一章 总 则

第一条 为了规范著作权集体管理活动，便于著作权人和与著作权有关的权利人（以下简称权利人）行使权利和使用者使用作品，根据《中华人民共和国著作权法》（以下简称著作权法）制定本条例。

第二条 本条例所称著作权集体管理，是指著作权集体管理组织经权利人授权，集中行使权利人的有关权利并以自己的名义进行的下列活动：

（一）与使用者订立著作权或者与著作权有关的权利许可使用合同（以下简称许可使用合同）；

（二）向使用者收取使用费；

（三）向权利人转付使用费；

（四）进行涉及著作权或者与著作权有关的权利的诉讼、仲裁等。

第三条 本条例所称著作权集体管理组织，是指为权利人的利益依法设立，根据权利人授权、对权利人的著作权或者与著作权有关的权利进行集体管理的社会团体。

著作权集体管理组织应当依照有关社会团体登记管理的行政法规和本条例的规定进行登记并开展活动。

第四条 著作权法规定的表演权、放映权、广播权、出租权、信息网络传播权、复制权等权利人自己难以有效行使的权利，可以由著作权集体管理组织进行集体管理。

第五条 国务院著作权管理部门主管全国的著作权集体管理工作。

第六条 除依照本条例规定设立的著作权集体管理组织外，任何组织和个人不得从事著作权集体管理活动。

第二章 著作权集体管理组织的设立

第七条 依法享有著作权或者与著作权有关的权利的中国公民、法人或者其他组织，可以发起设立著作权集体管理组织。

设立著作权集体管理组织，应当具备下列条件：

（一）发起设立著作权集体管理组织的权利人不少于50人；

（二）不与已经依法登记的著作权集体管理组织的业务范围交叉、重合；

（三）能在全国范围代表相关权利人的利益；

（四）有著作权集体管理组织的章程草案、使用费收取标准草案和向权利人转付使用费的办法（以下简称使用费转付办法）草案。

第八条 著作权集体管理组织章程应当载明下列事项：

（一）名称、住所；

（二）设立宗旨；

（三）业务范围；

（四）组织机构及其职权；

（五）会员大会的最低人数；

（六）理事会的职责及理事会负责人的条件和产生、罢免的程序；

（七）管理费提取、使用办法；

（八）会员加入、退出著作权集体管理组织的条件、程序；

（九）章程的修改程序；

（十）著作权集体管理组织终止的条件、程序和终止后资产的处理。

第九条　申请设立著作权集体管理组织，应当向国务院著作权管理部门提交证明符合本条例第七条规定的条件的材料。国务院著作权管理部门应当自收到材料之日起60日内，作出批准或者不予批准的决定。批准的，发给著作权集体管理许可证；不予批准的，应当说明理由。

第十条　申请人应当自国务院著作权管理部门发给著作权集体管理许可证之日起30日内，依照有关社会团体登记管理的行政法规到国务院民政部门办理登记手续。

第十一条　依法登记的著作权集体管理组织，应当自国务院民政部门发给登记证书之日起30日内，将其登记证书副本报国务院著作权管理部门备案；国务院著作权管理部门应当将报备的登记证书副本以及著作权集体管理组织章程、使用费收取标准、使用费转付办法予以公告。

第十二条　著作权集体管理组织设立分支机构，应当经国务院著作权管理部门批准，并依照有关社会团体登记管理的行政法规到国务院民政部门办理登记手续。经依法登记的，应当将分支机构的登记证书副本报国务院著作权管理部门备案，由国务院著作权管理部门予以公告。

第十三条　著作权集体管理组织应当根据下列因素制定使用费收取标准：

（一）使用作品、录音录像制品等的时间、方式和地域范围；

（二）权利的种类；

（三）订立许可使用合同和收取使用费工作的繁简程度。

第十四条　著作权集体管理组织应当根据权利人的作品或者录音录像制品等使用情况制定使用费转付办法。

第十五条　著作权集体管理组织修改章程，应当将章程修改草案报国务院著作权管理部门批准，并依法经国务院民政部门核准后，由国务院著作权管理部门予以公告。

第十六条　著作权集体管理组织被依法撤销登记的，自被撤销登记之日起不得再进行著作权集体管理业务活动。

第三章 著作权集体管理组织的机构

第十七条 著作权集体管理组织会员大会（以下简称会员大会）为著作权集体管理组织的权力机构。

会员大会由理事会依照本条例规定负责召集。理事会应当于会员大会召开60日以前将会议的时间、地点和拟审议事项予以公告；出席会员大会的会员，应当于会议召开30日以前报名。报名出席会员大会的会员少于章程规定的最低人数时，理事会应当将会员大会报名情况予以公告，会员可以于会议召开5日以前补充报名，并由全部报名出席会员大会的会员举行会员大会。

会员大会行使下列职权：

（一）制定和修改章程；

（二）制定和修改使用费收取标准；

（三）制定和修改使用费转付办法；

（四）选举和罢免理事；

（五）审议批准理事会的工作报告和财务报告；

（六）制定内部管理制度；

（七）决定使用费转付方案和著作权集体管理组织提取管理费的比例；

（八）决定其他重大事项。

会员大会每年召开一次；经10%以上会员或者理事会提议，可以召开临时会员大会。会员大会作出决定，应当经出席会议的会员过半数表决通过。

第十八条 著作权集体管理组织设立理事会，对会员大会负责，执行会员大会决定。理事会成员不得少于9人。

理事会任期为4年，任期届满应当进行换届选举。因特殊情况可以提前或者延期换届，但是换届延期不得超过1年。

第四章　著作权集体管理活动

第十九条　权利人可以与著作权集体管理组织以书面形式订立著作权集体管理合同，授权该组织对其依法享有的著作权或者与著作权有关的权利进行管理。权利人符合章程规定加入条件的，著作权集体管理组织应当与其订立著作权集体管理合同，不得拒绝。

权利人与著作权集体管理组织订立著作权集体管理合同并按照章程规定履行相应手续后，即成为该著作权集体管理组织的会员。

第二十条　权利人与著作权集体管理组织订立著作权集体管理合同后，不得在合同约定期限内自己行使或者许可他人行使合同约定的由著作权集体管理组织行使的权利。

第二十一条　权利人可以依照章程规定的程序，退出著作权集体管理组织，终止著作权集体管理合同。但是，著作权集体管理组织已经与他人订立许可使用合同的，该合同在期限届满前继续有效；该合同有效期内，权利人有权获得相应的使用费并可以查阅有关业务材料。

第二十二条　外国人、无国籍人可以通过与中国的著作权集体管理组织订立相互代表协议的境外同类组织，授权中国的著作权集体管理组织管理其依法在中国境内享有的著作权或者与著作权有关的权利。

前款所称相互代表协议，是指中国的著作权集体管理组织与境外的同类组织相互授权对方在其所在国家或者地区进行集体管理活动的协议。

著作权集体管理组织与境外同类组织订立的相互代表协议应当报国务院著作权管理部门备案，由国务院著作权管理部门予以公告。

第二十三条　著作权集体管理组织许可他人使用其管理的作品、录音录像制品等，应当与使用者以书面形式订立许可使用合同。

著作权集体管理组织不得与使用者订立专有许可使用合同。

使用者以合理的条件要求与著作权集体管理组织订立许可使用合同，著作权集体管理组织不得拒绝。

许可使用合同的期限不得超过 2 年；合同期限届满可以续订。

第二十四条　著作权集体管理组织应当建立权利信息查询系统，供权利人和使用者查询。权利信息查询系统应当包括著作权集体管理组织管理的权利种类和作品、录音录像制品等的名称、权利人姓名或者名称、授权管理的期限。

权利人和使用者对著作权集体管理组织管理的权利的信息进行咨询时，该组织应当予以答复。

第二十五条　除著作权法第二十三条、第三十三条第二款、第四十条第三款、第四十三条第二款和第四十四条规定应当支付的使用费外，著作权集体管理组织应当根据国务院著作权管理部门公告的使用费收取标准，与使用者约定收取使用费的具体数额。

第二十六条　两个或者两个以上著作权集体管理组织就同一使用方式向同一使用者收取使用费，可以事先协商确定由其中一个著作权集体管理组织统一收取。统一收取的使用费在有关著作权集体管理组织之间经协商分配。

第二十七条　使用者向著作权集体管理组织支付使用费时，应当提供其使用的作品、录音录像制品等的名称、权利人姓名或者名称和使用的方式、数量、时间等有关使用情况；许可使用合同另有约定的除外。

使用者提供的有关使用情况涉及该使用者商业秘密的，著作权集体管理组织负有保密义务。

第二十八条　著作权集体管理组织可以从收取的使用费中提取一定比例作为管理费，用于维持其正常的业务活动。

著作权集体管理组织提取管理费的比例应当随着使用费收入的增加而逐步降低。

第二十九条　著作权集体管理组织收取的使用费，在提取管理费后，应当全部转付给权利人，不得挪作他用。

著作权集体管理组织转付使用费，应当编制使用费转付记录。使用费转付记录应当载明使用费总额、管理费数额、权利人姓名或者名称、作品或者录音录像制品等的名称、有关使用情况、向各权利人转付使用费的具体数额等事项，并应当保存 10 年以上。

第五章　对著作权集体管理组织的监督

第三十条　著作权集体管理组织应当依法建立财务、会计制度和资产管理制度，并按照国家有关规定设置会计账簿。

第三十一条　著作权集体管理组织的资产使用和财务管理受国务院著作权管理部门和民政部门的监督。

著作权集体管理组织应当在每个会计年度结束时制作财务会计报告，委托会计师事务所依法进行审计，并公布审计结果。

第三十二条　著作权集体管理组织应当对下列事项进行记录，供权利人和使用者查阅：

（一）作品许可使用情况；

（二）使用费收取和转付情况；

（三）管理费提取和使用情况。

权利人有权查阅、复制著作权集体管理组织的财务报告、工作报告和其他业务材料；著作权集体管理组织应当提供便利。

第三十三条　权利人认为著作权集体管理组织有下列情形之一的，可以向国务院著作权管理部门检举：

（一）权利人符合章程规定的加入条件要求加入著作权集体管理组织，或者会员依照章程规定的程序要求退出著作权集体管理组织，著作权集体管理组织拒绝的；

（二）著作权集体管理组织不按照规定收取、转付使用费，或者不按照规定提取、使用管理费的；

（三）权利人要求查阅本条例第三十二条规定的记录、业务材料，著作权集体管理组织拒绝提供的。

第三十四条　使用者认为著作权集体管理组织有下列情形之一的，可以向国务院著作权管理部门检举：

（一）著作权集体管理组织违反本条例第二十三条规定拒绝与使用者订立许可使用合同的；

（二）著作权集体管理组织未根据公告的使用费收取标准约定收取使用费的具体数额的；

（三）使用者要求查阅本条例第三十二条规定的记录，著作权集体管理组织拒绝提供的。

第三十五条　权利人和使用者以外的公民、法人或者其他组织认为著作权集体管理组织有违反本条例规定的行为的，可以向国务院著作权管理部门举报。

第三十六条　国务院著作权管理部门应当自接到检举、举报之日起60日内对检举、举报事项进行调查并依法处理。

第三十七条　国务院著作权管理部门可以采取下列方式对著作权集体管理组织进行监督，并应当对监督活动作出记录：

（一）检查著作权集体管理组织的业务活动是否符合本条例及其章程的规定；

（二）核查著作权集体管理组织的会计账簿、年度预算和决算报告及其他有关业务材料；

（三）派员列席著作权集体管理组织的会员大会、理事会等重要会议。

第三十八条　著作权集体管理组织应当依法接受国务院民政部门和其他有关部门的监督。

第六章　法律责任

第三十九条　著作权集体管理组织有下列情形之一的，由国务院著作权管理部门责令限期改正：

（一）违反本条例第二十二条规定，未将与境外同类组织订立的相互代表协议报国务院著作权管理部门备案的；

（二）违反本条例第二十四条规定，未建立权利信息查询系统的；

（三）未根据公告的使用费收取标准约定收取使用费的具体数额的。

著作权集体管理组织超出业务范围管理权利人的权利的，由国务院著作权管理部门责令限期改正，其与使用者订立的许可使用合同无效；给权利人、使用者造成损害的，依法承担民事责任。

第四十条　著作权集体管理组织有下列情形之一的，由国务院著作权管理部门责令限期改正；逾期不改正的，责令会员大会或者理事会根据本条例规定的权限罢免或者解聘直接负责的主管人员：

（一）违反本条例第十九条规定拒绝与权利人订立著作权集体管理合同的，或者违反本条例第二十一条的规定拒绝会员退出该组织的要求的；

（二）违反本条例第二十三条规定，拒绝与使用者订立许可使用合同的；

（三）违反本条例第二十八条规定提取管理费的；

（四）违反本条例第二十九条规定转付使用费的；

（五）拒绝提供或者提供虚假的会计账簿、年度预算和决算报告或者其他有关业务材料的。

第四十一条　著作权集体管理组织自国务院民政部门发给登记证书之日起超过6个月无正当理由未开展著作权集体管理活动，或者连续中止著作权集体管理活动6个月以上的，由国务院著作权管理部门吊销其著作权集体管理许可证，并由国务院民政部门撤销登记。

第四十二条　著作权集体管理组织从事营利性经营活动的，由工商行政管理部门依法予以取缔，没收违法所得；构成犯罪的，依法追究刑事责任。

第四十三条　违反本条例第二十七条的规定，使用者能够提供有关使用情况而拒绝提供，或者在提供有关使用情况时弄虚作假的，由国务院著作权管理部门责令改正；著作权集体管理组织可以中止许可使用合同。

第四十四条　擅自设立著作权集体管理组织或者分支机构，或者擅自从事著作权集体管理活动的，由国务院著作权管理部门或者民政部门依照职责分工予以取缔，没收违法所得；构成犯罪的，依法追究刑事责任。

第四十五条　依照本条例规定从事著作权集体管理组织审批和监督工作的国家行政机关工作人员玩忽职守、滥用职权、徇私舞弊，构成犯罪的，依法追究刑事责任；尚不构成犯罪的，依法给予行政处分。

第七章 附 则

第四十六条 本条例施行前已经设立的著作权集体管理组织，应当自本条例生效之日起3个月内，将其章程、使用费收取标准、使用费转付办法及其他有关材料报国务院著作权管理部门审核，并将其与境外同类组织订立的相互代表协议报国务院著作权管理部门备案。

第四十七条 依照著作权法第二十三条、第三十三条第二款、第四十条第三款的规定使用他人作品，未能依照《中华人民共和国著作权法实施条例》第三十二条的规定向权利人支付使用费的，应当将使用费连同邮资以及使用作品的有关情况送交管理相关权利的著作权集体管理组织，由该著作权集体管理组织将使用费转付给权利人。

负责转付使用费的著作权集体管理组织应当建立作品使用情况查询系统，供权利人、使用者查询。

负责转付使用费的著作权集体管理组织可以从其收到的使用费中提取管理费，管理费按照会员大会决定的该集体管理组织管理费的比例减半提取。除管理费外，该著作权集体管理组织不得从其收到的使用费中提取其他任何费用。

第四十八条 本条例自2005年3月1日起施行。

信息网络传播权保护条例

（2006年5月18日中华人民共和国国务院令第468号公布　根据2013年1月30日《国务院关于修改〈信息网络传播权保护条例〉的决定》修订）

第一条　为保护著作权人、表演者、录音录像制作者（以下统称权利人）的信息网络传播权，鼓励有益于社会主义精神文明、物质文明建设的作品的创作和传播，根据《中华人民共和国著作权法》（以下简称著作权法），制定本条例。

第二条　权利人享有的信息网络传播权受著作权法和本条例保护。除法律、行政法规另有规定的外，任何组织或者个人将他人的作品、表演、录音录像制品通过信息网络向公众提供，应当取得权利人许可，并支付报酬。

第三条　依法禁止提供的作品、表演、录音录像制品，不受本条例保护。

权利人行使信息网络传播权，不得违反宪法和法律、行政法规，不得损害公共利益。

第四条　为了保护信息网络传播权，权利人可以采取技术措施。

任何组织或者个人不得故意避开或者破坏技术措施，不得故意制造、进口或者向公众提供主要用于避开或者破坏技术措施的装置或者部件，不得故意为他人避开或者破坏技术措施提供技术服务。但是，法律、行政法规规定可以避开的除外。

第五条　未经权利人许可，任何组织或者个人不得进行下列行为：

（一）故意删除或者改变通过信息网络向公众提供的作品、表演、录音录像制品的权利管理电子信息，但由于技术上的原因无法避免删除或者改变的除外；

（二）通过信息网络向公众提供明知或者应知未经权利人许可被删除或者改变权利管理电子信息的作品、表演、录音录像制品。

第六条　通过信息网络提供他人作品，属于下列情形的，可以不经著作权人许可，不向其支付报酬：

（一）为介绍、评论某一作品或者说明某一问题，在向公众提供的作品中适当引用已经发表的作品；

（二）为报道时事新闻，在向公众提供的作品中不可避免地再现或者引用已经发表的作品；

（三）为学校课堂教学或者科学研究，向少数教学、科研人员提供少量已经发表的作品；

（四）国家机关为执行公务，在合理范围内向公众提供已经发表的作品；

（五）将中国公民、法人或者其他组织已经发表的、以汉语言文字创作的作品翻译成的少数民族语言文字作品，向中国境内少数民族提供；

（六）不以营利为目的，以盲人能够感知的独特方式向盲人提供已经发表的文字作品；

（七）向公众提供在信息网络上已经发表的关于政治、经济问题的时事性文章；

（八）向公众提供在公众集会上发表的讲话。

第七条　图书馆、档案馆、纪念馆、博物馆、美术馆等可以不经著作权人许可，通过信息网络向本馆馆舍内服务对象提供本馆收藏的合法出版的数字作品和依法为陈列或者保存版本的需要以数字化形式复制的作品，不向其支付报酬，但不得直接或者间接获得经济利益。当事人另有约定的除外。

前款规定的为陈列或者保存版本需要以数字化形式复制的作品，应当是已经损毁或者濒临损毁、丢失或者失窃，或者其存储格式已经过时，并且在市场上无法购买或者只能以明显高于标定的价格购买的作品。

第八条　为通过信息网络实施九年制义务教育或者国家教育规划，可以不经著作权人许可，使用其已经发表作品的片断或者短小的文字作品、音乐作品或者单幅的美术作品、摄影作品制作课件，由制作课件或者依法取得课件的远程教育机构通过信息网络向注册学生提供，但应当向著作权人支付报酬。

第九条　为扶助贫困，通过信息网络向农村地区的公众免费提供中国公民、法人或者其他组织已经发表的种植养殖、防病治病、防灾减灾等与扶助贫困有关的作品和适应基本文化需求的作品，网络服务提供者应当在提供前公告拟提供的作品及其作者、拟支付报酬的标准。自公告之日起30日内，著作权人不同意提供的，网络服务提供者不得提供其作品；自公告之日起满30日，著作权人没有异议的，网络服务提供者可以提供其作品，并按照公告的标准向著作权人支付报酬。网络服务提供者提供著作权人的作品后，著作权人不同意提供的，网络服务提供者应当立即删除著作权人的作品，并按照公告的标准向著作权人支付提供作品期间的报酬。

依照前款规定提供作品的，不得直接或者间接获得经济利益。

第十条　依照本条例规定不经著作权人许可、通过信息网络向公众提供其作品的，还应当遵守下列规定：

（一）除本条例第六条第（一）项至第（六）项、第七条规定的情形外，不得提供作者事先声明不许提供的作品；

（二）指明作品的名称和作者的姓名（名称）；

（三）依照本条例规定支付报酬；

（四）采取技术措施，防止本条例第七条、第八条、第九条规定的服务对象以外的其他人获得著作权人的作品，并防止本条例第七条规定的服务对象的复制行为对著作权人利益造成实质性损害；

（五）不得侵犯著作权人依法享有的其他权利。

第十一条　通过信息网络提供他人表演、录音录像制品的，应当遵守本条例第六条至第十条的规定。

第十二条　属于下列情形的，可以避开技术措施，但不得向他人提供避开技术措施的技术、装置或者部件，不得侵犯权利人依法享有的其他权利：

（一）为学校课堂教学或者科学研究，通过信息网络向少数教学、科研人员提供已经发表的作品、表演、录音录像制品，而该作品、表演、录音录像制品只能通过信息网络获取；

（二）不以营利为目的，通过信息网络以盲人能够感知的独特方式向盲人提供已经发表的文字作品，而该作品只能通过信息网络获取；

（三）国家机关依照行政、司法程序执行公务；

（四）在信息网络上对计算机及其系统或者网络的安全性能进行测试。

第十三条　著作权行政管理部门为了查处侵犯信息网络传播权的行为，可以要求网络服务提供者提供涉嫌侵权的服务对象的姓名（名称）、联系方式、网络地址等资料。

第十四条　对提供信息存储空间或者提供搜索、链接服务的网络服务提供者，权利人认为其服务所涉及的作品、表演、录音录像制品，侵犯自己的信息网络传播权或者被删除、改变了自己的权利管理电子信息的，可以向该网络服务提供者提交书面通知，要求网络服务提供者删除该作品、表演、录音录像制品，或者断开与该作品、表演、录音录像制品的链接。通知书应当包含下列内容：

（一）权利人的姓名（名称）、联系方式和地址；

（二）要求删除或者断开链接的侵权作品、表演、录音录像制品的名称和网络地址；

（三）构成侵权的初步证明材料。

权利人应当对通知书的真实性负责。

第十五条　网络服务提供者接到权利人的通知书后，应当立即删除涉嫌侵权的作品、表演、录音录像制品，或者断开与涉嫌侵权的作品、表演、录音录像制品的链接，并同时将通知书转送提供作品、表演、录音录像制品的服务对象；服务对象网络地址不明、无法转送的，应当将通知书的内容同时在信息网络上公告。

第十六条 服务对象接到网络服务提供者转送的通知书后，认为其提供的作品、表演、录音录像制品未侵犯他人权利的，可以向网络服务提供者提交书面说明，要求恢复被删除的作品、表演、录音录像制品，或者恢复与被断开的作品、表演、录音录像制品的链接。书面说明应当包含下列内容：

（一）服务对象的姓名（名称）、联系方式和地址；

（二）要求恢复的作品、表演、录音录像制品的名称和网络地址；

（三）不构成侵权的初步证明材料。

服务对象应当对书面说明的真实性负责。

第十七条 网络服务提供者接到服务对象的书面说明后，应当立即恢复被删除的作品、表演、录音录像制品，或者可以恢复与被断开的作品、表演、录音录像制品的链接，同时将服务对象的书面说明转送权利人。权利人不得再通知网络服务提供者删除该作品、表演、录音录像制品，或者断开与该作品、表演、录音录像制品的链接。

第十八条 违反本条例规定，有下列侵权行为之一的，根据情况承担停止侵害、消除影响、赔礼道歉、赔偿损失等民事责任；同时损害公共利益的，可以由著作权行政管理部门责令停止侵权行为，没收违法所得，非法经营额5万元以上的，可处非法经营额1倍以上5倍以下的罚款；没有非法经营额或者非法经营额5万元以下的，根据情节轻重，可处25万元以下的罚款；情节严重的，著作权行政管理部门可以没收主要用于提供网络服务的计算机等设备；构成犯罪的，依法追究刑事责任：

（一）通过信息网络擅自向公众提供他人的作品、表演、录音录像制品的；

（二）故意避开或者破坏技术措施的；

（三）故意删除或者改变通过信息网络向公众提供的作品、表演、录音录像制品的权利管理电子信息，或者通过信息网络向公众提供明知或者应知未经权利人许可而被删除或者改变权利管理电子信息的作品、表演、录音录像制品的；

（四）为扶助贫困通过信息网络向农村地区提供作品、表演、录音录像制品超过规定范围，或者未按照公告的标准支付报酬，或者在权利人不同意提供其作品、表演、录音录像制品后未立即删除的；

（五）通过信息网络提供他人的作品、表演、录音录像制品，未指明作品、表演、录音录像制品的名称或者作者、表演者、录音录像制作者的姓名（名称），或者未支付报酬，或者未依照本条例规定采取技术措施防止服务对象以外的其他人获得他人的作品、表演、录音录像制品，或者未防止服务对象的复制行为对权利人利益造成实质性损害的。

第十九条　违反本条例规定，有下列行为之一的，由著作权行政管理部门予以警告，没收违法所得，没收主要用于避开、破坏技术措施的装置或者部件；情节严重的，可以没收主要用于提供网络服务的计算机等设备；非法经营额5万元以上的，可处非法经营额1倍以上5倍以下的罚款；没有非法经营额或者非法经营额5万元以下的，根据情节轻重，可处25万元以下的罚款；构成犯罪的，依法追究刑事责任：

（一）故意制造、进口或者向他人提供主要用于避开、破坏技术措施的装置或者部件，或者故意为他人避开或者破坏技术措施提供技术服务的；

（二）通过信息网络提供他人的作品、表演、录音录像制品，获得经济利益的；

（三）为扶助贫困通过信息网络向农村地区提供作品、表演、录音录像制品，未在提供前公告作品、表演、录音录像制品的名称和作者、表演者、录音录像制作者的姓名（名称）以及报酬标准的。

第二十条　网络服务提供者根据服务对象的指令提供网络自动接入服务，或者对服务对象提供的作品、表演、录音录像制品提供自动传输服务，并具备下列条件的，不承担赔偿责任：

（一）未选择并且未改变所传输的作品、表演、录音录像制品；

（二）向指定的服务对象提供该作品、表演、录音录像制品，并防止指定的服务对象以外的其他人获得。

第二十一条　网络服务提供者为提高网络传输效率，自动存储从其他网络服务提供者获得的作品、表演、录音录像制品，根据技术安排自动向服务对象提供，并具备下列条件的，不承担赔偿责任：

（一）未改变自动存储的作品、表演、录音录像制品；

（二）不影响提供作品、表演、录音录像制品的原网络服务提供者掌握服务对象获取该作品、表演、录音录像制品的情况；

（三）在原网络服务提供者修改、删除或者屏蔽该作品、表演、录音录像制品时，根据技术安排自动予以修改、删除或者屏蔽。

第二十二条　网络服务提供者为服务对象提供信息存储空间，供服务对象通过信息网络向公众提供作品、表演、录音录像制品，并具备下列条件的，不承担赔偿责任：

（一）明确标示该信息存储空间是为服务对象所提供，并公开网络服务提供者的名称、联系人、网络地址；

（二）未改变服务对象所提供的作品、表演、录音录像制品；

（三）不知道也没有合理的理由应当知道服务对象提供的作品、表演、录音录像制品侵权；

（四）未从服务对象提供作品、表演、录音录像制品中直接获得经济利益；

（五）在接到权利人的通知书后，根据本条例规定删除权利人认为侵权的作品、表演、录音录像制品。

第二十三条　网络服务提供者为服务对象提供搜索或者链接服务，在接到权利人的通知书后，根据本条例规定断开与侵权的作品、表演、录音录像制品的链接的，不承担赔偿责任；但是，明知或者应知所链接的作品、表演、录音录像制品侵权的，应当承担共同侵权责任。

第二十四条　因权利人的通知导致网络服务提供者错误删除作品、表演、录音录像制品，或者错误断开与作品、表演、录音录像制品的链接，给服务对象造成损失的，权利人应当承担赔偿责任。

第二十五条　网络服务提供者无正当理由拒绝提供或者拖延提供涉嫌侵权

的服务对象的姓名（名称）、联系方式、网络地址等资料的，由著作权行政管理部门予以警告；情节严重的，没收主要用于提供网络服务的计算机等设备。

第二十六条　本条例下列用语的含义：

信息网络传播权，是指以有线或者无线方式向公众提供作品、表演或者录音录像制品，使公众可以在其个人选定的时间和地点获得作品、表演或者录音录像制品的权利。

技术措施，是指用于防止、限制未经权利人许可浏览、欣赏作品、表演、录音录像制品的或者通过信息网络向公众提供作品、表演、录音录像制品的有效技术、装置或者部件。

权利管理电子信息，是指说明作品及其作者、表演及其表演者、录音录像制品及其制作者的信息，作品、表演、录音录像制品权利人的信息和使用条件的信息，以及表示上述信息的数字或者代码。

第二十七条　本条例自 2006 年 7 月 1 日起施行。

广播电台电视台播放录音制品支付报酬暂行办法

（2009年11月10日中华人民共和国国务院令第566号公布 根据2011年1月8日《国务院关于废止和修改部分行政法规的决定》修订）

第一条 为了保障著作权人依法行使广播权，方便广播电台、电视台播放录音制品，根据《中华人民共和国著作权法》（以下称著作权法）第四十四条的规定，制定本办法。

第二条 广播电台、电视台可以就播放已经发表的音乐作品向著作权人支付报酬的方式、数额等有关事项与管理相关权利的著作权集体管理组织进行约定。

广播电台、电视台播放已经出版的录音制品，已经与著作权人订立许可使用合同的，按照合同约定的方式和标准支付报酬。

广播电台、电视台依照著作权法第四十四条的规定，未经著作权人的许可播放已经出版的录音制品（以下称播放录音制品）的，依照本办法向著作权人支付报酬。

第三条 本办法所称播放，是指广播电台、电视台以无线或者有线的方式进行的首播、重播和转播。

第四条 广播电台、电视台播放录音制品，可以与管理相关权利的著作权集体管理组织约定每年向著作权人支付固定数额的报酬；没有就固定数额进行约定或者约定不成的，广播电台、电视台与管理相关权利的著作权集体管理组织可以以下列方式之一为基础，协商向著作权人支付报酬：

（一）以本台或者本台各频道（频率）本年度广告收入扣除15%成本费用后的余额，乘以本办法第五条或者第六条规定的付酬标准，计算支付报酬的数额；

（二）以本台本年度播放录音制品的时间总量，乘以本办法第七条规定的单位时间付酬标准，计算支付报酬的数额。

第五条 以本办法第四条第（一）项规定方式确定向著作权人支付报酬的数额的，自本办法施行之日起5年内，按照下列付酬标准协商支付报酬的数额：

（一）播放录音制品的时间占本台或者本频道（频率）播放节目总时间的比例（以下称播放时间比例）不足1%的，付酬标准为0.01%；

（二）播放时间比例为1%以上不足3%的，付酬标准为0.02%；

（三）播放时间比例为3%以上不足6%的，相应的付酬标准为0.09%到0.15%，播放时间比例每增加1%，付酬标准相应增加0.03%；

（四）播放时间比例为6%以上10%以下的，相应的付酬标准为0.24%到0.4%，播放时间比例每增加1%，付酬标准相应增加0.04%；

（五）播放时间比例超过10%不足30%的，付酬标准为0.5%；

（六）播放时间比例为30%以上不足50%的，付酬标准为0.6%；

（七）播放时间比例为50%以上不足80%的，付酬标准为0.7%；

（八）播放时间比例为80%以上的，付酬标准为0.8%。

第六条 以本办法第四条第（一）项规定方式确定向著作权人支付报酬的数额的，自本办法施行届满5年之日起，按照下列付酬标准协商支付报酬的数额：

（一）播放时间比例不足1%的，付酬标准为0.02%；

（二）播放时间比例为1%以上不足3%的，付酬标准为0.03%；

（三）播放时间比例为3%以上不足6%的，相应的付酬标准为0.12%到

0.2%，播放时间比例每增加1%，付酬标准相应增加0.04%；

（四）播放时间比例为6%以上10%以下的，相应的付酬标准为0.3%到0.5%，播放时间比例每增加1%，付酬标准相应增加0.05%；

（五）播放时间比例超过10%不足30%的，付酬标准为0.6%；

（六）播放时间比例为30%以上不足50%的，付酬标准为0.7%；

（七）播放时间比例为50%以上不足80%的，付酬标准为0.8%；

（八）播放时间比例为80%以上的，付酬标准为0.9%。

第七条 以本办法第四条第（二）项规定的方式确定向著作权人支付报酬的数额的，按照下列付酬标准协商支付报酬的数额：

（一）广播电台的单位时间付酬标准为每分钟0.30元；

（二）电视台的单位时间付酬标准自本办法施行之日起5年内为每分钟1.50元，自本办法施行届满5年之日起为每分钟2元。

第八条 广播电台、电视台播放录音制品，未能依照本办法第四条的规定与管理相关权利的著作权集体管理组织约定支付报酬的固定数额，也未能协商确定应支付报酬的，应当依照本办法第四条第（一）项规定的方式和第五条、第六条规定的标准，确定向管理相关权利的著作权集体管理组织支付报酬的数额。

第九条 广播电台、电视台转播其他广播电台、电视台播放的录音制品的，其播放录音制品的时间按照实际播放时间的10%计算。

第十条 中部地区的广播电台、电视台依照本办法规定方式向著作权人支付报酬的数额，自本办法施行之日起5年内，按照依据本办法规定计算出的数额的50%计算。

西部地区的广播电台、电视台以及全国专门对少年儿童、少数民族和农村地区等播出的专业频道（频率），依照本办法规定方式向著作权人支付报酬的数额，自本办法施行之日起5年内，按照依据本办法规定计算出的数额的10%计算；自本办法施行届满5年之日起，按照依据本办法规定计算出的数额的50%计算。

第十一条　县级以上人民政府财政部门将本级人民政府设立的广播电台、电视台播放录音制品向著作权人支付报酬的支出作为核定其收支的因素，根据本地区财政情况综合考虑，统筹安排。

第十二条　广播电台、电视台向著作权人支付报酬，以年度为结算期。

广播电台、电视台应当于每年度第一季度将其上年度应当支付的报酬交由著作权集体管理组织转付给著作权人。

广播电台、电视台通过著作权集体管理组织向著作权人支付报酬时，应当提供其播放作品的名称、著作权人姓名或者名称、播放时间等情况，双方已有约定的除外。

第十三条　广播电台、电视台播放录音制品，未向管理相关权利的著作权集体管理组织会员以外的著作权人支付报酬的，应当按照本办法第十二条的规定将应支付的报酬送交管理相关权利的著作权集体管理组织；管理相关权利的著作权集体管理组织应当向著作权人转付。

第十四条　著作权集体管理组织向著作权人转付报酬，除本办法已有规定外，适用《著作权集体管理条例》的有关规定。

第十五条　广播电台、电视台依照本办法规定将应当向著作权人支付的报酬交给著作权集体管理组织后，对著作权集体管理组织与著作权人之间的纠纷不承担责任。

第十六条　广播电台、电视台与著作权人或者著作权集体管理组织因依照本办法规定支付报酬产生纠纷的，可以依法向人民法院提起民事诉讼，或者根据双方达成的书面仲裁协议向仲裁机构申请仲裁。

第十七条　本办法自 2010 年 1 月 1 日起施行。

【规章】

著作权行政处罚实施办法

（2009年4月21日国家版权局第1次局务会议通过 自2009年6月15日起施行）

第一章 总 则

第一条 为规范著作权行政管理部门的行政处罚行为，保护公民、法人和其他组织的合法权益，根据《中华人民共和国行政处罚法》（以下称行政处罚法）、《中华人民共和国著作权法》（以下称著作权法）和其他有关法律、行政法规，制定本办法。

第二条 国家版权局以及地方人民政府享有著作权行政执法权的有关部门（以下称著作权行政管理部门），在法定职权范围内就本办法列举的违法行为实施行政处罚。法律、法规另有规定的，从其规定。

第三条 本办法所称的违法行为是指：

（一）著作权法第四十七条列举的侵权行为，同时损害公共利益的；

（二）《计算机软件保护条例》第二十四条列举的侵权行为，同时损害公共利益的；

（三）《信息网络传播权保护条例》第十八条列举的侵权行为，同时损害公共利益的；第十九条、第二十五条列举的侵权行为；

（四）《著作权集体管理条例》第四十一条、第四十四条规定的应予行政处罚的行为；

（五）其他有关著作权法律、法规、规章规定的应给予行政处罚的违法行为。

第四条　对本办法列举的违法行为，著作权行政管理部门可以依法责令停止侵权行为，并给予下列行政处罚：

（一）警告；

（二）罚款；

（三）没收违法所得；

（四）没收侵权制品；

（五）没收安装存储侵权制品的设备；

（六）没收主要用于制作侵权制品的材料、工具、设备等；

（七）法律、法规、规章规定的其他行政处罚。

第二章　管辖和适用

第五条　本办法列举的违法行为，由侵权行为实施地、侵权结果发生地、侵权制品储藏地或者依法查封扣押地的著作权行政管理部门负责查处。法律、行政法规另有规定的除外。

侵犯信息网络传播权的违法行为由侵权人住所地、实施侵权行为的网络服务器等设备所在地或侵权网站备案登记地的著作权行政管理部门负责查处。

第六条　国家版权局可以查处在全国有重大影响的违法行为，以及认为应当由其查处的其他违法行为。地方著作权行政管理部门负责查处本辖区发生的违法行为。

第七条　两个以上地方著作权行政管理部门对同一违法行为均有管辖权时，由先立案的著作权行政管理部门负责查处该违法行为。

地方著作权行政管理部门因管辖权发生争议或者管辖不明时，由争议双方协商解决；协商不成的，报请共同的上一级著作权行政管理部门指定管辖；其共同的上一级著作权行政管理部门也可以直接指定管辖。

上级著作权行政管理部门在必要时，可以处理下级著作权行政管理部门管辖的有重大影响的案件，也可以将自己管辖的案件交由下级著作权行政管理部门处理；下级著作权行政管理部门认为其管辖的案件案情重大、复杂，需要由上级著作权行政管理部门处理的，可以报请上一级著作权行政管理部门处理。

第八条 著作权行政管理部门发现查处的违法行为，根据我国刑法规定涉嫌构成犯罪的，应当由该著作权行政管理部门依照国务院《行政执法机关移送涉嫌犯罪案件的规定》将案件移送司法部门处理。

第九条 著作权行政管理部门对违法行为予以行政处罚的时效为两年，从违法行为发生之日起计算。违法行为有连续或者继续状态的，从行为终了之日起计算。侵权制品仍在发行或仍在向公众进行传播的，视为违法行为仍在继续。

违法行为在两年内未被发现的，不再给予行政处罚。法律另有规定的除外。

第三章 处罚程序

第十条 除行政处罚法规定适用简易程序的情况外，著作权行政处罚适用行政处罚法规定的一般程序。

第十一条 著作权行政管理部门适用一般程序查处违法行为，应当立案。

对本办法列举的违法行为，著作权行政管理部门可以自行决定立案查处，或者根据有关部门移送的材料决定立案查处，也可以根据被侵权人、利害关系人或者其他知情人的投诉或者举报决定立案查处。

第十二条 投诉人就本办法列举的违法行为申请立案查处的，应当提交申请书、权利证明、被侵权作品（或者制品）以及其他证据。

申请书应当说明当事人的姓名（或者名称）、地址以及申请查处所根据的主要事实、理由。

投诉人委托代理人代为申请的，应当由代理人出示委托书。

第十三条 著作权行政管理部门应当在收到所有投诉材料之日起十五日内，决定是否受理并通知投诉人。不予受理的，应当书面告知理由。

第十四条 立案时应当填写立案审批表，同时附上相关材料，包括投诉或者举报材料、上级著作权行政管理部门交办或者有关部门移送案件的有关材料、执法人员的检查报告等，由本部门负责人批准，指定两名以上办案人员负责调查处理。

办案人员与案件有利害关系的，应当自行回避；没有回避的，当事人可以申请其回避。办案人员的回避，由本部门负责人批准。负责人的回避，由本级人民政府批准。

第十五条 执法人员在执法过程中，发现违法行为正在实施，情况紧急来不及立案的，可以采取下列措施：

（一）对违法行为予以制止或者纠正；

（二）对涉嫌侵权制品、安装存储涉嫌侵权制品的设备和主要用于违法行为的材料、工具、设备等依法先行登记保存；

（三）收集、调取其他有关证据。

执法人员应当及时将有关情况和材料报所在著作权行政管理部门，并于发现情况之日起七日内办理立案手续。

第十六条 立案后，办案人员应当及时进行调查，并要求法定举证责任人在著作权行政管理部门指定的期限内举证。

办案人员取证时可以采取下列手段收集、调取有关证据：

（一）查阅、复制与涉嫌违法行为有关的文件档案、账簿和其他书面材料；

（二）对涉嫌侵权制品进行抽样取证；

（三）对涉嫌侵权制品、安装存储涉嫌侵权制品的设备、涉嫌侵权的网站网页、涉嫌侵权的网站服务器和主要用于违法行为的材料、工具、设备等依法先行登记保存。

第十七条 办案人员在执法中应当向当事人或者有关人员出示由国家版权局或者地方人民政府制发的行政执法证件。

第十八条 办案时收集的证据包括：

（一）书证；

（二）物证；

（三）证人证言；

（四）视听资料；

（五）当事人陈述；

（六）鉴定结论；

（七）检查、勘验笔录。

第十九条 当事人提供的涉及著作权的底稿、原件、合法出版物、作品登记证书、著作权合同登记证书、认证机构出具的证明、取得权利的合同，以及当事人自行或者委托他人以定购、现场交易等方式购买侵权复制品而取得的实物、发票等，可以作为证据。

第二十条 办案人员抽样取证、先行登记保存有关证据，应当有当事人在场。对有关物品应当当场制作清单一式两份，由办案人员和当事人签名、盖章后，分别交由当事人和办案人员所在著作权行政管理部门保存。当事人不在场或者拒绝签名、盖章的，由现场两名以上办案人员注明情况。

第二十一条 办案人员先行登记保存有关证据，应当经本部门负责人批准，并向当事人交付证据先行登记保存通知书。当事人或者有关人员在证据保存期间不得转移、损毁有关证据。

先行登记保存的证据，应当加封著作权行政管理部门先行登记保存封条，由当事人就地保存。先行登记保存的证据确需移至他处的，可以移至适当的场所保存。情况紧急来不及办理本条规定的手续时，办案人员可以先行采取措施，事后及时补办手续。

第二十二条 对先行登记保存的证据，应当在交付证据先行登记保存通知书后七日内作出下列处理决定：

（一）需要鉴定的，送交鉴定；

（二）违法事实成立，应当予以没收的，依照法定程序予以没收；

（三）应当移送有关部门处理的，将案件连同证据移送有关部门处理；

（四）违法事实不成立，或者依法不应予以没收的，解除登记保存措施；

（五）其他有关法定措施。

第二十三条 著作权行政管理部门在查处案件过程中，委托其他著作权行政管理部门代为调查的，须出具委托书。受委托的著作权行政管理部门应当积极予以协助。

第二十四条 对查处案件中的专业性问题，著作权行政管理部门可以委托专门机构或者聘请专业人员进行鉴定。

第二十五条 调查终结后，办案人员应当提交案件调查报告，说明有关行为是否违法，提出处理意见及有关事实、理由和依据，并附上全部证据材料。

第二十六条 著作权行政管理部门拟作出行政处罚决定的，应当由本部门负责人签发行政处罚事先告知书，告知当事人拟作出行政处罚决定的事实、理由和依据，并告知当事人依法享有的陈述权、申辩权和其他权利。

行政处罚事先告知书应当由著作权行政管理部门直接送达当事人，当事人应当在送达回执上签名、盖章。当事人拒绝签收的，由送达人员注明情况，把送达文书留在受送达人住所，并报告本部门负责人。著作权行政管理部门也可以采取邮寄送达方式告知当事人。无法找到当事人时，可以以公告形式告知。

第二十七条 当事人要求陈述、申辩的，应当在被告知后七日内，或者自发布公告之日起三十日内，向著作权行政管理部门提出陈述、申辩意见以及相应的事实、理由和证据。当事人在此期间未行使陈述权、申辩权的，视为放弃权利。

采取直接送达方式告知的，以当事人签收之日为被告知日期；采取邮寄送达方式告知的，以回执上注明的收件日期为被告知日期。

第二十八条 办案人员应当充分听取当事人的陈述、申辩意见，对当事人提出的事实、理由和证据进行复核，并提交复核报告。

著作权行政管理部门不得因当事人申辩加重处罚。

第二十九条 著作权行政管理部门负责人应当对案件调查报告及复核报告

进行审查，并根据审查结果分别作出下列处理决定：

（一）确属应当予以行政处罚的违法行为的，根据侵权人的过错程度、侵权时间长短、侵权范围大小及损害后果等情节，予以行政处罚；

（二）违法行为轻微并及时纠正，没有造成危害后果的，不予行政处罚；

（三）违法事实不成立的，不予行政处罚；

（四）违法行为涉嫌构成犯罪的，移送司法部门处理。

对情节复杂或者重大的违法行为给予较重的行政处罚，由著作权行政管理部门负责人集体讨论决定。

第三十条 著作权行政管理部门作出罚款决定时，罚款数额应当依照《中华人民共和国著作权法实施条例》第三十六条、《计算机软件保护条例》第二十四条的规定和《信息网络传播权保护条例》第十八条、第十九条的规定确定。

第三十一条 违法行为情节严重的，著作权行政管理部门可以没收主要用于制作侵权制品的材料、工具、设备等。

具有下列情形之一的，属于前款所称"情节严重"：

（一）违法所得数额（即获利数额）二千五百元以上的；

（二）非法经营数额在一万五千元以上的；

（三）经营侵权制品在二百五十册（张或份）以上的；

（四）因侵犯著作权曾经被追究法律责任，又侵犯著作权的；

（五）造成其他重大影响或者严重后果的。

第三十二条 对当事人的同一违法行为，其他行政机关已经予以罚款的，著作权行政管理部门不得再予罚款，但仍可以视具体情况予以本办法第四条所规定的其他种类的行政处罚。

第三十三条 著作权行政管理部门作出较大数额罚款决定或者法律、行政法规规定应当听证的其他行政处罚决定前，应当告知当事人有要求举行听证的权利。

前款所称"较大数额罚款"，是指对个人处以两万元以上、对单位处以十万元以上的罚款。地方性法规、规章对听证要求另有规定的，依照地方性法规、规章办理。

第三十四条 当事人要求听证的，著作权行政管理部门应当依照行政处罚法第四十二条规定的程序组织听证。当事人不承担组织听证的费用。

第三十五条 著作权行政管理部门决定予以行政处罚的，应当制作行政处罚决定书。

著作权行政管理部门认为违法行为轻微，决定不予行政处罚的，应当制作不予行政处罚通知书，说明不予行政处罚的事实、理由和依据，并送达当事人；违法事实不成立的，应当制作调查结果通知书，并送达当事人。

著作权行政管理部门决定移送司法部门处理的案件，应当制作涉嫌犯罪案件移送书，并连同有关材料和证据及时移送有管辖权的司法部门。

第三十六条 行政处罚决定书应当由著作权行政管理部门在宣告后当场交付当事人。当事人不在场的，应当在七日内送达当事人。

第三十七条 当事人对国家版权局的行政处罚不服的，可以向国家版权局申请行政复议；当事人对地方著作权行政管理部门的行政处罚不服的，可以向该部门的本级人民政府或者其上一级著作权行政管理部门申请行政复议。

当事人对行政处罚或者行政复议决定不服的，可以依法提起行政诉讼。

第四章 执行程序

第三十八条 当事人收到行政处罚决定书后，应当在行政处罚决定书规定的期限内予以履行。

当事人申请行政复议或者提起行政诉讼的，行政处罚不停止执行。法律另有规定的除外。

第三十九条 没收的侵权制品应当销毁，或者经被侵权人同意后以其他适当方式处理。

销毁侵权制品时，著作权行政管理部门应当指派两名以上执法人员监督销毁过程，核查销毁结果，并制作销毁记录。

对没收的主要用于制作侵权制品的材料、工具、设备等，著作权行政管理部门应当依法公开拍卖或者依照国家有关规定处理。

第四十条　上级著作权行政管理部门作出的行政处罚决定，可以委托下级著作权行政管理部门代为执行。代为执行的下级著作权行政管理部门，应当将执行结果报告该上级著作权行政管理部门。

第五章　附　则

第四十一条　本办法所称的侵权制品包括侵权复制品和假冒他人署名的作品。

第四十二条　著作权行政管理部门应当按照国家统计法规建立著作权行政处罚统计制度，每年向上一级著作权行政管理部门提交著作权行政处罚统计报告。

第四十三条　行政处罚决定或者复议决定执行完毕后，著作权行政管理部门应当及时将案件材料立卷归档。

立卷归档的材料主要包括：行政处罚决定书、立案审批表、案件调查报告、复核报告、复议决定书、听证笔录、听证报告、证据材料、财物处理单据以及其他有关材料。

第四十四条　本办法涉及的有关法律文书，应当参照国家版权局确定的有关文书格式制作。

第四十五条　本办法自 2009 年 6 月 15 日起施行。

国家版权局 2003 年 9 月 1 日发布的《著作权行政处罚实施办法》同时废止，本办法施行前发布的其他有关规定与本办法相抵触的，依照本办法执行。

【司法解释】

最高人民法院关于贯彻执行《中华人民共和国民法通则》若干问题的意见

（1988年1月26日最高人民法院审判委员会讨论通过 根据2008年12月18日《最高人民法院关于废止2007年底以前发布的有关司法解释（第七批）的决定》修订）

一、公 民

（一）关于民事权利能力和民事行为能力问题

1.公民的民事权利能力自出生时开始。出生的时间以户籍证明为准；没有户籍证明的，以医院出具的出生证明为准。没有医院证明的，参照其他有关证明认定。

2.十六周岁以上不满十八周岁的公民，能够以自己的劳动取得收入，并能维持当地群众一般生活水平的，可以认定为以自己的劳动收入为主要生活来源的完全民事行为能力人。

3.十周岁以上的未成年人进行的民事活动是否与其年龄、智力状况相适应，可以从行为与本人生活相关联的程度、本人的智力能否理解其行为，并预见相应的行为后果，以及行为标的数额等方面认定。

4.不能完全辨认自己行为的精神病人进行的民事活动，是否与其精神健康状态相适应，可以从行为与本人生活相关联的程度，本人的精神状态能否理解其行为，并预见相应的行为后果，以及行为标的数额等方面认定。

5.精神病人（包括痴呆症人）如果没有判断能力和自我保护能力，不知其行为后果的，可以认定为不能辨认自己行为的人；对于比较复杂的事物或者比较重大的行为缺乏判断能力和自我保护能力，并且不能预见其行为后果的，可以认定为不能完全辨认自己行为的人。

6.无民事行为能力人、限制民事行为能力人接受奖励、赠与、报酬，他人不得以行为人无民事行为能力、限制民事行为能力为由，主张以上行为无效。

7.当事人是否患有精神病，人民法院应当根据司法精神病学鉴定或者参照医院的诊断、鉴定确认。在不具备诊断、鉴定条件的情况下，也可以参照群众公认的当事人的精神状态认定，但应以利害关系人没有异议为限。

8.在诉讼中，当事人及利害关系人提出一方当事人患有精神病（包括痴呆症），人民法院认为确有必要认定的，应当按照民事诉讼法（试行）规定的特别程序，先作出当事人有无民事行为能力的判决。

确认精神病人（包括痴呆症人）为限制民事行为能力人的，应当比照民事诉讼法（试行）规定的特别程序进行审理。

9.公民离开住所地最后连续居住一年以上的地方，为经常居住地。但住医院治病的除外。

公民由其户籍所在地迁出后至迁入另一地之前，无经常居住地的，仍以其原户籍所在地为住所。

（二）关于监护问题

10.监护人的监护职责包括：保护被监护人的身体健康，照顾被监护人的生活，管理和保护被监护人的财产，代理被监护人进行民事活动，对被监护人进行管理和教育，在被监护人合法权益受到侵害或者与人发生争议时，代理其进行诉讼。

11. 认定监护人监护能力，应当根据监护人的身体健康状况、经济条件，以及与被监护人在生活上的联系状况等因素确定。

12. 民法通则中规定的近亲属，包括配偶、父母、子女、兄弟姐妹、祖父母、外祖父母、孙子女、外孙子女。

13. 为患有精神病的未成年人设定监护人，适用民法通则第十六条的规定。

14. 人民法院指定监护人时，可以将民法通则第十六条第二款中（一）、（二）、（三）项或第十七条第一款中的（一）、（二）、（三）、（四）、（五）项规定视为指定监护人的顺序。前一顺序有监护资格的人无监护能力或者对被监护人明显不利的，人民法院可以根据对被监护人有利的原则，从后一顺序有监护资格的人中择优确定。被监护人有识别能力的，应视情况征求被监护人的意见。

监护人可以是一人，也可以是同一顺序中的数人。

15. 有监护资格的人之间协议确定监护人的，应当由协议确定的监护人对被监护人承担监护责任。

16. 对于担任监护人有争议的，应当按照民法通则第十六条第三款或者第十七条第二款的规定，由有关组织予以指定。未经指定而向人民法院起诉的，人民法院不予受理。

17. 有关组织依照民法通则规定指定监护人，以书面或者口头通知了被指定人的，应当认定指定成立。被指定人不服的，应当在接到通知的次日起三十日内向人民法院起诉。逾期起诉的，按变更监护关系处理。

18. 监护人被指定后，不得自行变更。擅自变更的，由原被指定的监护人和变更后的监护人承担监护责任。

19. 被指定人对指定不服提起诉讼的，人民法院应当根据本意见第十四条的规定，作出维持或者撤销指定监护人的判决。如果判决是撤销原指定的，可以同时另行指定监护人。此类案件，比照民事诉讼法（试行）规定的特别程序进行审理。

在人民法院作出判决前的监护责任，一般应当按照指定监护人的顺序，由有监护资格人承担。

20. 监护人不履行监护职责，或者侵害了被监护人的合法权益，民法通则第十六条、第十七条规定的其他有监护资格的人或者单位向人民法院起诉，要求监护人承担民事责任的，按照普通程序审理；要求变更监护关系的，按照特别程序审理；既要求承担民事责任，又要求变更监护关系的，分别审理。

21. 夫妻离婚后，与子女共同生活的一方无权取消对方对该子女的监护权，但是，未与该子女共同生活的一方，对该子女有犯罪行为、虐待行为或者对该子女明显不利的，人民法院认为可以取消的除外。

22. 监护人可以将监护职责部分或者全部委托给他人。因被监护人的侵权行为需要承担民事责任的，应当由监护人承担，但另有约定的除外；被委托人确有过错的，负连带责任。

23. 夫妻一方死亡后，另一方将子女送给他人收养，如收养对子女的健康成长并无不利，又办了合法收养手续的，认定收养关系成立；其他有监护资格的人不得以收养未经其同意而主张收养关系无效。

（三）关于宣告失踪、宣告死亡问题

24. 申请宣告失踪的利害关系人，包括被申请宣告失踪人的配偶、父母、子女、兄弟姐妹、祖父母、外祖父母、孙子女、外孙子女以及其他与被申请人有民事权利义务关系的人。

25. 申请宣告死亡的利害关系人的顺序是：

（一）配偶；

（二）父母、子女；

（三）兄弟姐妹、祖父母、外祖父母、孙子女、外孙子女；

（四）其他有民事权利义务关系的人。

申请撤销死亡宣告不受上列顺序限制。

26. 下落不明是指公民离开最后居住地后没有音讯的状况。对于在台湾或者在国外，无法正常通讯联系的，不得以下落不明宣告死亡。

27. 战争期间下落不明的，申请宣告死亡的期间适用民法通则第二十三条第一款第一项的规定。

28.民法通则第二十条第一款、第二十三条第一款第一项中的下落不明的起算时间,从公民音讯消失之次日起算。

宣告失踪的案件,由被宣告失踪人住所地的基层人民法院管辖。住所地与居住地不一致的,由最后居住地基层人民法院管辖。

29.宣告失踪不是宣告死亡的必经程序。公民下落不明,符合申请宣告死亡的条件,利害关系人可以不经申请宣告失踪而直接申请宣告死亡。但利害关系人只申请宣告失踪的,应当宣告失踪;同一顺序的利害关系人,有的申请宣告死亡,有的不同意宣告死亡,则应当宣告死亡。

30.人民法院指定失踪人的财产代管人,应当根据有利于保护失踪人财产的原则指定。没有民法通则第二十一条规定的代管人,或者他们无能力作代管人,或者不宜作代管人的,人民法院可以指定公民或者有关组织为失踪人的财产代管人。

无民事行为能力人、限制民事行为能力人失踪的,其监护人即为财产代管人。

31.民法通则第二十一条第二款中的"其他费用",包括赡养费、扶养费、抚育费和因代管财产所需的管理费等必要的费用。

32.失踪人的财产代管人拒绝支付失踪人所欠的税款、债务和其他费用,债权人提起诉讼的,人民法院应当将代管人列为被告。

失踪人的财产代管人向失踪人的债务人要求偿还债务的,可以作为原告提起诉讼。

33.债务人下落不明,但未被宣告失踪,债权人起诉要求清偿债务的,人民法院可以在公告传唤后缺席判决或者按中止诉讼处理。

34.人民法院审理宣告失踪的案件,比照民事诉讼法(试行)规定的特别程序进行。

人民法院审理宣告失踪的案件,应当查清被申请宣告失踪人的财产,指定临时管理人或者采取诉讼保全措施,发出寻找失踪人的公告。公告期间为半年。公告期间届满,人民法院根据被宣告失踪人失踪的事实是否得到确认,作出宣告失踪的判决或者终结审理的裁定。如果判决宣告为失踪人，应当同时指定失踪人的财产代管人。

35. 失踪人的财产代管人以无力履行代管职责，申请变更代管人的，人民法院比照特别程序进行审理。

失踪人的财产代管人不履行代管职责或者侵犯失踪人财产权益的，失踪人的利害关系人可以向人民法院请求财产代管人承担民事责任。如果同时申请人民法院变更财产代管人的，变更之诉比照特别程序单独审理。

36. 被宣告死亡的人，判决宣告之日为其死亡的日期。判决书除发给申请人外，还应当在被宣告死亡的人住所地和人民法院所在地公告。

被宣告死亡和自然死亡的时间不一致的，被宣告死亡所引起的法律后果仍然有效，但自然死亡前实施的民事法律行为与被宣告死亡引起的法律后果相抵触的，则以其实施的民事法律行为为准。

37. 被宣告死亡的人与配偶的婚姻关系，自死亡宣告之日起消灭。死亡宣告被人民法院撤销，如果其配偶尚未再婚的，夫妻关系从撤销死亡宣告之日起自行恢复；如果其配偶再婚后又离婚或者再婚后配偶又死亡的，则不得认定夫妻关系自行恢复。

38. 被宣告死亡的人在被宣告死亡期间，其子女被他人依法收养，宣告死亡的人在死亡宣告被撤销后，仅以未经本人同意而主张收养关系无效的，一般不应准许，但收养人和被收养人同意的除外。

39. 利害关系人隐瞒真实情况使他人被宣告死亡而取得其财产的，除应返还原物及孳息外，还应对造成的损失予以赔偿。

40. 被撤销死亡宣告的人请求返还财产，其原物已被第三人合法取得的，第三人可不予返还。但依继承法取得原物的公民或者组织，应当返还原物或者给予适当补偿。

（四）关于个体工商户、农村承包经营户、个人合伙问题

41. 起字号的工商户，在民事诉讼中，应以营业执照登记的户主（业主）为诉讼当事人，在诉讼文书注明系某字号的户主。

42. 以公民个人名义申请登记的个体工商户和个人承包的农村承包经营户，用家庭共有财产投资，或者收益的主要部分供家庭成员享用的，其债务应以家庭共有财产清偿。

43. 在夫妻关系存续期间，一方从事个体经营或者承包经营的，其收入为夫妻共有财产，债务亦应以夫妻共有财产清偿。

44. 个体工商户、农村承包经营户的债务，如以其家庭共有财产承担责任时，应当保留家庭成员的生活必需品和必要的生产工具。

45. 起字号的个人合伙，在民事诉讼中，应当以依法核准登记的字号为诉讼当事人，并由合伙负责人为诉讼代表人。合伙负责人的诉讼行为，对全体合伙人发生法律效力。

未起字号的个人合伙，合伙人在民事诉讼中为共同诉讼人。合伙人人数众多的，可以推举诉讼代表人参加诉讼。诉讼代表人的诉讼行为，对全体合伙人发生法律效力。推举诉讼代表人，应当办理书面手续。

46. 公民按照协议提供资金或者实物，并约定参与合伙盈余分配，但不参与合伙经营、劳动的，或者提供技术性劳务而不提供资金、实物，但约定参与盈余分配的，视为合伙人。

47. 全体合伙人对合伙经营的亏损额，对外应当负连带责任；对内则应按照协议约定的债务承担比例或者出资比例分担；协议未规定债务承担比例或者出资比例的，可以按照约定的或者实际的盈余分配比例承担。但是对造成合伙经营亏损有过错的合伙人，应当根据其过错程序相应的多承担责任。

48. 只提供技术性劳务，不提供资金、实物的合伙人，对于合伙经营的亏损额，对外也应当承担连带责任；对内则应当按照协议约定的债务承担比例或者技术性劳务折抵的出资比例承担；协议未规定债务承担比例或者出资比例的，可以按照约定的或者合伙人实际的盈余分配比例承担；没有盈余分配比例的，按照其余合伙人平均投资比例承担。

49. 个人合伙或者个体工商户，虽经工商行政管理部门错误地登记为集体所有制的企业，但实际为个人合伙或者个体工商户的，应当按个人合伙或者个体工商户对待。

50. 当事人之间没有书面合伙协议，又未经工商行政管理部门核准登记，但具备合伙的其他条件，又有两个以上无利害关系人证明有口头合伙协议的，人民法院可以认定为合伙关系。

51. 在合伙经营过程中增加合伙人，书面协议有约定的，按照协议处理；书面协议未约定的，须经全体合伙人同意，未经全体合伙人同意的，应当认定入伙无效。

52. 合伙人退伙，书面协议有约定的，按书面协议处理；书面协议未约定的，原则上应予准许。但因其退伙给其他合伙人造成损失的，应当考虑退伙的原因、理由以及双方当事人的过错等情况，确定其应当承担的赔偿责任。

53. 合伙经营期间发生亏损，合伙人退出合伙时未按约定分担或者未合理分担合伙债务的，退伙人对原合伙的债务，应当承担清偿责任；退伙人已分担合伙债务的，对其参加合伙期间的全部债务仍负连带责任。

54. 合伙人退伙时分割的合伙财产，应当包括合伙时投入的财产和合伙期间积累的财产，以及合伙期间的债权和债务。入伙的原物退伙时原则上应予退还；一次清退有困难的，可以分批分期清退；退还原物确有困难的，可以折价处理。

55. 合伙终止时，对合伙财产的处理，有书面协议的，按协议处理；没有书面协议，又协商不成的，如果合伙人出资额相等，应当考虑多数人意见酌情处理；合伙人出资额不等的，可以按出资额占全部合伙额多的合伙人意见处理，但要保护其他合伙人的利益。

56. 合伙人互相串通逃避合伙债务的，除应令其承担清偿责任外，还可以按照民法通则第一百三十四条第三款的规定处理。

57. 民法通则第三十五条第一款中关于"以各自的财产承担清偿责任"，是指合伙人以个人财产出资的，以合伙人的个人财产承担；合伙人以其家庭共有财产出资的，以其家庭共有财产承担；合伙人以个人财产出资，合伙的盈余分配所得用于其家庭成员生活的，应先以合伙人的个人财产承担，不足部分以合伙人的家庭共有财产承担。

二、法　人

58. 企业法人的法定代表人和其他工作人员，以法人名义从事的经营活动，给他人造成经济损失的，企业法人应当承担民事责任。

59. 企业法人解散或被撤销的，应当由其主管机关组织清算小组进行清算。企业法人被宣告破产的，应当由人民法院组织有关机关和有关人员成立清算组织进行清算。

60. 清算组织是以清算企业法人债权、债务为目的而依法成立的组织。它负责对终止的企业法人的财产进行保管、清理、估价、处理和清偿。

对于涉及终止的企业法人债权、债务的民事诉讼，清算组织可以用自己名义参加诉讼。

以逃避债务责任为目的而成立的清算组织，其实施的民事行为无效。

61. 人民法院审理案件时，如果查明企业法人有民法通则第四十九条所列的六种情形之一的，除企业法人承担责任外，还可以根据民法通则第四十九条和第一百三十四条第三款的规定，对企业法定代表人直接给予罚款的处罚；对需要给予行政处分的，可以向有关部门提出司法建议，由有关部门决定处理；对构成犯罪需要依法追究刑事责任的，应当依法移送公安、检察机关。

62. 人民法院在审理案件中，依法对企业法定代表人或者其他人采用罚款、拘留制裁措施，必须经院长批准，另行制作民事制裁决定书。被制裁人对决定不服的，在收到决定书的次日起十日内可以向上一级法院申请复议一次。复议期间，决定暂不执行。

63. 对法定代表人直接处以罚款的数额一般在二千元以下。法律另有规定的除外。

64. 以提供土地使用权作为联营条件的一方，对联营企业的债务，应当按照书面协议的约定承担；书面协议未约定的，可以按照出资比例或者盈余分配比例承担。

三、民事法律行为和代理

65. 当事人以录音、录像等视听资料形式实施的民事行为，如有两个以上无利害关系人作为证人或者有其他证据证明该民事行为符合民法通则第五十五条的规定，可以认定有效。

66. 一方当事人向对方当事人提出民事权利的要求，对方未用语言或者文字明确表示意见，但其行为表明已接受的，可以认定为默示。不作为的默示只有在法律有规定或者当事人双方有约定的情况下，才可以视为意思表示。

67. 间歇性精神病人的民事行为，确能证明是在发病期间实施的，应当认定无效。

行为人在神志不清的状态下所实施的民事行为，应当认定无效。

68. 一方当事人故意告知对方虚假情况，或者故意隐瞒真实情况，诱使对方当事人作出错误意思表示的，可以认定为欺诈行为。

69. 以给公民及其亲友的生命健康、荣誉、名誉、财产等造成损失或者以给法人的荣誉、名誉、财产等造成损害为要挟，迫使对方作出违背真实的意思表示的，可以认定为胁迫行为。

70. 一方当事人乘对方处于危难之机，为牟取不正当利益，迫使对方作出不真实的意思表示，严重损害对方利益的，可以认定为乘人之危。

71. 行为人因对行为的性质、对方当事人、标的物的品种、质量、规格和数量等的错误认识，使行为的后果与自己的意思相悖，并造成较大损失的，可以认定为重大误解。

72. 一方当事人利用优势或者利用对方没有经验，致使双方的权利义务明显违反公平、等价有偿原则的，可以认定为显失公平。

73. 对于重大误解或者显失公平的民事行为，当事人请求变更的，人民法院应当予以变更；当事人请求撤销的，人民法院可以酌情予以变更或者撤销。

可变更或者可撤销的民事行为，自行为成立时起超过一年当事人才请求变更或撤销的，人民法院不予保护。

74.民法通则第六十一条第二款中的"双方取得的财产",应当包括双方当事人已经取得和约定取得的财产。

75.附条件的民事行为,如果所附的条件是违背法律规定或者不可能发生的,应当认定该民事行为无效。

76.附期限的民事法律行为,在所附期限到来时生效或者解除。

77.意思表示由第三人义务转达,而第三人由于过失转达错误或者没有转达,使他人造成损失的,一般可由意思表示人负赔偿责任。但法律另有规定或者双方另有约定的除外。

78.凡是依法或者依双方的约定必须由本人亲自实施的民事行为,本人未亲自实施的,应当认定行为无效。

79.数个委托代理人共同行使代理权的,如果其中一人或者数人未与其他委托代理人协商,所实施的行为侵害被代理人权益的,由实施行为的委托代理人承担民事责任。

被代理人为数人时,其中一人或者数人未经其他被代理人同意而提出解除代理关系,因此,造成损害的,由提出解除代理关系的被代理人承担。

80.由于急病、通讯联络中断等特殊原因,委托代理人自己不能办理代理事项,又不能与被代理人及时取得联系,如不及时转托他人代理,会给被代理人的利益造成损失或者扩大损失的,属于民法通则第六十八条中的"紧急情况"。

81.委托代理人转托他人代理的,比照民法通则第六十五条规定的条件办理转托手续。因委托代理人转托不明,给第三人造成损失的,第三人可以直接要求被代理人赔偿损失;被代理人承担民事责任后,可以要求委托代理人赔偿损失,转托代理人有过错的,应当负连带责任。

82.被代理人死亡后有下列情况之一的,委托代理人实施的代理行为有效:(1)代理人不知道被代理人死亡的;(2)被代理人的继承人均予承认的;(3)被代理人与代理人约定到代理事项完成时代理权终止的;(4)在被代理人死亡前已经进行、而在被代理人死亡后为了被代理人的继承人的利益继续完成的。

83.代理人和被代理人对已实施的民事行为负连带责任的,在民事诉讼中,可以列为共同诉讼人。

四、民事权利

（一）关于财产所有权与财产所有权有关的财产权问题

84.财产已经交付，但当事人约定财产所有权转移附条件的，在所附条件成就时，财产所有权方为转移。

85.财产所有权合法转移后，一方翻悔的，不予支持。财产所有权尚未按原协议转移，一方翻悔并无正当理由，协议又能够履行的，应当继续履行；如果协议不能履行，给对方造成损失的，应当负赔偿责任。

86.非产权人在使用他人的财产上增添附属物，财产所有人同意增添，并就财产返还时附属物如何处理有约定的，按约定办理；没有约定又协商不成，能够拆除的，可以责令拆除；不能拆除的，也可以折价归财产所有人，造成财产所有人损失的，应当负赔偿责任。

87.有附属物的财产，附属物随财产所有权的转移而转移。但当事人另有约定又不违法的，按约定处理。

88.对于共有财产，部分共有人主张按份共有，部分共有人主张共同共有，如果不能证明财产是按份共有的，应当认定为共同共有。

（注：根据2008年12月18日最高人民法院发布的《最高人民法院关于废止2007年底以前发布的有关司法解释（第七批）的决定》，本条已被宣布失效。）

89.共同共有人对共有财产享有共同的权利，承担共同义务。在共同共有关系存续期间，部分共有人擅自处分共有财产的，一般认定无效。但第三人善意、有偿取得该财产的，应当维护第三人的合法权益；对其他共有人的损失，由擅自处分共有财产的人赔偿。

90.在共同共有关系终止时，对共有财产的分割，有协议的，按协议处理；没有协议的，应当根据等分原则处理，并且考虑共有人对共有财产的贡献大小，适当照顾共有人生产、生活的实际需要等情况。但分割夫妻共有财产，应当根据婚姻法的有关规定处理。

91. 共有财产是特定物，而且不能分割或者分割有损其价值的，可以折价处理。

92. 共同共有财产分割后，一个或者数个原共有人出卖自己分得的财产时，如果出卖的财产与其他原共有人分得的财产属于一个整体或者配套使用，其他原共有人主张优先购买权的，应当予以支持。

93. 公民、法人对于挖掘、发现的埋藏物、隐藏物，如果能够证明属其所有，而且根据现行的法律、政策又可以归其所有的，应当予以保护。

94. 拾得物灭失、毁损，拾得人没有故意的，不承担民事责任。拾得人将拾得物据为己有，拒不返还而引起诉讼的，按照侵权之诉处理。

（注：根据2008年12月18日最高人民法院发布的《最高人民法院关于废止2007年底以前发布的有关司法解释（第七批）的决定》，本条已被宣布失效。）

95. 公民和集体依法对集体所有的或者国家所有由集体使用的森林、土地、山岭、草原、荒地、滩涂、水面等承包经营的权利和义务，按承包合同的规定处理。承包人未经发包人同意擅自转包或者转让的无效。

96. 因土地、山岭、森林、草原、荒地、滩涂、水面等自然资源的所有权或使用权发生权属争议的，应当由有关行政部门处理。对行政处理不服的，当事人可以依据有关法律和行政法规的规定，向人民法院提起诉讼；因侵权纠纷起诉的，人民法院可以直接受理。

97. 相邻一方因施工临时占用他方使用的土地，占用的一方如未按照双方约定的范围、用途和期限使用的，应当责令其及时清理现场，排除妨碍，恢复原状，赔偿损失。

98. 一方擅自堵截或者独占自然流水，影响他方正常生产生活的，他方有权请求排除妨碍；造成他方损失的，应负赔偿责任。

99. 相邻一方必须使用另一方的土地排水的，应当予以准许；但应在必要限度内使用并采取适当的保护措施排水，如仍造成损失的，由受益人合理补偿。

相邻一方可以采取其他合理的措施排水而未采取，向他方土地排水毁损或者可能毁损他方财产，他方要求致害人停止侵害、消除危险、恢复原状、赔偿损失的，应当予以支持。

100. 一方必须在相邻一方使用的土地上通行的，应当予以准许；因此造成损失的，应当给予适当补偿。

101. 对于一方所有的或者使用的建筑物范围内历史形成的必经通道，所有权人或者使用权人不得堵塞。因堵塞影响他人生产、生活，他人要求排除妨碍或者恢复原状的，应当予以支持。但有条件另开通道的，也可以另开通道。

102. 处理相邻房屋滴水纠纷时，对有过错的一方造成他方损害的，应当责令其排除妨碍，赔偿损失。

103. 相邻一方在自己使用的土地上挖水沟、水池、地窖等或者种植的竹木根枝伸延，危及另一方建筑物的安全和正常使用的，应当分别情况，责令其消除危险，恢复原状，赔偿损失。

（二）关于债权问题

104. 债权人无正当理由拒绝债务人履行义务，债务人将履行的标的物向有关部门提存的，应当认定债务已经履行。因提存所支出的费用，应当由债权人承担。提存期间，财产收益归债权人所有，风险责任由债权人承担。

105. 依据民法通则第八十八条第二款第（一）项规定，合同对产品质量要求不明确，当事人未能达成协议，又没有国家质量标准的，按部颁标准或者专业标准处理；没有部颁标准或者专业标准的，按经过批准的企业标准处理；没有经过批准的企业标准的，按标的物产地同行业其他企业经过批准的同类产品质量标准处理。

106. 保证人应当是具有代偿能力的公民、企业法人以及其他经济组织。保证人即使不具备完全代偿能力，仍应以自己的财产承担保证责任。

国家机关不能担任保证人。

107. 不具有法人资格的企业法人的分支机构，以自己的名义对外签订的保证合同，一般应当认定无效。但因此产生的财产责任，分支机构如有偿付能力的，应当自行承担；如无偿付能力的，应由企业法人承担。

108. 保证人向债权人保证债务人履行债务的，应当与债权人订立书面保证合同，确定保证人对主债务的保证范围和保证期限。虽未单独订立书面保证合同，但在主合同中写明保证人的保证范围和保证期限，并由保证人签名盖章的，视为书面保证合同成立。公民间的口头保证，有两个以上无利害关系人证明的，也视为保证合同成立，法律另有规定的除外。

保证范围不明确的，推定保证人对全部主债务承担保证责任。

109.在保证期限的，保证人的保证范围，可因主债务的减少而减少。新增加的债务，未经保证人同意担保的，保证人不承担保证责任。

110.保证人为二人以上的，相互之间负连带保证责任。但是保证人与债权人约定按份承担保证责任的除外。

111.被担保的经济合同确认无效后，如果被保证人应当返还财产或者赔偿损失的，除有特殊约定外，保证人仍应承担连带责任。

112.债务人或者第三人向债权人提供抵押物时，应当订立书面合同或者在原债权文书中写明。没有书面合同，但有其他证据证明抵押物或者其权利证书已交给抵押权人的，可以认定抵押关系成立。

113.以自己不享有所有权或者经营管理权的财产作抵押物的，应当认定抵押无效。

以法律限制流通的财产作为抵押物的，在清偿债务时，应当由有关部门收购，抵押权人可以从价款中优先受偿。

114.抵押物在抵押权人保管期间灭失、毁损的，抵押权人如有过错，应当承担民事责任。

抵押物在抵押人处灭失、毁损的，应当认定抵押关系存在，并责令抵押人以其他财产代替抵押物。

115.抵押物如由抵押人自己占有并负责保管，在抵押期间，非经债权人同意，抵押人将同一抵押物转让他人，或者就抵押物价值已设置抵押部分再作抵押的，其行为无效。

债务人以抵押物清偿债务时，如果一项抵押物有数个抵押权人的，应当按照设定抵押权的先后顺序受偿。

（注：根据2008年12月18日最高人民法院发布的《最高人民法院关于废止2007年底以前发布的有关司法解释（第七批）的决定》，本条已被宣布失效。）

116. 有要求清偿银行贷款和其他债权等数个债权人的，有抵押权的债权人应享有优先受偿的权利。法律、法规另有规定的除外。

117. 债权人因合同关系占有债务人财物的，如果债务人到期不履行义务，债权人可以将相应的财物留置。经催告，债务人在合理期限内仍不履行义务，债权人依法将留置的财物以合理的价格变卖，并以变卖财物的价款优先受偿的，应予保护。

（注：根据2008年12月18日最高人民法院发布的《最高人民法院关于废止2007年底以前发布的有关司法解释（第七批）的决定》，本条已被宣布失效。）

118. 出租人出卖出租房屋，应提前三个月通知承租人，承租人在同等条件下，享有优先购买权；出租人未按此规定出卖房屋的，承租人可以请求人民法院宣告该房屋买卖无效。

（注：根据2008年12月18日最高人民法院发布的《最高人民法院关于废止2007年底以前发布的有关司法解释（第七批）的决定》，本条已被宣布失效。）

119. 承租户以一人名义承租私有房屋，在租赁期内，承租人死亡，该户共同居住人要求按原租约履行的，应当准许。

私有房屋在租赁期内，因买卖、赠与或者继承发生房屋产权转移的，原租赁合同对承租人和新房主继续有效。

未定租期，房主要求收回房屋自住的，一般应当准许。承租人有条件搬迁的，应责令其搬迁；如果承租人搬迁确有困难的，可给一定期限让其找房或者腾让部分房屋。

120. 在房屋出典期间或者典期届满时，当事人之间约定延长典期或者增减典价的，应当准许。承典人要求出典人高于原典价回赎的，一般不予支持。以合法流通物作典价的，应当按照回赎时市场零售价格折算。

121. 公民之间的贷款，双方对返还期限有约定的，一般应按约定处理；没有约定的，出借人随时可以请求返还，借方应当根据出借人的请求及时返还；

暂时无力返还，可以根据实际情况责令其分期返还。

122.公民之间的生产经营性借贷的利率，可以适当高于生活性借贷利率。如因利率发生纠纷，应本着保护合法借贷关系，考虑当地实际情况，有利于生产和稳定经济秩序的原则处理。

123.公民之间的无息借款，有约定偿还期限而借款人不按期偿还，或者未约定偿还期限但经出借人催告后，借款人仍不偿还的，出借人要求借款人偿付逾期利息，应当予以准许。

124.借款双方因利率发生争议，如果约定不明，又不能证明的，可以比照银行同类贷款利率计息。

125.公民之间的借贷，出借人将利息计入本金计算复利的，不予保护；在借款时将利息扣除的，应当按实际出借款数计息。

126.借用实物的，出借人要求归还原物或者同等数量、质量的实物，应当予以支持；如果确实无法归还实物的，可以按照或者适当高于归还时市场零售价格折价给付。

127.借用人因管理、使用不善造成借用物毁损的，借用人应当负赔偿责任；借用物自身有缺陷的，可以减轻借用人的赔偿责任。

128.公民之间赠与关系的成立，以赠与物的交付为准。赠与房屋，如根据书面赠与合同办理了过户手续的，应当认定赠与关系成立；未办理过户手续，但赠与人根据书面赠与合同已将产权证书交与受赠人，受赠人根据赠与合同已占有、使用该房屋的，可以认定赠与有效，但应令其补办过户手续。

129.赠与人明确表示将赠与物赠给未成年人个人的，应当认定该赠与物为未成年人的个人财产。

130.赠与人为了逃避应履行的法定义务，将自己的财产赠与他人，如果利害关系人主张权利的，应当认定赠与无效。

131.返还的不当利益，应当包括原物和原物所生的孳息。利用不当得利所取得的其他利益，扣除劳务管理费用后，应当予以收缴。

132.民法通则第九十三条规定的管理人或者服务人可以要求受益人偿付的

必要费用,包括在管理或者服务活动中直接支出的费用,以及在该活动中受到的实际损失。

(三)关于知识产权、人身权问题

133.作品不论是否发表,作者均享有著作权(版权)。

134.二人以上按照约定共同创作作品的,不论各人的创作成果在作品中被采用多少,应当认定该项作品为共同创作。

135.合著的作品,著作权(版权)应当认定为全体合著人共同享有;其中各组成部分可以分别独立存在的,各组成部分的著作权(版权)由各组成部分的作者分别享有。

136.作者死亡后,著作权(版权)中由继承人继承的财产权利在法律规定的保护期限内受到侵犯,继承人依法要求保护的,人民法院应当予以支持。

137.公民、法人通过申请专利取得的专利权,或者通过继承、受赠、受让等方式取得的专利权,应当予以保护。

转让专利权应当由国家专利局登记并公告,专利权自国家专利局公告之日起转移。

138.法人、个体工商户、个人合伙通过申请商标注册或者受让等方式取得的商标专用权,除依法定程序撤销者外,应当予以保护。

转让商标专用权应当由国家工商行政管理局商标局批准,商标专用权自核准之日起转移。

139.以营利为目的,未经公民同意利用其肖像做广告、商标、装饰橱窗等,应当认定为侵犯公民肖像权的行为。

140.以书面、口头形式宣扬他人的隐私,或者捏造事实公然丑化他人人格,以及用侮辱、诽谤等方式损害他人名誉,造成一定影响的,应当认定为侵害公民名誉权的行为。

以书面、口头等形式诋毁、诽谤法人名誉,给法人造成损害的,应当认定为侵害法人名誉权的行为。

141.盗用、假冒他人姓名、名称造成损害的,应当认定为侵犯姓名权、名称权的行为。

五、民事责任

142. 为了维护国家、集体或者他人合法权益而使自己受到损害，在侵害人无力赔偿或者没有侵害人的情况下，如果受害人提出请求的，人民法院可以根据受益人受益的多少及其经济状况，责令受益人给予适当补偿。

143. 受害人的误工日期，应当按其实际损害程度、恢复状况并参照治疗医院出具的证明或者法医鉴定等认定。赔偿费用的标准，可以按照受害人的工资标准或者实际收入的数额计算。

受害人是承包经营户或者个体工商户的，其误工费的计算标准，可以参照受害人一定期限内的平均收入酌定。如果受害人承包经营的种植、养殖业季节性很强，不及时经营会造成更大损失的，除受害人应当采取措施防止损失扩大外，还可以裁定侵害人采取措施防止扩大损失。

144. 医药治疗费的赔偿，一般应以所在地治疗医院的诊断证明和医药费、住院费的单据为凭。应经医务部门批准而未获批准擅自另找医院治疗的费用，一般不予赔偿；擅自购买与损害无关的药品或者治疗其他疾病的，其费用则不予赔偿。

145. 经医院批准专事护理的人，其误工补助费可以按收入的实际损失计算。应得奖金一般可以计算在应赔偿的数额内。本人没有工资收入的，其补偿标准应以当地的一般临时工的工资标准为限。

146. 侵害他人身体致使其丧失全部或者部分劳动能力的，赔偿生活补助费一般应补足到不低于当地居民基本生活费的标准。

147. 侵害他人身体致人死亡或者丧失劳动能力的，依靠受害人实际扶养而又没有其他生活来源的人要求侵害人支付必要生活费的，应当予以支持，其数额根据实际情况确定。

148. 教唆、帮助他人实施侵权行为的人，为共同侵权人，应当承担连带民事责任。

教唆、帮助无民事行为能力人实施侵权行为的人，为侵权人，应当承担民事责任。

教唆、帮助限制民事行为能力人实施侵权行为的人，为共同侵权人，应当承担主要民事责任。

149.盗用、假冒他人名义，以函、电等方式进行欺骗或者愚弄他人，并使其财产、名誉受到损害的，侵权人应当承担民事责任。

150.公民的姓名权、肖像权、名誉权、荣誉权和法人的名称权、名誉权、荣誉权受到侵害，公民或者法人要求赔偿损失的，人民法院可以根据侵权人的过错程度、侵权行为的具体情节、后果和影响确定其赔偿责任。

151.侵害他人的姓名权、名称权、肖像权、名誉权、荣誉权而获利的，侵权人除依法赔偿受害人的损失外，其非法所得应当予以收缴。

152.国家机关工作人员在执行职务中，给公民、法人的合法权益造成损害的，国家机关应当承担民事责任。

153.消费者、用户因为使用质量不合格的产品造成本人或者第三人人身伤害、财产损失的，受害人可以向产品制造者或者销售者要求赔偿。因此提起的诉讼，由被告所在地或侵权行为地人民法院管辖。

运输者和仓储者对产品质量负有责任，制造者或者销售者请求赔偿损失的，可以另案处理，也可以将运输者和仓储者列为第三人，一并处理。

154.从事高度危险作业，没有按有关规定采取必要的安全防护措施，严重威胁他人人身、财产安全的，人民法院应当根据他人的要求，责令作业人消除危险。

155.因堆放物品倒塌造成他人损害的，如果当事人均无过错，应当根据公平原则的酌情处理。

156.因紧急避险造成他人损失的，如果险情是由自然原因引起，行为人采取的措施又无不当，则行为人不承担民事责任。受害人要求补偿的，可以责令受益人适当补偿。

157.当事人对造成损害均无过错，但一方是在为对方的利益或者共同的利益进行活动的过程由受损害的，可以责令对方或者受益人给予一定的经济补偿。

158. 夫妻离婚后，未成年子女侵害他人权益的，同该子女共同生活的一方应当承担民事责任；如果独立承担民事责任确有困难的，可以责令未与该子女共同生活的一方共同承担民事责任。

159. 被监护人造成他人损害的，有明确的监护人时，由监护人承担民事责任；监护人不明确的，由顺序在前的有监护能力的人承担民事责任。

160. 在幼儿园、学校生活、学习的无民事行为能力的人或者在精神病院治疗的精神病人，受到伤害或者给他人造成损害，单位有过错的，可以责令这些单位适当给予赔偿。

161. 侵权行为发生时行为人不满十八周岁，在诉讼时已满十八周岁，并有经济能力的，应当承担民事责任；行为人没有经济能力的，应当由原监护人承担民事责任。

行为人致人损害时年满十八周岁的，应当由本人承担民事责任；没有经济收入的，由扶养人垫付，垫付有困难的，也可以判决或者调解延期给付。

162. 在诉讼中遇有需要停止侵害、排除妨碍、消除危险的情况时，人民法院可以根据当事人的申请或者依职权先行作出裁定。

当事人在诉讼中用赔礼道歉方式承担了民事责任的，应当在判决中叙明。

163. 在诉讼中发现与本案有关的违法行为需要给予制裁的，可适用民法通则第一百三十四条第三款规定，予以训诫、责令具结悔过、收缴进行非法活动的财物和非法所得，或者依照法律规定处以罚款、拘留。

采用收缴、罚款、拘留制裁措施，必须经院长批准，另行制作民事制裁决定书。被制裁人对决定不服的，在收到决定书的次日起十日内向上一级人民法院申请复议一次。复议期间，决定暂不执行。

164. 适用民法通则第一百三十四条第三款对公民处以罚款的数额为五百元以下，拘留为十五日以下。

依法对法定代表人处以拘留制裁措施，为十五日以下。

以上两款，法律另有规定的除外。

六、诉讼时效

165.在民法通则实施前，权利人知道或者应当知道其民事权利被侵害，民法通则实施后，向人民法院请求保护的诉讼时效期间，应当适用民法通则第一百三十五条和第一百三十六条的规定，从1987年1月1日起算。

166.民法通则实施前，民事权利被侵害超过二十年的，民法通则实施后，权利人向人民法院请求保护的诉讼时效期间，分别为民法通则第一百三十五条规定的二年或者第一百三十六条规定的一年，从1987年1月1日起算。

167.民法通则实施后，属于民法通则第一百三十五条规定的二年诉讼时效期间，权利人自权利被侵害时起的第十八年后至第二十年期间才知道自己的权利被侵害的，或者属于民法通则第一百三十六条规定的一年诉讼时效期间，权利人自权利被侵害时起的第十九年后至二十年期间才知道自己的权利被侵害的，提起诉讼请求的权利，应当在权利被侵害之日起的二十年内行使；超过二十年的，不予保护。

168.人身损害赔偿的诉讼时效期间，伤害明显的，从受伤害之日起算；伤害当时未曾发现，后经检查确诊并能证明是由侵害引起的，从伤势确诊之日起算。

169.权利人由于客观的障碍在法定诉讼时效期间不能行使请求权的，属于民法通则第一百三十七条规定的"特殊情况"。

170.未授权给公民、法人经营、管理的国家财产受到侵害的，不受诉讼时效期间的限制。

171.过了诉讼时效期间，义务人履行义务后，又以超过诉讼时效为由翻悔的，不予支持。

172.在诉讼时效期间的最后六个月内，权利被侵害的无民事行为能力人、限制民事行为能力人没有法定代理人，或者法定代理人死亡、丧失代理权，或者法定代理人本人丧失行为能力的，可以认定为因其他障碍不能行使请求权，适用诉讼时效中止。

173.诉讼时效因权利人主张权利或者义务人同意履行义务而中断后，权利人在新的诉讼时效期间内，再次主张权利或者义务人再次同意履行义务的，可以认定为诉讼时效再次中断。

权利人向债务保证人、债务人的代理人或者财产代管人主张权利的，可以认定诉讼时效中断。

174. 权利人向人民调解委员会或者有关单位提出保护民事权利的请求，从提出请求时起，诉讼时效中断。经调处达不成协议的，诉讼时效期间即重新起算；如调处达成协议，义务人未按协议所定期限履行义务的，诉讼时效期间应从期限届满时重新起算。

175. 民法通则第一百三十五条、第一百三十六条规定的诉讼时效期间，可以适用民法通则有关中止、中断和延长的规定。

民法通则第一百三十七条规定的"二十年"诉讼时效期间，可以适用民法通则有关延长的规定，不适用中止、中断的规定。

176. 法律、法规对索赔时间和对产品质量等提出异议的时间有特殊规定的，按特殊规定办理。

177. 继承的诉讼时效按继承法的规定执行。但继承开始后，继承人未明确表示放弃继承的，视为接受继承，遗产未分割的，视为共同共有。诉讼时效的中止、中断、延长，均适用民法通则的有关规定。

（注：根据2008年12月18日最高人民法院发布的《最高人民法院关于废止2007年底以前发布的有关司法解释（第七批）的决定》，本条已被宣布失效。）

七、涉外民事关系的法律适用

178. 凡民事关系的一方或者双方当事人是外国人、无国籍人、外国法人的；民事关系的标的物在外国领域内的；产生、变更或者消灭民事权利义务关系的法律事实发生在外国的，均为涉外民事关系。

人民法院在审理涉外民事关系的案件时，应当按照民法通则第八章的规定来确定应适用的实体法。

179. 定居国外的我国公民的民事行为能力，如其行为是在我国境内所为，适用我国法律；在定居国所为，可以适用其定居国法律。

180.外国人在我国领域内进行民事活动，如依其本国法律为无民事行为能力，而依我国法律为有民事行为能力，应当认定为有民事行为能力。

181.无国籍人的民事行为能力，一般适用其定居国法律；如未定居的，适用其住所地国法律。

182.有双重或多重国籍的外国人，以其有住所或者与其有最密切联系的国家的法律为其本国法。

183.当事人的住所不明或者不能确定的，以其经常居住地为住所。当事人有几个住所的，以与产生纠纷的民事关系有最密切联系的住所为住所。

184.外国法人以其注册登记地国家的法律为其本国法，法人的民事行为能力依其本国法确定。

外国法人在我国领域内进行的民事活动，必须符合我国的法律规定。

185.当事人有二个以上营业所的，应以与产生纠纷的民事关系有最密切联系的营业所为准；当事人没有营业所的，以其住所或者经常居住地为准。

186.土地、附着于土地的建筑物及其他定着物、建筑物的固定附属设备为不动产。不动产的所有权、买卖、租赁、抵押、使用等民事关系，均应适用不动产所在地法律。

187.侵权行为地的法律包括侵权行为实施地法律和侵权结果发生地法律。如果两者不一致时，人民法院可以选择适用。

188.我国法院受理的涉外离婚案件，离婚以及因离婚而引起的财产分割，适用我国法律。认定其婚姻是否有效，适用婚姻缔结地法律。

189.父母子女相互之间的扶养、夫妻相互之间的扶养以及其他有扶养关系的人之间的扶养，应当适用与被扶养人有最密切联系国家的法律。扶养人和被扶养人的国籍、住所以及供养被扶养人的财产所在地，均可视为与被扶养人有最密切的关系。

190.监护的设立、变更和终止，适用被监护人的本国法律。但是，被监护人在我国境内有住所的，适用我国的法律。

191. 在我国境内死亡的外国人，遗留在我国境内的财产如果无人继承又无人受遗赠的，依照我国法律处理，两国缔结或者参加的国际条约另有规定的除外。

192. 依法应当适用的外国法律，如果该外国不同地区实施不同的法律的，依据该国法律关于调整国内法律冲突的规定，确定应适用的法律。该国法律未作规定的，直接适用与该民事关系有最密切联系的地区的法律。

193. 对于应当适用的外国法律，可通过下列途径查明：①由当事人提供；②由与我国订立司法协助协定的缔约对方的中央机关提供；③由我国驻该国使领馆提供；④由该国驻我国使馆提供；⑤由中外法律专家提供。通过以上途径仍不能查明的，适用中华人民共和国法律。

194. 当事人规避我国强制性或者禁止性法律规范的行为，不发生适用外国法律的效力。

195. 涉外民事法律关系的诉讼时效，依冲突规范确定的民事法律关系的准据法确定。

八、其　他

196. 1987年1月1日以后受理的案件，如果民事行为发生在1987年以前，适用民事行为发生时的法律、政策，当时的法律、政策没有具体规定的，可以比照民法通则处理。

197. 处理申诉案件和审判监督程序再审的案件，适用原审审结时应当适用的法律或政策。

198. 当事人约定的期间不是以月、年第一天起算的，一个月为三十日，一年为三百六十五日。

期间的最后一天是星期日或者其他法定休假日，而星期日或者其他法定休假日有变通的，以实际休假日的次日为期间的最后一天。

199. 按照日、月、年计算期间，当事人对起算时间有约定的，按约定办。

200. 最高人民法院以前的有关规定，与民法通则和本意见抵触的，各级人民法院今后在审理一、二审民事、经济纠纷案件中不再适用。

最高人民法院关于审理名誉权案件若干问题的解答

(1993年8月7日法发〔1993〕15号)

各地人民法院在审理名誉权案件中,提出一些如何适用法律的问题,现解答如下:

一、问:人民法院对当事人关于名誉权纠纷的起诉应如何进行审查?

答:人民法院收到有关名誉权纠纷的起诉时,应按照《中华人民共和国民事诉讼法》(以下简称民事诉讼法)第一百零八条的规定进行审查,符合条件的,应予受理;对缺乏侵权事实不符合起诉条件而坚持起诉的,应裁定驳回起诉。

二、问:当事人在公共场所受到侮辱、诽谤,经公安机关依照《中华人民共和国治安管理处罚条例》(以下简称治安管理处罚条例)处理后,又向人民法院提起民事诉讼的,人民法院是否受理?

答:当事人在公共场所受到侮辱、诽谤,以名誉权受侵害为由提起民事诉讼的,无论是否经公安机关依照治安管理处罚条例处理,人民法院均应依法审查,符合受理条件的,应予受理。

三、问:当事人提起名誉权诉讼后,以同一事实和理由又要求追究被告人的刑事责任的,应如何处理?

答:当事人提起名誉权诉讼后,以同一事实和理由又要求追究被告刑事责任的，应中止民事诉讼，待刑事案件审结后，根据不同情况分别处理：对于犯罪情节轻微，没有给予被告人刑事处罚的，或者刑事自诉已由原告撤回或者被驳回的，应恢复民事诉讼；对于民事诉讼请求已在刑事附带民事诉讼中解决的，应终结民事案件的审理。

四、问：名誉权案件如何确定管辖？

答：名誉权案件，适用民事诉讼法第二十九条的规定，由侵权行为地或者被告住所地人民法院管辖。侵权行为地包括侵权行为实施地和侵权结果发生地。

五、问：死者名誉受到损害，哪些人可以作为原告提起民事诉讼？

答：死者名誉受到损害的，其近亲属有权向人民法院起诉。近亲属包括：配偶、父母、子女、兄弟姐妹、祖父母、外祖父母、孙子女、外孙子女。

六、问：因新闻报道或者其他作品引起的名誉权纠纷，如何确定被告？

答：因新闻报道或其他作品发生的名誉权纠纷，应根据原告的起诉确定被告。只诉作者的，列作者为被告；只诉新闻出版单位的，列新闻出版单位为被告；对作者和新闻出版单位都提起诉讼的，将作者和新闻出版单位均列为被告，但作者与新闻出版单位为隶属关系，作品系作者履行职务所形成的，只列单位为被告。

七、问：侵害名誉权责任应如何认定？

答：是否构成侵害名誉权的责任，应当根据受害人确有名誉被损害的事实、行为人行为违法、违法行为与损害后果之间有因果关系、行为人主观上有过错来认定。

以书面或者口头形式侮辱或者诽谤他人，损害他人名誉的，应认定为侵害他人名誉权。

对未经他人同意，擅自公布他人的隐私材料或者以书面、口头形式宣扬他人隐私，致他人名誉受到损害的，应按照侵害他人名誉权处理。

因新闻报道严重失实，致他人名誉受到损害的，应按照侵害他人名誉权处理。

八、问：因撰写、发表批评文章引起的名誉权纠纷，应如何认定是否构成侵权？

答：因撰写、发表批评文章引起的名誉权纠纷，人民法院应根据不同情况处理：

文章反映的问题基本真实，没有侮辱他人人格的内容的，不应认定为侵害他人名誉权。

文章反映的问题虽基本属实，但有侮辱他人人格的内容，使他人名誉受到侵害的，应认定为侵害他人名誉权。

文章的基本内容失实，使他人名誉受到损害的，应认定为侵害他人名誉权。

九、问：因文学作品引起的名誉权纠纷，应如何认定是否构成侵权？

答：撰写、发表文学作品，不是以生活中特定的人为描写对象，仅是作品的情节与生活中某人的情况相似，不应认定为侵害他人名誉权。

描写真人真事的文学作品，对特定人进行侮辱、诽谤或者披露隐私损害其名誉的；或者虽未写明真实姓名和住址，但事实是以特定人或者特定人的特定事实为描写对象，文中有侮辱、诽谤或者披露隐私的内容，致其名誉受到损害的，应认定为侵害他人名誉权。

编辑出版单位在作品已被认定为侵害他人名誉权或者被告知明显属于侵害他人名誉权后，应刊登声明消除影响或者采取其他补救措施；拒不刊登声明，不采取其他补救措施，或者继续刊登、出版侵权作品的，应认定为侵权。

十、问：侵害名誉权的责任承担形式如何掌握？

答：人民法院依照《中华人民共和国民法通则》第一百二十条和第一百三十四条的规定，可以责令侵权人停止侵害、恢复名誉、消除影响、赔礼道歉、赔偿损失。

恢复名誉、消除影响、赔礼道歉可以书面或者口头的方式进行，内容须事先经人民法院审查。

恢复名誉、消除影响的范围，一般应与侵权所造成不良影响的范围相当。

公民、法人因名誉权受到侵害要求赔偿的，侵权人应赔偿侵权行为造成的经济损失；公民并提出精神损害赔偿要求的，人民法院可根据侵权人的过错程度、侵权行为的具体情节、给受害人造成精神损害的后果等情况酌定。

十一、问：侵权人不执行生效判决，不为对方恢复名誉、消除影响、赔礼道歉的，应如何处理？

答：侵权人拒不执行生效判决，不为对方恢复名誉、消除影响的，人民法院可以采取公告、登报等方式，将判决的主要内容和有关情况公布于众，费用由被执行人负担，并可依照民事诉讼法第一百零二条第六项的规定处理。

最高人民法院关于审理名誉权案件若干问题的解释

（1998年7月14日最高人民法院审判委员会第1002次会议通过 1998年8月31日最高人民法院公告发布 自1998年9月15日起施行 法释〔1998〕26号）

1993年我院印发《关于审理名誉权案件若干问题的解答》以来，各地人民法院在审理名誉权案件中，又提出一些如何适用法律的问题，现解释如下：

一、问：名誉权案件如何确定侵权结果发生地？

答：人民法院受理这类案件时，受侵权的公民、法人和其他组织的住所地，可以认定为侵权结果发生地。

二、问：有关机关和组织编印的仅供领导部门内部参阅的刊物、资料等刊登来信或者文章引起的名誉权纠纷，以及机关、社会团体、学术机构、企事业单位分发本单位、本系统或者其他一定范围内的一般内部刊物和内部资料所载内容引起的名誉权纠纷，人民法院是否受理？

答：有关机关和组织编印的仅供领导部门内部参阅的刊物、资料等刊登的来信或者文章，当事人以其内容侵害名誉权向人民法院提起诉讼的，人民法院不予受理。

机关、社会团体、学术机构、企事业单位分发本单位、本系统或者其他一定范围内的内部刊物和内部资料，所载内容引起名誉权纠纷的，人民法院应当受理。

三、问： 新闻媒介和出版机构转载作品引起的名誉权纠纷，人民法院是否受理？

答： 新闻媒介和出版机构转载作品，当事人以转载者侵害其名誉权向人民法院提起诉讼的，人民法院应当受理。

四、问： 国家机关、社会团体、企事业单位等部门依职权对其管理的人员作出的结论引起的名誉权纠纷，人民法院是否受理？

答： 国家机关、社会团体、企事业单位等部门对其管理的人员作出的结论或者处理决定，当事人以其侵害名誉权向人民法院提起诉讼的，人民法院不予受理。

五、问： 因检举、控告引起的名誉权纠纷，人民法院是否受理？

答： 公民依法向有关部门检举、控告他人的违法违纪行为，他人以检举、控告侵害其名誉权向人民法院提起诉讼的，人民法院不予受理。如果借检举、控告之名侮辱、诽谤他人，造成他人名誉损害，当事人以其名誉权受到侵害向人民法院提起诉讼的，人民法院应当受理。

六、问： 新闻单位报道国家机关的公开的文书和职权行为引起的名誉权纠纷，是否认定为构成侵权？

答： 新闻单位根据国家机关依职权制作的公开的文书和实施的公开的职权行为所作的报道，其报道客观准确的，不应当认定为侵害他人名誉权；其报道失实，或者前述文书和职权行为已公开纠正而拒绝更正报道，致使他人名誉受到损害的，应当认定为侵害他人名誉权。

七、问： 因提供新闻材料引起的名誉权纠纷，如何认定是否构成侵权？

答： 因提供新闻材料引起的名誉权纠纷，认定是否构成侵权，应区分以下两种情况：

（一）主动提供新闻材料，致使他人名誉受到损害的，应当认定为侵害他人名誉权。

（二）因被动接受采访而提供新闻材料，且未经提供者同意公开，新闻单位擅自发表，致使他人名誉受到损害的，对提供者一般不应当认定为侵害名誉权；

虽系被动提供新闻材料，但发表时得到提供者同意或者默许，致使他人名誉受到损害的，应当认定为侵害名誉权。

八、问：因医疗卫生单位公开患者患有淋病、梅毒、麻风病、艾滋病等病情引起的名誉权纠纷，如何认定是否构成侵权？

答：医疗卫生单位的工作人员擅自公开患者患有淋病、梅毒、麻风病、艾滋病等病情，致使患者名誉受到损害的，应当认定为侵害患者名誉权。

医疗卫生单位向患者或其家属通报病情，不应当认定为侵害患者名誉权。

九、问：对产品质量、服务质量进行批评、评论引起的名誉权纠纷，如何认定是否构成侵权？

答：消费者对生产者、经营者、销售者的产品质量或者服务质量进行批评、评论，不应当认定为侵害他人名誉权。但借机诽谤、诋毁，损害其名誉的，应当认定为侵害名誉权。

新闻单位对生产者、经营者、销售者的产品质量或者服务质量进行批评、评论，内容基本属实，没有侮辱内容的，不应当认定为侵害其名誉权；主要内容失实，损害其名誉的，应当认定为侵害名誉权。

十、问：因名誉权受到侵害使生产、经营、销售遭受损失予以赔偿的范围和数额如何确定？

答：因名誉权受到侵害使生产、经营、销售遭受损失予以赔偿的范围和数额，可以按照确因侵权而造成客户退货、解除合同等损失程度来适当确定。

十一、问：名誉权纠纷与其他民事纠纷交织在一起的，人民法院应如何审理？

答：名誉权纠纷与其他民事纠纷交织在一起的，人民法院应当按当事人自己选择的请求予以审理。发生适用数种请求的，人民法院应当根据《中华人民共和国民事诉讼法》的有关规定和案件的实际情况，可以合并审理的合并审理；不能合并审理的，可以告知当事人另行起诉。

最高人民法院关于审理著作权民事纠纷案件适用法律若干问题的解释

（2002年10月12日最高人民法院审判委员会第1246次会议通过　自2002年10月15日起施行　法释〔2002〕31号）

为了正确审理著作权民事纠纷案件，根据《中华人民共和国民法通则》、《中华人民共和国合同法》、《中华人民共和国著作权法》、《中华人民共和国民事诉讼法》等法律的规定，就适用法律若干问题解释如下：

第一条　人民法院受理以下著作权民事纠纷案件：

（一）著作权及与著作权有关权益权属、侵权、合同纠纷案件；

（二）申请诉前停止侵犯著作权、与著作权有关权益行为，申请诉前财产保全、诉前证据保全案件；

（三）其他著作权、与著作权有关权益纠纷案件。

第二条　著作权民事纠纷案件，由中级以上人民法院管辖。

各高级人民法院根据本辖区的实际情况，可以确定若干基层人民法院管辖第一审著作权民事纠纷案件。

第三条　对著作权行政管理部门查处的侵犯著作权行为，当事人向人民法院提起诉讼追究该行为民事责任的，人民法院应当受理。

人民法院审理已经过著作权行政管理部门处理的侵犯著作权行为的民事纠

纷案件，应当对案件事实进行全面审查。

第四条　因侵犯著作权行为提起的民事诉讼，由著作权法第四十六条、第四十七条所规定侵权行为的实施地、侵权复制品储藏地或者查封扣押地、被告住所地人民法院管辖。

前款规定的侵权复制品储藏地，是指大量或者经常性储存、隐匿侵权复制品所在地；查封扣押地，是指海关、版权、工商等行政机关依法查封、扣押侵权复制品所在地。

第五条　对涉及不同侵权行为实施地的多个被告提起的共同诉讼，原告可以选择其中一个被告的侵权行为实施地人民法院管辖；仅对其中某一被告提起的诉讼，该被告侵权行为实施地的人民法院有管辖权。

第六条　依法成立的著作权集体管理组织，根据著作权人的书面授权，以自己的名义提起诉讼，人民法院应当受理。

第七条　当事人提供的涉及著作权的底稿、原件、合法出版物、著作权登记证书、认证机构出具的证明、取得权利的合同等，可以作为证据。

在作品或者制品上署名的自然人、法人或者其他组织视为著作权、与著作权有关权益的权利人，但有相反证明的除外。

第八条　当事人自行或者委托他人以定购、现场交易等方式购买侵权复制品而取得的实物、发票等，可以作为证据。

公证人员在未向涉嫌侵权的一方当事人表明身份的情况下，如实对另一方当事人按照前款规定的方式取得的证据和取证过程出具的公证书，应当作为证据使用，但有相反证据的除外。

第九条　著作权法第十条第（一）项规定的"公之于众"，是指著作权人自行或者经著作权人许可将作品向不特定的人公开，但不以公众知晓为构成条件。

第十条　著作权法第十五条第二款所指的作品，著作权人是自然人的，其保护期适用著作权法第二十一条第一款的规定；著作权人是法人或其他组织的，其保护期适用著作权法第二十一条第二款的规定。

第十一条　因作品署名顺序发生的纠纷，人民法院按照下列原则处理：有约定的按约定确定署名顺序；没有约定的，可以按照创作作品付出的劳动、作品排列、作者姓氏笔划等确定署名顺序。

第十二条　按照著作权法第十七条规定委托作品著作权属于受托人的情形，委托人在约定的使用范围内享有使用作品的权利；双方没有约定使用作品范围的，委托人可以在委托创作的特定目的范围内免费使用该作品。

第十三条　除著作权法第十一条第三款规定的情形外，由他人执笔，本人审阅定稿并以本人名义发表的报告、讲话等作品，著作权归报告人或者讲话人享有。著作权人可以支付执笔人适当的报酬。

第十四条　当事人合意以特定人物经历为题材完成的自传体作品，当事人对著作权权属有约定的，依其约定；没有约定的，著作权归该特定人物享有，执笔人或整理人对作品完成付出劳动的，著作权人可以向其支付适当的报酬。

第十五条　由不同作者就同一题材创作的作品，作品的表达系独立完成并且有创作性的，应当认定作者各自享有独立著作权。

第十六条　通过大众传播媒介传播的单纯事实消息属于著作权法第五条第（二）项规定的时事新闻。传播报道他人采编的时事新闻，应当注明出处。

第十七条　著作权法第三十二条第二款规定的转载，是指报纸、期刊登载其他报刊已发表作品的行为。转载未注明被转载作品的作者和最初登载的报刊出处的，应当承担消除影响、赔礼道歉等民事责任。

第十八条　著作权法第二十二条第（十）项规定的室外公共场所的艺术作品，是指设置或者陈列在室外社会公众活动处所的雕塑、绘画、书法等艺术作品。

对前款规定艺术作品的临摹、绘画、摄影、录像人，可以对其成果以合理的方式和范围再行使用，不构成侵权。

第十九条　出版者、制作者应当对其出版、制作有合法授权承担举证责任，发行者、出租者应当对其发行或者出租的复制品有合法来源承担举证责任。举证不能的，依据著作权法第四十六条、第四十七条的相应规定承担法律责任。

第二十条　出版物侵犯他人著作权的，出版者应当根据其过错、侵权程度及损害后果等承担民事赔偿责任。

出版者对其出版行为的授权、稿件来源和署名、所编辑出版物的内容等未尽到合理注意义务的，依据著作权法第四十八条的规定，承担赔偿责任。

出版者尽了合理注意义务，著作权人也无证据证明出版者应当知道其出版涉及侵权的，依据民法通则第一百一十七条第一款的规定，出版者承担停止侵权、返还其侵权所得利润的民事责任。

出版者所尽合理注意义务情况，由出版者承担举证责任。

第二十一条　计算机软件用户未经许可或者超过许可范围商业使用计算机软件的，依据著作权法第四十七条第（一）项、《计算机软件保护条例》第二十四条第（一）项的规定承担民事责任。

第二十二条　著作权转让合同未采取书面形式的，人民法院依据合同法第三十六条、第三十七条的规定审查合同是否成立。

第二十三条　出版者将著作权人交付出版的作品丢失、毁损致使出版合同不能履行的，依据著作权法第五十三条、民法通则第一百一十七条以及合同法第一百二十二条的规定追究出版者的民事责任。

第二十四条　权利人的实际损失，可以根据权利人因侵权所造成复制品发行减少量或者侵权复制品销售量与权利人发行该复制品单位利润乘积计算。发行减少量难以确定的，按照侵权复制品市场销售量确定。

第二十五条　权利人的实际损失或者侵权人的违法所得无法确定的，人民法院根据当事人的请求或者依职权适用著作权法第四十八条第二款的规定确定赔偿数额。

人民法院在确定赔偿数额时，应当考虑作品类型、合理使用费、侵权行为性质、后果等情节综合确定。

当事人按照本条第一款的规定就赔偿数额达成协议的，应当准许。

第二十六条　著作权法第四十八条第一款规定的制止侵权行为所支付的合理开支，包括权利人或者委托代理人对侵权行为进行调查、取证的合理费用。

人民法院根据当事人的诉讼请求和具体案情，可以将符合国家有关部门规定的律师费用计算在赔偿范围内。

第二十七条　在著作权法修改决定施行前发生的侵犯著作权行为起诉的案件，人民法院于该决定施行后做出判决的，可以参照适用著作权法第四十八条的规定。

第二十八条　侵犯著作权的诉讼时效为二年，自著作权人知道或者应当知道侵权行为之日起计算。权利人超过二年起诉的，如果侵权行为在起诉时仍在持续，在该著作权保护期内，人民法院应当判决被告停止侵权行为；侵权损害赔偿数额应当自权利人向人民法院起诉之日起向前推算二年计算。

第二十九条　对著作权法第四十七条规定的侵权行为，人民法院根据当事人的请求除追究行为人民事责任外，还可以依据民法通则第一百三十四条第三款的规定给予民事制裁，罚款数额可以参照《中华人民共和国著作权法实施条例》的有关规定确定。

著作权行政管理部门对相同的侵权行为已经给予行政处罚的，人民法院不再予以民事制裁。

第三十条　对2001年10月27日前发生的侵犯著作权行为，当事人于2001年10月27日后向人民法院提出申请采取责令停止侵权行为或者证据保全措施的，适用著作权法第四十九条、第五十条的规定。

人民法院采取诉前措施，参照《最高人民法院关于诉前停止侵犯注册商标专用权行为和保全证据适用法律问题的解释》的规定办理。

第三十一条　除本解释另行规定外，2001年10月27日以后人民法院受理的著作权民事纠纷案件，涉及2001年10月27日前发生的民事行为的，适用修改前著作权法的规定；涉及该日期以后发生的民事行为的，适用修改后著作权法的规定；涉及该日期前发生，持续到该日期后的民事行为的，适用修改后著作权法的规定。

第三十二条　以前的有关规定与本解释不一致的，以本解释为准。

最高人民法院关于审理侵害信息网络传播权民事纠纷案件适用法律若干问题的规定

（2012年11月26日最高人民法院审判委员会第1561次会议通过 自2013年1月1日起施行 法释〔2012〕20号）

为正确审理侵害信息网络传播权民事纠纷案件，依法保护信息网络传播权，促进信息网络产业健康发展，维护公共利益，根据《中华人民共和国民法通则》、《中华人民共和国侵权责任法》、《中华人民共和国著作权法》、《中华人民共和国民事诉讼法》等有关法律规定，结合审判实际，制定本规定。

第一条　人民法院审理侵害信息网络传播权民事纠纷案件，在依法行使裁量权时，应当兼顾权利人、网络服务提供者和社会公众的利益。

第二条　本规定所称信息网络，包括以计算机、电视机、固定电话机、移动电话机等电子设备为终端的计算机互联网、广播电视网、固定通信网、移动通信网等信息网络，以及向公众开放的局域网络。

第三条　网络用户、网络服务提供者未经许可，通过信息网络提供权利人享有信息网络传播权的作品、表演、录音录像制品，除法律、行政法规另有规定外，人民法院应当认定其构成侵害信息网络传播权行为。

通过上传到网络服务器、设置共享文件或者利用文件分享软件等方式，将作品、表演、录音录像制品置于信息网络中，使公众能够在个人选定的时间和地点以下载、浏览或者其他方式获得的，人民法院应当认定其实施了前款规定的提供行为。

第四条　有证据证明网络服务提供者与他人以分工合作等方式共同提供作品、表演、录音录像制品，构成共同侵权行为的，人民法院应当判令其承担连带责任。网络服务提供者能够证明其仅提供自动接入、自动传输、信息存储空间、搜索、链接、文件分享技术等网络服务，主张其不构成共同侵权行为的，人民法院应予支持。

第五条　网络服务提供者以提供网页快照、缩略图等方式实质替代其他网络服务提供者向公众提供相关作品的，人民法院应当认定其构成提供行为。

前款规定的提供行为不影响相关作品的正常使用，且未不合理损害权利人对该作品的合法权益，网络服务提供者主张其未侵害信息网络传播权的，人民法院应予支持。

第六条　原告有初步证据证明网络服务提供者提供了相关作品、表演、录音录像制品，但网络服务提供者能够证明其仅提供网络服务，且无过错的，人民法院不应认定为构成侵权。

第七条　网络服务提供者在提供网络服务时教唆或者帮助网络用户实施侵害信息网络传播权行为的，人民法院应当判令其承担侵权责任。

网络服务提供者以言语、推介技术支持、奖励积分等方式诱导、鼓励网络用户实施侵害信息网络传播权行为的，人民法院应当认定其构成教唆侵权行为。

网络服务提供者明知或者应知网络用户利用网络服务侵害信息网络传播权，未采取删除、屏蔽、断开链接等必要措施，或者提供技术支持等帮助行为的，人民法院应当认定其构成帮助侵权行为。

第八条　人民法院应当根据网络服务提供者的过错，确定其是否承担教唆、帮助侵权责任。网络服务提供者的过错包括对于网络用户侵害信息网络传播权行为的明知或者应知。

网络服务提供者未对网络用户侵害信息网络传播权的行为主动进行审查的，

人民法院不应据此认定其具有过错。

网络服务提供者能够证明已采取合理、有效的技术措施，仍难以发现网络用户侵害信息网络传播权行为的，人民法院应当认定其不具有过错。

第九条　人民法院应当根据网络用户侵害信息网络传播权的具体事实是否明显，综合考虑以下因素，认定网络服务提供者是否构成应知：

（一）基于网络服务提供者提供服务的性质、方式及其引发侵权的可能性大小，应当具备的管理信息的能力；

（二）传播的作品、表演、录音录像制品的类型、知名度及侵权信息的明显程度；

（三）网络服务提供者是否主动对作品、表演、录音录像制品进行了选择、编辑、修改、推荐等；

（四）网络服务提供者是否积极采取了预防侵权的合理措施；

（五）网络服务提供者是否设置便捷程序接收侵权通知并及时对侵权通知作出合理的反应；

（六）网络服务提供者是否针对同一网络用户的重复侵权行为采取了相应的合理措施；

（七）其他相关因素。

第十条　网络服务提供者在提供网络服务时，对热播影视作品等以设置榜单、目录、索引、描述性段落、内容简介等方式进行推荐，且公众可以在其网页上直接以下载、浏览或者其他方式获得的，人民法院可以认定其应知网络用户侵害信息网络传播权。

第十一条　网络服务提供者从网络用户提供的作品、表演、录音录像制品中直接获得经济利益的，人民法院应当认定其对该网络用户侵害信息网络传播权的行为负有较高的注意义务。

网络服务提供者针对特定作品、表演、录音录像制品投放广告获取收益，或者获取与其传播的作品、表演、录音录像制品存在其他特定联系的经济利益，应当认定为前款规定的直接获得经济利益。网络服务提供者因提供网络服务而收取一般性广告费、服务费等，不属于本款规定的情形。

第十二条　有下列情形之一的，人民法院可以根据案件具体情况，认定提供信息存储空间服务的网络服务提供者应知网络用户侵害信息网络传播权：

（一）将热播影视作品等置于首页或者其他主要页面等能够为网络服务提供者明显感知的位置的；

（二）对热播影视作品等的主题、内容主动进行选择、编辑、整理、推荐，或者为其设立专门的排行榜的；

（三）其他可以明显感知相关作品、表演、录音录像制品为未经许可提供，仍未采取合理措施的情形。

第十三条　网络服务提供者接到权利人以书信、传真、电子邮件等方式提交的通知，未及时采取删除、屏蔽、断开链接等必要措施的，人民法院应当认定其明知相关侵害信息网络传播权行为。

第十四条　人民法院认定网络服务提供者采取的删除、屏蔽、断开链接等必要措施是否及时，应当根据权利人提交通知的形式，通知的准确程度，采取措施的难易程度，网络服务的性质，所涉作品、表演、录音录像制品的类型、知名度、数量等因素综合判断。

第十五条　侵害信息网络传播权民事纠纷案件由侵权行为地或者被告住所地人民法院管辖。侵权行为地包括实施被诉侵权行为的网络服务器、计算机终端等设备所在地。侵权行为地和被告住所地均难以确定或者在境外的，原告发现侵权内容的计算机终端等设备所在地可以视为侵权行为地。

第十六条　本规定施行之日起，《最高人民法院关于审理涉及计算机网络著作权纠纷案件适用法律若干问题的解释》（法释〔2006〕11号）同时废止。

本规定施行之后尚未终审的侵害信息网络传播权民事纠纷案件，适用本规定。本规定施行前已经终审，当事人申请再审或者按照审判监督程序决定再审的，不适用本规定。

最高人民法院关于确定民事侵权精神损害赔偿责任若干问题的解释

（2001年2月26日最高人民法院审判委员会第1161次会议通过　自2001年3月10日起施行　法释〔2001〕7号）

为在审理民事侵权案件中正确确定精神损害赔偿责任，根据《中华人民共和国民法通则》等有关法律规定，结合审判实践经验，对有关问题作如下解释：

第一条　自然人因下列人格权利遭受非法侵害，向人民法院起诉请求赔偿精神损害的，人民法院应当依法予以受理：

（一）生命权、健康权、身体权；

（二）姓名权、肖像权、名誉权、荣誉权；

（三）人格尊严权、人身自由权。

违反社会公共利益、社会公德侵害他人隐私或者其他人格利益，受害人以侵权为由向人民法院起诉请求赔偿精神损害的，人民法院应当依法予以受理。

第二条　非法使被监护人脱离监护，导致亲子关系或者近亲属间的亲属关系遭受严重损害，监护人向人民法院起诉请求赔偿精神损害的，人民法院应当依法予以受理。

第三条　自然人死亡后，其近亲属因下列侵权行为遭受精神痛苦，向人民法院起诉请求赔偿精神损害的，人民法院应当依法予以受理：

（一）以侮辱、诽谤、贬损、丑化或者违反社会公共利益、社会公德的其他方式，侵害死者姓名、肖像、名誉、荣誉；

（二）非法披露、利用死者隐私，或者以违反社会公共利益、社会公德的其他方式侵害死者隐私；

（三）非法利用、损害遗体、遗骨，或者以违反社会公共利益、社会公德的其他方式侵害遗体、遗骨。

第四条　具有人格象征意义的特定纪念物品，因侵权行为而永久性灭失或者毁损，物品所有人以侵权为由，向人民法院起诉请求赔偿精神损害的，人民法院应当依法予以受理。

第五条　法人或者其他组织以人格权利遭受侵害为由，向人民法院起诉请求赔偿精神损害的，人民法院不予受理。

第六条　当事人在侵权诉讼中没有提出赔偿精神损害的诉讼请求，诉讼终结后又基于同一侵权事实另行起诉请求赔偿精神损害的，人民法院不予受理。

第七条　自然人因侵权行为致死，或者自然人死亡后其人格或者遗体遭受侵害，死者的配偶、父母和子女向人民法院起诉请求赔偿精神损害的，列其配偶、父母和子女为原告；没有配偶、父母和子女的，可以由其他近亲属提起诉讼，列其他近亲属为原告。

第八条　因侵权致人精神损害，但未造成严重后果，受害人请求赔偿精神损害的，一般不予支持，人民法院可以根据情形判令侵权人停止侵害、恢复名誉、消除影响、赔礼道歉。

因侵权致人精神损害，造成严重后果的，人民法院除判令侵权人承担停止侵害、恢复名誉、消除影响、赔礼道歉等民事责任外，可以根据受害人一方的请求判令其赔偿相应的精神损害抚慰金。

第九条　精神损害抚慰金包括以下方式：

（一）致人残疾的，为残疾赔偿金；

（二）致人死亡的，为死亡赔偿金；

（三）其他损害情形的精神抚慰金。

第十条　精神损害的赔偿数额根据以下因素确定：

（一）侵权人的过错程度，法律另有规定的除外；

（二）侵害的手段、场合、行为方式等具体情节；

（三）侵权行为所造成的后果；

（四）侵权人的获利情况；

（五）侵权人承担责任的经济能力；

（六）受诉法院所在地平均生活水平。

法律、行政法规对残疾赔偿金、死亡赔偿金等有明确规定的，适用法律、行政法规的规定。

第十一条　受害人对损害事实和损害后果的发生有过错的，可以根据其过错程度减轻或者免除侵权人的精神损害赔偿责任。

第十二条　在本解释公布施行之前已经生效施行的司法解释，其内容有与本解释不一致的，以本解释为准。

最高人民法院、最高人民检察院关于办理利用信息网络实施诽谤等刑事案件适用法律若干问题的解释

（2013年9月5日最高人民法院审判委员会第1589次会议、2013年9月2日最高人民检察院第十二届检察委员会第9次会议通过 自2013年9月10日起施行 法释〔2013〕21号）

为保护公民、法人和其他组织的合法权益，维护社会秩序，根据《中华人民共和国刑法》、《全国人民代表大会常务委员会关于维护互联网安全的决定》等规定，对办理利用信息网络实施诽谤、寻衅滋事、敲诈勒索、非法经营等刑事案件适用法律的若干问题解释如下：

第一条 具有下列情形之一的，应当认定为刑法第二百四十六条第一款规定的"捏造事实诽谤他人"：

（一）捏造损害他人名誉的事实，在信息网络上散布，或者组织、指使人员在信息网络上散布的；

（二）将信息网络上涉及他人的原始信息内容篡改为损害他人名誉的事实，在信息网络上散布，或者组织、指使人员在信息网络上散布的；

明知是捏造的损害他人名誉的事实，在信息网络上散布，情节恶劣的，以"捏造事实诽谤他人"论。

第二条　利用信息网络诽谤他人,具有下列情形之一的,应当认定为刑法第二百四十六条第一款规定的"情节严重":

(一)同一诽谤信息实际被点击、浏览次数达到五千次以上,或者被转发次数达到五百次以上的;

(二)造成被害人或者其近亲属精神失常、自残、自杀等严重后果的;

(三)二年内曾因诽谤受过行政处罚,又诽谤他人的;

(四)其他情节严重的情形。

第三条　利用信息网络诽谤他人,具有下列情形之一的,应当认定为刑法第二百四十六条第二款规定的"严重危害社会秩序和国家利益":

(一)引发群体性事件的;

(二)引发公共秩序混乱的;

(三)引发民族、宗教冲突的;

(四)诽谤多人,造成恶劣社会影响的;

(五)损害国家形象,严重危害国家利益的;

(六)造成恶劣国际影响的;

(七)其他严重危害社会秩序和国家利益的情形。

第四条　一年内多次实施利用信息网络诽谤他人行为未经处理,诽谤信息实际被点击、浏览、转发次数累计计算构成犯罪的,应当依法定罪处罚。

第五条　利用信息网络辱骂、恐吓他人,情节恶劣,破坏社会秩序的,依照刑法第二百九十三条第一款第(二)项的规定,以寻衅滋事罪定罪处罚。

编造虚假信息,或者明知是编造的虚假信息,在信息网络上散布,或者组织、指使人员在信息网络上散布,起哄闹事,造成公共秩序严重混乱的,依照刑法第二百九十三条第一款第(四)项的规定,以寻衅滋事罪定罪处罚。

第六条　以在信息网络上发布、删除等方式处理网络信息为由,威胁、要挟他人,索取公私财物,数额较大,或者多次实施上述行为的,依照刑法第二百七十四条的规定,以敲诈勒索罪定罪处罚。

第七条　违反国家规定,以营利为目的,通过信息网络有偿提供删除信息服务，或者明知是虚假信息，通过信息网络有偿提供发布信息等服务，扰乱市场秩序，具有下列情形之一的，属于非法经营行为"情节严重"，依照刑法第二百二十五条第（四）项的规定，以非法经营罪定罪处罚：

（一）个人非法经营数额在五万元以上，或者违法所得数额在二万元以上的；

（二）单位非法经营数额在十五万元以上，或者违法所得数额在五万元以上的。

实施前款规定的行为，数额达到前款规定的数额五倍以上的，应当认定为刑法第二百二十五条规定的"情节特别严重"。

第八条　明知他人利用信息网络实施诽谤、寻衅滋事、敲诈勒索、非法经营等犯罪，为其提供资金、场所、技术支持等帮助的，以共同犯罪论处。

第九条　利用信息网络实施诽谤、寻衅滋事、敲诈勒索、非法经营犯罪，同时又构成刑法第二百二十一条规定的损害商业信誉、商品声誉罪，第二百七十八条规定的煽动暴力抗拒法律实施罪，第二百九十一条之一规定的编造、故意传播虚假恐怖信息罪等犯罪的，依照处罚较重的规定定罪处罚。

第十条　本解释所称信息网络，包括以计算机、电视机、固定电话机、移动电话机等电子设备为终端的计算机互联网、广播电视网、固定通信网、移动通信网等信息网络，以及向公众开放的局域网络。

中国文联文艺维权历程

李前光

中国文联的文艺维权工作始于上世纪末，迄今有近二十年的历史。多年来，在党中央的亲切关怀下，在中国文联历届党组的重视和领导下，中国文联的文艺维权工作从零起步，克服种种困难，积极探索和实践，做了很多开创性的工作和具体扎实的维权服务，奠定了良好的工作基础。去年，中国文联权益保护部成立，标志着中国文联文艺维权工作进入一个新的发展阶段。

如今，党和全国人民正全面贯彻落实十八大精神，为全面建成小康社会，实现民族复兴的"中国梦"而努力奋斗。大力提高自主创新能力，建设社会主义文化强国，提升国家文化软实力，成为全党和全国人民的共识和奋斗目标。作为党联系文艺界的桥梁和纽带，围绕中心，服务大局，继续加强文艺维权工作，推动文艺创新，繁荣社会主义文艺，为增强国家文化软实力贡献更大力量，成为中国文联在新的历史时期重要而光荣的使命。

历史是一面镜子，可以照出过去，照进未来。为了更加深入地推进中国文联的文艺维权工作，继往开来，开创维权工作新局面，有必要回顾和梳理过去近二十年中国文联文艺维权工作走过的历程。过去的经历可以为我们提供未来发展的启示和动力，让我们沿着闪光的足迹继续前行。

一、中国文联维权组织机构和干部队伍建设，从一枝独秀到春色满园

（一）中国文联机关维权机构的建立和完善

上世纪末，根据社会形势的发展和文艺界的需求，中国文联敏锐地意识到文艺维权工作的重要性，于1995年设立"中国文联文学艺术家著作权保护委员会"，作为非常设机构领导文艺家和文艺工作者的著作权保护工作。党中央对于中国文联的维权工作给予了重视和支持，2001年，中共中央办公厅下发通知，明确中国文联"增加维护团体会员、文学艺术家和文艺工作者的知识产权等合法权益的职责"。中国文联党组积极响应，于2002年批准设立"中国文联文学艺术家著作权保护委员会办公室"。2006年，中国文联成立维护知识产权工作领导小组，由一位党组领导同志兼任组长，三位党组领导同志兼任副组长，领导文联维权办公室（权保处）开展工作。2011年起，中国文联党组确定一名同志分管维权工作。2012年5月，在中国文联党组书记、副主席赵实同志和中国文联党组的关心和大力推动下，中国文联权益保护部正式成立，下设四个处，成为中国文联第八个部门。至此，中国文联的文艺维权机构基本完善，维权力量大幅增强。

（二）各全国文艺家协会和地方文联权益保护组织机构的建立

在中国文联权保处的积极推动下，11个全国文艺家协会中有9家相继成立了负责权益保护工作的组织（机构）。各全国文艺家协会分别指定一名分党组成员分管维权工作。中国曲协、中国民协于2013年先后

设立了权益部，其他协会也明确了兼职负责权保工作的部门及干部。地方文联中，上海、江苏、四川、河北等也已经设立或者着手设立专门的维权机构并配备专职的维权人员。中国文联系统的维权干部队伍初步组建起来。

为提高维权干部的专业素质和维权服务水平，中国文联权益保护部门先后举办了一系列的著作权知识培训班和两期全国文联系统维权研讨班，并组织文联系统维权干部参加了国家版权行政管理部门和欧盟及世界知识产权组织举办的版权保护培训活动。通过这些培训，开拓了文联系统维权干部的视野，提高了专业知识和技能，为建设一支高素质、专业化的维权干部队伍打下了基础。

二、深入开展文艺维权调研与研讨，集思广益，群策群力

中国文联要维护团体会员、文艺家和广大文艺工作者的权益，首先必须了解他们的权益现状和诉求，才能做到有的放矢。同时，广泛开展文艺维权研讨，充分听取文艺界及其他各界的意见建议，可以集思广益，加强理论研究，为文艺维权工作提供理论指导，有助于提高文艺维权工作的系统化、科学化水平。

自2005年以来，中国文联权保处曾多次走访11个全国文艺家协会。中国文联权益保护部成立后，深入各全国文艺家协会、部分省级文联及人民团体进行调研。通过这些调研活动，对中国文联系统开展维权工作的状况、需求、思路进行了详细的摸底，对兄弟单位成熟的维权经验进行考察学习。2012年，中国文联权保处通过各全国文艺家协会向全国范围内文艺家和广大文艺工作者开展了文艺维权问卷调查，了解他们的权益现状和维权诉求以及对中国文联维权工作的思考和建议。

2002年至2011年，中国文联权保处开展了一系列知识产权普法宣传和专题研讨活动，先后组织召开了多个艺术门类的著作权专题研讨会，大大提高了艺术家和维权干部的法律意识，扎实推动了各文艺家协

会的维权工作，对版权司法机关和行政管理部门深入了解各艺术门类的特点和创作规律提供了帮助。

三、建立文艺维权宣传平台，积极参与重大维权宣传活动，扩大影响，制造声势

对于刚刚起步的文艺维权工作来说，加强宣传教育，提高文艺家和广大文艺工作者的维权意识和维权能力，呼吁社会各界关注、理解和支持中国文联的文艺维权事业，创造维权的良好社会氛围相当重要。为此，中国文联维权部门积极发挥自身优势，利用自有媒体加强维权宣传工作。同时，积极参与具有较大社会影响力的知识产权保护宣传活动，扩大中国文联文艺维权的社会知名度。

2009年，中国文联权保处与《中国艺术报》合作创办了"维权行动专版"，搭建了维权法律服务和信息交流平台，为艺术家和文艺工作者维权答疑解惑，普及法律知识。2011年，中国文联权保处与艺术报合作出版了《文艺维权实用手册》，汇集了与保护艺术作品相关的法律法规、维权知识、案例分析、专家说法、经验交流等内容，受到文艺家的欢迎。

中国文联还积极参与了各种知识产权评奖活动并获奖。中国文联推荐的姜昆、解海龙当选为"2009中国版权产业（文化产业）十大风云人物"。2010年，中国文联选送的杂技作品《俏花旦·集体空竹》荣膺"世界知识产权组织版权金奖（中国）作品奖/创作奖"。参与这些活动提高了全社会对艺术家和文艺工作者权益保护的关注度，扩大了文艺维权的影响力。

四、参与和文艺作品相关的立法工作，做到固本强基，维权有据

依法维权是中国文联开展文艺维权工作过程中始终坚守的一个原

则，确保法律法规对文艺家和广大文艺工作者的权益提供公正而全面的保护则直接关系到依法维权的成效。因此，中国文联历来重视参与国家文艺立法工作，与国家版权局等部门保持着密切的合作关系。

中国文联权保处和全国文艺家协会配合有关部门制定和完善保护艺术作品的法律法规，参与了《著作权法》、《著作权集体管理条例》等法律法规的修改和讨论工作，提出了很多建设性意见；还参加了国家版权局和国务院法制办开展的"民间文学艺术作品著作权立法"调研工作。中国文联权益保护部承担了国家版权局委托的《著作权法》第三次修改的三个相关课题研究，提交了研究成果。

通过积极参与立法修法工作，中国文联集中反映了文艺界的诉求，提供了科学合理的建设性意见，为保证与文艺有关的立法的民主性、科学性、公正性作出了重要贡献，也从根本上维护了文艺家和广大文艺工作者的利益，实现了双赢甚至多赢的目的。

五、与立法、司法、行政机关建立合作机制，广泛借力，形成合力

作为文艺界的人民团体，中国文联仅仅依靠自身的力量维护文艺家和广大文艺工作者的权利是远远不够的。中国文联历来重视加强与各级党组织、立法、行政、司法等政府部门，及其他人民团体、社会团体、企事业单位等的合作与协调，充分协调利用各方面的社会力量与资源，借力使力，做好维权工作。

中国文联权保处在各全国文艺家协会的支持下，积极为司法机关提供专业咨询，在协助司法机关公正、高效地审理与文艺作品相关的纠纷案件的同时，借助司法机关的力量为艺术家和广大文艺工作者开辟维权绿色通道，降低他们的维权成本。2010年，中国文联与北京市高级人民法院建立全面合作机制。2011年，中国文联与最高人民法院知识产权庭共同举办了"戏剧作品著作权的保护研讨会"。

此外，中国文联还积极与国内外相关的著作权保护组织、集体管理组织等单位加强联系与合作，开展各种形式的交流、培训、研讨等活动。目前，中国文联权益保护部正与北京市高级人民法院积极落实建立咨询调解合作机制。同时还在推动与全国人大法工委、国务院法制办建立对话协调机制；与国家版权局等行政执法部门建立业务交流机制。

实践证明，立足中国文联自身，同时充分借助社会力量，协调运用社会资源，特别是立法、行政、司法资源来维护文艺家和广大文艺工作者的合法权益，往往可以起到事半功倍的作用，可以显著加强维权力度。因此，这是开展文艺维权工作的一个重要努力方向。

六、开展形式多样的具体维权服务，以人为本，排忧解难

中国文联维权服务的最终对象是团体会员、艺术家和广大文艺工作者，解决他们遇到的具体权益问题，为他们排忧解难也是文艺维权工作宗旨的直接体现。因此，向他们提供具体维权服务是中国文联维权部门的重要工作职责之一。

中国文联的权益保护部门开展了接待来信、来访，为各团体会员、部分文艺家和文艺工作者、文联机关各部室、各直属单位等提供法律咨询、起草和修改合同、调解纠纷、协助诉讼等一系列维权服务。

2003年至2011年，中国文联权保处协助艺术家和文艺单位调解了"泥人张"使用权和不正当竞争纠纷，摄影作品《重庆大轰炸》、戏剧作品《瓦氏夫人》、剧本《少年英雄聂海胜》、杂技作品《俏花旦·集体空竹》和电视专题片《我们的国歌》等著作权纠纷，维护了权利人的合法权益，取得了积极的社会效果。

中国文联也一直重视利用著作权集体管理组织的形式开展维权工作，并根据国内法制发展和文艺界的现实需要，及时推动和参与发起有关艺术门类的著作权集体管理组织。2008年，按照中国文联党组的指示，权保处协助中国摄影家协会发起设立了中国摄影著作权集体管理组

织——"中国摄影著作权协会"。此后，积极推动和支持"中国摄影著作权协会"其组织建设和开展著作权集体管理活动。

七、与国际权益保护组织开展交流合作，开拓视野，借鉴提高

文艺界权益保护工作，特别是著作权保护工作是知识产权保护的一个重要组成部分，西方发达国家在这方面有着悠久的历史、丰富的经验、成熟的制度，中国文联权益保护部门一直重视加强与国际文艺权益保护组织之间的交流合作。

多年来，中国文联权保处组织各全国文艺家协会维权干部与国际表演者协会、国际复制权协会、CISAC等国际知识产权组织进行了多次交流合作，通过参与和联合举办研讨会、培训班等活动（第一节第二部分已有叙述）学习和借鉴国外权益保护组织的先进经验。今后，将继续深化此类交流和合作，大力推进与国外重点组织机构建立长期稳定的合作关系，开展实质性的合作，推动国内文艺家和广大文艺工作者权益在国际范围内获得更加全面的保护。

结　语

回顾中国文联维权工作走过的历程，我们深刻认识到，中国文联的维权工作能够应运而生、不断前进，离不开党中央的关怀和重视，离不开各级党政部门的大力支持，更离不开中国文联党组及历任分管领导的高度重视和大力推动，也离不开各全国文艺家协会、各地方、产（行）业文联等团体会员的高度重视和共同努力，以及中国文联系统内具体负责维权工作的同志们的辛勤付出和无私奉献。

雄关漫道真如铁，而今迈步从头越。经过多年不懈努力，中国文联维权工作虽然取得了一些进步和成效，但依然任重道远，距离党和国家的希望、中国文联党组的要求、文艺家和广大文艺工作者的期待还有较大差距。我们需要在十八大精神的指引下，在习近平总书记领导的党

中央的亲切关怀下，在中国文联党组的坚强领导下，在各界的继续支持下，根据赵实同志提出的"保基本、促发展、育人才"的总体工作思路，总结过去经验，把握现实需求，跟上时代步伐，努力奋斗，开拓创新，切实做好中国文联文艺维权工作的未来发展规划和工作部署；同时振奋精神，切实转变工作作风，践行群众路线，朝着实现文艺家和广大文艺工作者权益得到有效维护，心情舒畅，创作热情高涨，文艺更加繁荣发展的梦想努力前行。

（本文作者系中国文联党组成员、书记处书记）

后 记

经过近一年的努力,《中国文联文艺维权手册与案例选编(2009—2012)》终于与读者见面了。

总的来说,《中国文联文艺维权手册与案例选编(2009—2012)》立足广大文艺家、文艺工作者和各级文联组织维权干部这一读者群体,追求简明、通俗、实用,力图将传统案例书变得"好读有用"。全书内容共分为三部分。第一部分是知识部分,向大家简要介绍了文艺界常见的侵权案件类型,并通过问答的表述形式,帮助读者梳理出通过行政投诉、民事司法、调解仲裁等途径维权的方式、方法和注意事项,以期帮助大家在遭遇侵权时,选择合法、科学的维权路径。第二部分是案例部分,编委会从征集到的数十个案件中,精选出了各有侧重的25个案件进行分析,其中多数案件发生在2009—2012年间,也有个别案件因其典型性、代表性,不忍割舍,在时限要求上有所放宽。案例编写过程中,我们着重把握了三个原则,即首先高度提炼,控制案例篇幅，每案基本控制在3000字左右；其次突出争议焦点，剔除无效信息，尽可能在有限篇幅内为读者提供有效、有益的信息；最后是注重对案件启示作用的发掘，着力总结案件的指导价值。第三部分是法律制度部分，我们有选择地整理出与文艺工作者维权有直接联系的一些法律、法规、规章和司法解释，便于大家在依法维权时直接翻看，找到适用法律依据。

《中国文联文艺维权手册与案例选编（2009—2012）》的出版，得益于中国文联党组的正确领导和各全国文艺家协会、地方文联以及北京市君泰律师事务所等单位的共同努力。在本书整个编撰过程中，中国文联党组书记、副主席赵实同志不仅为本书作序，还亲自审定策划案，作出批示，对编辑、出版事宜提出具体要求。党组成员、书记处书记李前光同志多次对图书编辑、出版提出明确指示和修改意见。

本书日常编辑、统筹工作由中国文联权益保护部负责。权保部负责同志刘晓霞、范小伟、暴淑艳全程参与了图书策划、出版工作，马力海、冷玉、李玉龙、李丽、史晓光、徐皓等同志做了大量组织协调和撰写工作。北京市君泰律师事务所谭礌、张杰、闫晓璐、王进、刘检玲等同志对本书第二部分即案例部分进行了撰写、修订，付出了大量的劳动。本书的出版还得到了中国文联出版社朱庆、王柏松同志，以及各全国文艺家协会和地方文联维权工作同志的热情帮助与大力支持，在这里一并表示诚挚的谢意。

由于时间紧、任务重，经验有限，本书在编撰中难免有不当之处和值得改进的地方，敬请读者批评指正，我们将不断改进和完善。

编　者

2013年10月